2018/2019 中国长丝织造产业发展研究

2018/2019 CHINA FILAMENT WEAVING INDUSTRY DEVELOPMENT RESEARCH

中国长丝织造协会　编著

中国纺织出版社

内 容 提 要

本书重点讲解了2018年以来中国化纤长丝织造产业的发展、经济运行、市场走势、技术进步、标准建设、产品开发、环境保护、产业集群、产业政策等内容，并对长丝织造的产业转移等进行了概况和分析。

本书适合纺织行业的管理人员，长丝织造企业及上下游企业相关技术人员参考阅读。

图书在版编目（CIP）数据

2018/2019中国长丝织造产业发展研究/中国长丝织造协会编著. --北京：中国纺织出版社，2019.4
ISBN 978-7-5180-6044-3

Ⅰ.①2… Ⅱ.①中… Ⅲ.①长丝织物—纺织工业—产业发展—研究—中国—2018-2019 Ⅳ.①F426.81

中国版本图书馆CIP数据核字（2019）第053325号

策划编辑：范雨昕　　责任校对：楼旭红
责任印制：何　建

中国纺织出版社出版发行
地址：北京市朝阳区百子湾东里A407号楼　邮政编码：100124
销售电话：010—67004422　传真：010—87155801
http：//www.c-textilep.com
E-mail：faxing@c-textilep.com
中国纺织出版社天猫旗舰店
官方微博 http：//weibo.com/2119887771
北京虎彩文化传播有限公司印刷　各地新华书店经销
2019年4月第1版第1次印刷
开本：710×1000　1/16　印张：12.125
字数：198千字　定价：88.00元
京朝工商　广字第8172号

《2018/2019中国长丝织造产业发展研究》编委会

前 言

经过三十多年的发展，我国的长丝织造产业迅速成长，已经成为发展速度最快、成长潜力最大、市场空间扩展迅速的新兴产业之一，也是纺织工业中不可缺少的支柱产业之一。

为了更加全面、真实、准确地反映我国长丝织造产业的发展状况，中国长丝织造协会多次赴江苏、浙江、福建、湖北、安徽、江西等长丝织造聚集地区深度调研，完成了《2018/2019中国长丝织造产业发展研究》一书的编写工作。

该书全面介绍了中国化纤长丝织造产业的发展政策、经济运行、市场走势、技术进步、标准建设、产品开发、环境保护、产业集群、产业政策等内容。

自2010年出版发行以来，该书每年更新，以其观点鲜明、内容丰富、及时准确、数据翔实、指导性强的特点，深受行业内外人士的欢迎，已成为了解和指导行业发展的重要窗口。《2018/2019中国长丝织造产业发展研究》在去年的基础上，优化了产品分类，完善了行业专用术语和定义，根据每年研究专题，删除了印染与后整理章节，增加了绿色生产、仿毛技术、产业转移、产业政策等章节，引导行业向绿色健康发展和科学有序转移，并对"长丝织造产业'十三五'发展指导意见"中期评估进行了专题分析。

本书对纺织行业管理人员、长丝织造及上下游企业相关工程技术及管理人员，具有一定的参考、使用和研究价值。

本书得到了各地方政府、产业集群、协会、高校和会员企业的大力支持，在此一并表示感谢。

2019年3月1日

目 录

第一章　长丝织造产业简介

一、长丝织造与人们生活息息相关

随着2022年北京冬奥会开幕的日子逐步临近，人们参与滑雪、滑冰等冬季运动的热情日渐高涨，冲锋衣、滑雪服等户外运动服装卖得也越来越火，成为最受欢迎的服装品类之一。这些户外运动服装轻薄又保暖，防风又透气，时尚又美观，其面料就是通过长丝织造生产来完成的。

随着科技进步和社会发展，人们生活水平有了较大提高，长丝织造的产品应用已融入生活的方方面面，如绚丽多彩的时装，漂亮时尚的裙装，防寒透气的运动装，防紫外的户外装，防火阻燃的防护装等，化纤长丝纺织品使大家衣着更加时尚、潮流和有魅力。

化纤长丝纺织品以其独特的手感，抗皱、挺括、抗起毛起球等特性，不仅广泛应用于时尚女装、户外运动服、特种防护服等服装领域，而且还广泛应用于箱包、窗帘、沙发、床品等家纺领域以及医疗与卫生、过滤与分离、安全与防护、文体与休闲、隔离与绝缘、结构增强、航空航天、土工、建筑、农业、包装等产业用领域，正逐步为人们所依赖。

二、长丝织造的概念

长丝织造是指将纤维长丝织成纺织品的过程，分为机织和针织两类。一般来说，长丝织物是指经向为化纤长丝的机织物。按照纤维原料的不同，可分为涤纶长丝织物、锦纶长丝织物和粘胶长丝织物等。随着科技的不断进步，化学纤维的不断发展，化纤长丝机织物正广泛应用于服装、家纺和产业用纺织品领域，虽然生产历史较短，但发展迅猛，其规模和产品数量已远远超过了所有的天然纤维机织物。

三、长丝织造的发展历史及现状

（一）发展历史

1884年法国化学家查尔德（H. B. Chardonnet）制得最早的化学纤维——硝

酸酯纤维，取得了硝化法人造丝制造专利，并于1891年在法国建厂进行工业生产，从此开始了化学纤维工业的历史。1905年，粘胶纤维诞生，并于1921年在德国实现了粘胶短纤维的正式生产。1939年和1941年，美国杜邦公司分别实现了尼龙66和尼龙6的工业化生产。1950~1956年，聚酯纤维开始实现了工业化生产。随着石油化学工业的迅速发展，世界化学纤维的产量也连年增加，1960年化纤产量335.8万吨，1980年达到1418.2万吨，2000年约3310.1万吨，2017年达到6694万吨。历年来，化学纤维的具体生产情况见表1-1。预计2050年全球纺织纤维加工量将达到25300万吨。

表1-1 化学纤维生产情况

年份	世界化纤产量（万吨）	中国化纤产量（万吨）	中国占比（%）
1960	331.0	1.1	0.33
1970	813.7	10.1	1.24
1980	1371.8	45.0	3.28
1990	1765.2	165.4	9.37
2000	2843.3	695.0	24.4
2010	4709.2	3089.7	65.6
2015	6646.9	4831.7	72.7
2017	6694.0	4919.6	73.5
2018		5011.1	

数据来源：国家统计局、日本化纤协会、日本化纤手册

20世纪中期（1955年），美国、德国、英国、法国和日本的化纤制造业已进入全盛时期。当时的中国，化纤制造业还几乎是“零”，1957年中国化纤产量仅为0.02万吨。但其后却是一鸣惊人：1970年产量10.09万吨，1980年突破50万吨，1986年突破100万吨，1998年突破500万吨，实现后来居上。2012年中国化纤产量3718万吨，在世界总产量中占到62.5%，相当于同年美国化纤产量的9.4倍，西欧产量的14.4倍，日本产量的42倍。紧接着在2015年，又一跃达到4832万吨，占世界产量的70%以上。2018年，我国化纤产量5011.1万吨，具体产量如表1-2所示。

表1-2 2018年我国化学纤维产量

品种	单位	产量	同比（%）
化学纤维	万吨	5011.1	7.68
人造纤维（纤维素纤维）	万吨	439.6	7.24
粘胶纤维长丝	万吨	20.1	-3.28

续表

品种	单位	产量	同比（%）
醋酸纤维长丝	万吨	37.2	1.76
合成纤维	万吨	4562.7	7.71
涤纶	万吨	4014.9	8.47
涤纶长丝	万吨	3125.6	10.4
锦纶	万吨	330.4	5.28
腈纶	万吨	61.5	-16.5
维纶	万吨	10.1	-2.47
丙纶	万吨	34.8	2.31
氨纶	万吨	68.3	10.84

数据来源：国家统计局

伴随着中国化纤长丝工业的发展，自20世纪80年代起，中国化纤长丝织造产业开始起步发展。到2000年，化纤长丝织物产量已达41.8亿米，2010年化纤长丝织造产量达327亿米，2015年433亿米，2018年达508亿米。

经过三十多年的发展，中国化纤长丝织造产业快速发展，全行业产能、产量和需求量均呈高速增长态势，国内外市场需求旺盛，化纤长丝织造产业已成为中国纺织工业中发展最快的支柱产业之一，并逐步成为最具市场活力和技术活力的产业之一。

化纤面料在发展初期拥有四大优势：一是结实耐用；二是易打理，具有抗皱免烫特性；三是可进行工业化规模生产，不像真丝加工费时、费力、产量有限；四是生产成本低。

随着消费意识的变化，化纤面料的这些传统优势逐渐消退。一是随着消费观念的改变，人们的衣着讲究舒适性和时尚化，不再注重面料的结实耐用；二是随着纺织技术的发展，天然纤维面料经过后整理，一样具有易打理的性能；三是人们已经认识到，石油资源不可再生，依赖石油资源而发展起来的化纤产业将会受到极大的制约。当传统优势风光不再之时，化纤面料的吸湿性、舒适性及手感差和易产生静电等弱点也都凸显出来。

各国的纺织科技专家从天然纤维的舒适性入手，以天然纤维为“蓝本”，对化纤进行仿真改造，涤纶仿真丝技术的发展就是最典型的例子。

由于丝绸织物具有柔软、光滑、亲肤和珍珠光泽的特点，但其又具有价格昂贵，产量低的缺点，很难满足广大消费者的需求，化纤长丝仿真丝织物应运而生。

我国开发涤纶仿真丝绸晚于国外。20世纪70年代末，开始着手研究涤纶仿真丝绸，开发了一些绉产品，如涤丝绉、顺纡绉等。这些产品除了强力及洗可穿性良好外，外观具有真丝绸的风格，光泽柔和，手感柔软，穿着舒适；到80年代末，我国的涤纶仿真丝绸技术取得了快速发展，但有些技术仍落后于某些国家，如织造、染色及整理技术等。

化纤仿真丝技术经历了纤维仿真丝、外观仿真丝和手感仿真丝三个发展阶段。最初模仿真丝的三角形截面和真丝的纤度来制造涤纶丝，再进行织造得到仿真丝面料；为了解决传统涤纶丝织成的面料具有极光而不像真丝绸的缺点，纺丝过程中加入消光剂和采用“碱减量”的后处理工艺，使涤纶仿真丝织物外观上具有真丝绸的效果；为了使涤纶织物手感和真丝绸一致，与亲水单体共聚或混聚技术、等离子和激光技术等广泛应用于涤纶面料的处理过程中。至此，涤纶仿真丝技术达到了比较完善的程度。通过采用化学接枝共聚方法，使涤纶本身的吸湿性能明显提高，外观、手感几乎和真丝绸一样。仿真丝面料的舒适性、易打理和染色鲜艳度都超过真丝绸的面料。

目前，化纤长丝织物的花色品种日新月异，新产品层出不穷。在衣着类方面不仅有仿真丝织物，而且还有仿毛、仿麻、仿棉等仿真类织物，也有自身特色产品、功能性产品（如里子布、遮光布、记忆布、麂皮绒、桃皮绒、防羽绒布等），除服用外，还可大量应用在家纺、车内装饰、军品和其他产业用等，如用于制作篷盖布、防弹衣、降落伞及军服等装备所用面料。目前，绝大多数窗帘布，帐篷布都是用长丝面料制作。长丝织物其多变的特性，满足了人们不同的需求，在纺织业中发挥着重要的作用。

（二）发展现状

1. 纺织工业发展情况

纺织工业是我国传统支柱产业、重要的民生产业和创造国际化新优势的产业，是科技和时尚融合、衣着消费与产业用并举的产业，其在繁荣市场、吸纳就业、增加居民收入、加快城镇化进程以及促进社会和谐发展等方面发挥了重要作用。

2018年，我国纺织行业坚持深化供给侧结构性改革，努力化解各种外部风险，总体上保持了稳中有进、稳中提质的发展态势，部分指标增速较上年同期有所加快，运行质效稳步提升，转型升级成效逐步显现。

根据国家统计局数据，2018年1~12月，规模以上纺织企业累计实现主营业务收入53703.5亿元，同比增长2.9%；实现利润总额2766.1亿元，同比增长8.02%，增速较上年提高1.12个百分点。规模以上企业销售利润率为5.15%；总资产周转率为1.5次/年，三费比例为7.23%。

根据海关数据，2018 年 1~12 月，我国纺织品服装出口总额达 2730.0 亿美元，同比增长-0.55%。内需市场继续保持平稳增长，网络消费仍增长较快，2018 年 1~12 月全国限额以上服装鞋帽针纺织品零售额达 13706.5 亿元，同比增长 8.0%；全国网上穿着类商品零售额同比增长 22.0%，较上年同期略加快 1.7 个百分点（图 1-1）。

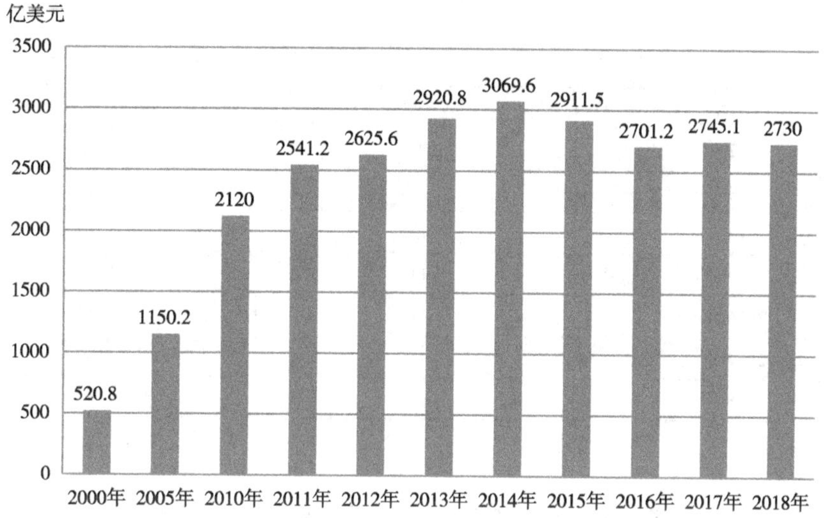

资料来源：海关总署

图 1-1　纺织品服装出口额

2017 年中国纤维加工量达 5430 万吨，占世界总量的 53.5%，纺织品服装出口总额占全球总量的 34.8%，稳居世界第一纺织生产大国和出口大国地位。

2018 年纺织品服装净创汇额占全国货物贸易顺差的比重为 71.1%，规模以上纺织企业主营业务收入和从业人数占全国工业的比重分别为 5.1%和 9.2%，虽然受到宏观经济结构调整及统计口径变化影响，占比较 2012 年略有下降，但对国民经济的总体贡献作用仍较为稳定。

规模以上企业人均利润达到 4.3 万元/人，比 2011 年提高 30%；我国人均纤维消费量达到 22 千克，接近中等发达国家水平。

2. 化纤长丝织造产业发展情况

我国化纤长丝织造产业是从 20 世纪 80 年代开始起步的新兴产业，最初以仿真丝为主，随着科技进步，产业得到快速发展，化纤长丝织造扩展到仿棉、仿毛、仿麻、仿麂皮等仿真面料上，应用也逐步从服装用纺织品扩展到家用纺织品和产业用纺织品领域。产量从 2000 年的 41 亿米上升到 2018 年的 508 亿米，年平均增速超过15%，是增长最快的纺织产业之一；年产值近2000亿元，年出口量超过140亿米，是纺织行业中一大重要出口机织物。

2017年，我国纤维加工量达5430万吨，其中化学纤维4606万吨，占纤维加工总量的80%以上，其中化纤长丝3000余万吨，超过60%的化纤长丝用于机织，化纤长丝在替代丝绸、棉、毛、麻等天然纤维，满足人民生活需求上发挥了重要作用。2012~2018年我国化纤织造工业主要经济指标如表1-3~表1-6所示。

表1-3 2012~2018年中国化纤长丝织物产量

时间	产量（亿米）	增速（%）
2012年	395	6.76
2013年	420	6.3
2014年	425	1.19
2015年	433	1.88
2016年	448	3.46
2017年	482	7.59
2018年	508	5.39

资料来源：中国长丝织造协会

表1-4 2012~2017年中国化纤长丝织物出口情况

时间	出口数量（亿米）		出口金额（亿美元）		出口价格（美元/米）	
	数值	同比（%）	数值	同比（%）	数值	同比（%）
2012年	95.82	0.78	99.64	5.93	1.04	5.05
2013年	106.54	11.18	112.74	13.15	1.06	1.92
2014年	113.32	6.37	116.86	3.65	1.03	-2.83
2015年	115.92	2.29	116.04	-0.7	1	-2.91
2016年	128.36	10.73	117.28	1.07	0.91	-9
2017年	141.22	10.02	124.05	5.77	0.88	-3.3

资料来源：中国海关

表1-5 2012~2017年中国化纤长丝织物进口情况

时间	进口数量（亿米）		进口金额（亿美元）		进口价格（美元/米）	
	数值	同比（%）	数值	同比（%）	数值	同比（%）
2012年	11.72	-9.56	20.89	-5.27	1.78	4.71
2013年	10.94	-6.65	19.79	-5.26	1.81	1.69

续表

时间	进口数量（亿米）		进口金额（亿美元）		进口价格（美元/米）	
	数值	同比（%）	数值	同比（%）	数值	同比（%）
2014 年	9.82	-10.22	18.78	-5.11	1.91	5.52
2015 年	9.18	-6.51	16.58	-11.71	1.81	-5.24
2016 年	8.49	-7.53	14.93	-9.95	1.76	-2.76
2017 年	8.59	1.16	14.95	0.17	1.74	-1.14

资料来源：中国海关

表 1-6　2012~2018 年我国化纤织造及印染精加工业主要经济指标汇总表（规模以上）

时间	投资额		主营业务收入		利润总额		利润率（%）
	金额（亿元）	同比（%）	金额（亿元）	同比（%）	金额（亿元）	同比（%）	
2012 年	374.5	—	1608.07	7.19	73.41	8.57	4.56
2013 年	496.15	32.48	1045.85	11.5	48.45	18.23	4.63
2014 年	453.4	-8.62	1093.71	3.98	51.91	4.53	4.75
2015 年	421.1	-7.12	1232.68	1.91	65.91	6.35	5.35
2016 年	483.56	14.83	1301.51	5.08	66.34	3.7	5.1
2017 年	481.55	-0.42	1328.09	9.28	65.77	22.37	4.95
2018 年	—	—	1354.3	9.63	59.62	17.90	4.4

资料来源：国家统计局

据海关统计，2017 年我国化纤长丝织物累计出口 124.05 亿美元，同比增长 5.77%；实际出口数量达 141.22 亿米，同比增长 10.02%。其中，涤纶长丝织物出口 121.86 亿米，同比增长 9.55%；锦纶长丝织物出口 4.35 亿米，同比增长 13.87%。

据国家统计局统计，2018 年，我国化纤织造及印染精加工业主营业务收入 1354.29 亿元，同比增加 9.63%，增速提高 0.35 个百分点；利润总额 59.62 亿元，同比增长 17.90%。

2017 年，我国化纤织造及印染精加工业实际完成投资额 481.55 亿元，同比下降 0.42%。化纤织造企业投资主要用于产品开发与转型升级的设备更新与改造以及产业转移中新建企业与产能扩建等方面，另有部分投资用于按照国家及地方节能减排政策的要求进行污水处理、中水回用系统改造等方面。

目前，我国化纤长丝织造产业90%以上主要集中在江苏省的吴江区，浙江省的嘉兴市、长兴县以及福建省的晋江市等沿海发达地区，产业集聚度极高。

四、长丝织造产业的特点

与其他行业相比，化纤长丝产业优势明显。

1. 具有生产流程短、成本低、效率高、能耗低等优势

与传统的棉、毛、麻等纺织行业相比，化纤长丝织造行业在原料、用工和用电等成本方面优势明显，是纺织的新兴产业，也是竞争力强劲的产业。例如，与棉纺织行业比较，当前棉花价格在16000元/吨左右，纺成纱价格则将达到23000元/吨左右，而化纤长丝价格却只有11000元/吨，价格优势明显。另外，化纤长丝强力高，断头少，织造前省去了纺纱等环节，具有节能、省工和生产效率高等众多优势。在所有无梭织机中，喷水织机国产设备技术性能与国际先进水平差距极小，单台价格较低，因而以使用喷水织机为主的化纤长丝织造项目，相对其他纺织项目投资较省，投资压力较轻。

2. 产品开发多，创新优势明显

化纤长丝织物产品创新空间广阔，新产品层出不穷。由于天然纤维受到土地资源和原料品种的限制，其供应量难有大的增长，有的甚至还有所下降，其新产品的开发也是少之又少。化纤面料由于其原料是通过化学与物理的方法制造而成，改变这些方法就可以制造出不同性能、不同形状、不同规格的化纤原料。将这些不同的原料经过织造之前的倍捻、假捻、包覆、包缠等原料深加工工艺处理又可以赋予其更加丰富而卓越的性能，经过织造过程中的纯织、交织、混织的不同组合和组织结构的变化，再配以印染后整理不同工艺的加工，便可以生产出成千上万的不同功能、不同特色、风格各异的长丝面料，创新赋予了化纤长丝面料产品不竭的生命力。

3. 发展潜力大

目前，我国化纤长丝织造产业主要集中在江苏省的苏州市吴江区，浙江省的湖州市、嘉兴市以及福建省的晋江市等沿海发达地区，国内棉纺织、针织等产业，在“十一五”期间已经开始由我国的东部地区向中西部地区以及东南亚地区转移。化纤长丝织造产业能够消化沿海发达地区相处高位的生产要素成本而始终保持健康快速发展，说明该行业市场潜力和竞争优势依然存在。

随着医学、建筑、航空航天等科技的发展，新型化纤长丝面料不断涌现，应用范围越来越广阔，化纤长丝面料在农业、医用、国防、航空航天和汽车等

领域将发挥着不可替代的作用。根据联合国预测，2050 年全球纺织纤维消费量将达到 2.53 亿吨，其中化纤长丝织物年均增长 3%，而天然纤维织物年均增长只有 1%左右，化纤织造产业市场潜力巨大。

五、长丝织造产业的发展前景

党的十九大报告提出，中国特色社会主义进入新时代，我国社会主要矛盾已经由人民日益增长的物质文化需要同落后的社会生产之间的矛盾，转化为人民日益增长的美好生活需要和不平衡不充分的发展之间的矛盾。

在新的历史条件下，随着经济社会发展和科技进步加快，传统纺织服装产业的内涵不断变化和更加丰富。进入了“以高品质高性能纤维、产业用纺织品、高端智能制造为代表的科技产业，以服装品牌、家纺品牌为代表的时尚产业，贯穿全产业链加工的绿色制造产业”发展新阶段。

“科技、时尚、绿色”，即创新驱动的科技产业、责任导向的绿色产业、文化引领的时尚产业，正成为行业的新标签、产业的新定位。这个新的定位既是适应新时代经济社会发展的需要，也是行业自身发展到新的阶段，破解不平衡不充分的发展、建设纺织强国的必然选择。站在新的历史方位，纺织工业将大力实施“三品”战略，真正把创新作为引领行业发展的第一动力，推进供给侧结构性改革，着力提高发展的质量和效益，实现高质量的发展。

“十三五”以来，化纤长丝织造产业在推动纺丝技术、纤维仿真技术、织造技术、化纤印染技术、面料后整理技术的发展，引导开发高性能多功能纺织品的过程中发挥着越来越重要的作用，在连接从化学纤维到服装面料、家用纺织品以及产业用纺织品的环节上起到了承上启下的关键作用。

作为快速发展的新兴产业、富含高新科技的产业、产品应用范围迅速扩展的产业，化纤长丝织造产业在推动纺织工业实现科技强国、品牌强国的战略中，在纺织工业实现环境友好与可持续发展的战略中都发挥着重要的支撑作用。

随着人工智能、电子、医学、建筑、航空航天等科技的发展，化纤长丝面料也与时俱进，不断的适应社会的新需求新发展，应用也越来越广阔，在智能穿戴、医疗、农业、国防、航空航天和汽车等领域，正发挥着举足轻重的作用。

第二章　纺织机械

实现织造过程所使用的机器称为织机。织机可分为梭织和针织两种。梭织的织造过程是指两组纱线按一定的组织规律形成织物的过程；而织物是由两组相互垂直的纱线交织而成。

按照引纬方式的不同，织机可分为有梭织机和无梭织机。

有梭织机：有梭织机按纬纱补给的方式，有普通织机和自动织机之分。前者在纬纱用完时，需停车用人工换入新的纡子，补充纬纱；后者则能在不停车的情况下自动补给纬纱，其中更换梭子的为换梭织机，更换纡子的为换纡织机。我国主要使用的是换梭织机，国外则多是换纡织机。

无梭织机：无梭织机的引纬方式多种多样，有喷射（喷气、喷水）、剑杆、片梭、多梭口和织编机等。喷射引纬是利用气流或水流带引纬纱穿越梭口；剑杆引纬是运用刚性剑杆或挠性剑带夹持引导纬纱通过梭口；片梭引纬则是以带夹子的小型片状梭子夹持纬纱，投射引纬；多相引纬可以在再织机上同时形成多个梭口，并用多个引纬器将纬纱引入梭口，目前没有批量投产。这些方法的基本特点是将纬纱卷装从梭子中分离出来，或是仅携带约相当于一次引纬长度的纬纱，以小而轻的引纬器代替大而重的梭子，相应地也可以降低梭口的高度，为高速引纬提供了有利的条件；在纬纱的供给上，又可直接采用筒子卷装，使织机摆脱了频繁的补纬动作，这对于少出疵点、改进织物质量和提高织机效率具有重要的意义。

织物织造时，织机需完成开口、引纬、打纬、送经、卷取等运动。开口机构完成开口运动，使经纱按一定规律分成上、下两片，形成梭口；引纬机构将纬纱引入梭口；打纬机构将引入梭口的纬纱打向织口，并卷取织物，送经机构在保持经纱张力均衡的前提下送出适量的经纱。以上五个主要机构的运动统称为织机的五大运动。

织物织造时，为了保证上述主要运动的顺利进行，预防织疵和工作机件的损坏，提高织造性能，织机上还设置有一系列的辅助机构和装置，如启制动机构、织机转动机构、供纬（补纬、储纬）机构、选色机构、织边机构、电器控制机构、经纱保护装置、寻纬装置、织口控制装置；其他附属机构，如集中加油系统、喷水织机的抽吸系统或织物脱水系统，喷气织机的压缩空气站等。辅助机构不直接参与形成织物，但与主要机构配合，可以提高织物的产量和质量水平。

织机的速度一般是指主轴的转速。有梭织机在200r/min上下，喷气、喷水织机可达400～1200r/min，剑杆织机可达500～700r/min，片梭织机可达400～500r/min。但引纬的效率不单取决于主轴转速的高低，还与织造的筘幅有关。无梭织机的发展趋向于宽幅，现在常用的筘幅规格有190cm、230cm、280cm、340cm、420cm等。

织机综框数的多少决定织物组织花样变化的大小。凸轮开口机构最多有6～8页，甚至10页综框，多臂开口机构可有12页、16页、20页、32页综框，常用为16页、20页综框，更复杂的大花纹组织则采用提花机。

长丝织造生产包括织前准备和织造两大部分，其中织前准备分为经丝准备和纬丝准备两方面，经过准备加工后，可提高经纬丝的可织性，使得半成品卷装形式符合织机加工和织物成品规格的要求。虽然化纤长丝织物的种类很多，但是生产工艺基本相同，所有产品的生产工艺归纳起来可以大致用图2-1来表示。

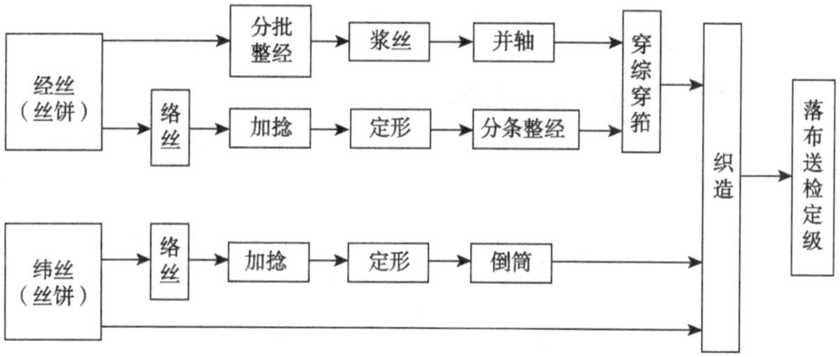

图2-1　化纤长丝织物生产工艺流程

由于长丝织物在原料、织物组织和规格以及用途等方面具有各自的特殊性，因此应根据长丝织造设备特点、原料性能、经纬组合、织物风格和织造工艺合理选择生产工艺流程。目前，长丝织物织造生产设备主要以喷水织机等无梭织机及其配套的准备加工设备为主，传统的有梭织机及其配套的织前准备设备使用数量很少。

喷水织机是以水为引纬介质，可以有效地消除化纤静电对织造的影响，是非常适合化纤长丝织造，特别是涤纶等疏水性长丝织造的设备。目前，喷水织机的最大转速可达1200r/min，最大筘幅达4200mm，喷水织机占化纤长丝织造总产能的90%以上。喷水织机和喷气织机指标对比如表2-1所示。

表2-1 喷水织机和喷气织机性能对比

指标		喷水织机（筘幅190cm）	喷气织机（筘幅190cm）
引纬		喷水（主喷嘴）	喷气（主喷嘴+辅助喷嘴）
最大生产转速		800r/min	1000r/min
耗电量	电动机容量	2.2kW	3.7kW
	供水/气耗电量	0.375kW	5kW
	储纬器耗电量	0.5kW	0.5kW
参考价格		5万元	12万元

据国际纺织装备制造商联合会（ITMF）发布（该联合会涵盖了所有国际知名纺机企业），2006~2017年全球无梭织机的交货量为986579台。其中，喷水织机437241台，占无梭织机总量的44.31%，具体如表2-2所示。

表2-2 2006~2017年全球无梭织机交货量

时间（年）	剑杆/片梭（台）		喷气织机（台）		喷水织机（台）		总数（台）
	数量	占比（%）	数量	占比（%）	数量	占比（%）	
2006	29756	44.66	22947	34.44	13930	20.91	66633
2007	26951	39.51	24482	35.89	16780	24.60	68213
2008	17892	39.98	14756	32.97	12106	27.05	44754
2009	23515	54.16	8387	19.32	11515	26.52	43417
2010	15976	14.93	17665	16.51	73344	68.56	106985
2011	19330	12.57	21480	13.97	112933	73.46	153743
2012	23253	26.90	23286	26.93	39916	46.17	86455
2013	23828	28.56	25011	29.98	34579	41.45	83418
2014	27271	38.05	20176	28.15	24220	33.80	71667
2015	31783	38.97	19852	24.34	29926	36.69	81561
2016	30033	35.44	22908	27.04	31792	37.52	84733
2017	32000	7.00	27000	18.00	36200	14.00	95000
总数	301588	30.56	247950	25.13	437241	44.31	986579

据中国纺织机械协会统计数据显示，2006~2017年国内无梭织机总交货量646989台。其中，喷水织机交货量384792台，占无梭织机总量的59.47%，具

体见表2-3。

表2-3　2006~2017年国内无梭织机交货量

时间（年）	剑杆/片梭（台）		喷气织机（台）		喷水织机（台）		总数（台）
	数量	占比（%）	数量	占比（%）	数量	占比（%）	
2006	15377	36.48	15369	36.46	11406	27.06	42152
2007	13108	28.35	17946	38.81	15182	32.84	46236
2008	7727	27.02	10271	35.92	10599	37.06	28597
2009	9800	38.28	6082	23.76	9718	37.96	25600
2010	6799	7.60	12916	14.45	69691	77.95	89406
2011	8242	6.43	13892	10.85	105955	82.72	128089
2012	8478	14.40	16007	27.18	34401	58.42	58886
2013	7907	14.42	16328	29.78	30593	55.80	54828
2014	5994	18.14	11417	34.55	15638	47.32	33049
2015	9282	22.99	9018	22.34	22076	54.68	40376
2016	8670	19.27	10794	23.99	25533	56.74	44997
2017	7637	13.94	13136	23.98	34000	62.07	54773
总量	109021	16.85	153176	23.68	384792	59.47	646989

一、喷水织机

喷水织机是采用喷射水流引导纬纱飞越梭口的无梭织机。喷水引纬的特点是引纬方式轻巧，没有重的刚性引纬器，适应高速，机械结构简单，体积小，机器占地面积亦少等；纬纱运行平稳安全，操作简便。喷水织机主要适合于织造化学纤维、玻璃纤维等疏水性纤维。

（一）喷水织机的特点

1. 喷水织机的优点

（1）喷水引纬使用水流（水束）引纬，引纬系统简单，适应高速，一般车速在400~1000r/min，更高的车速已达到1200r/min；常规筘幅190cm、230cm、280cm，特宽筘幅已达420cm；入纬率1500~2300m/min，高的已达到3800m/min，噪声低。

（2）由于水流集束性好，对纱线的携带能力较强，所以喷水织机引纬耗电低。

（3）水有一定的导电性，能消除织造中产生的静电，特别适宜于合成纤维、玻璃纤维等疏水性的长丝织造。

2. 喷水织机的缺点

（1）引纬用水需经净化、软化处理，水中的微生物、杂质、水的硬度等要净化处理，以防堵塞喷头、磨损泵体及影响织物的品质。

（2）引纬用水与织物等接触会受到污染，废水需要回收处理。

（3）虽然一次喷水引纬的距离比喷气长得多，但难于采用接力引纬的方式来进一步扩展引纬长度，限制了其向更大幅宽发展。

（4）与水或湿的纱线、织物接触的机件需做防锈处理。

（二）喷水织机的用水情况

喷水织机的用水量取决于品种、幅宽、织机转数及运转效率。以泵直径、泵动程、织机转数及运转效率的最大值（1 台/24h，运转效率 100%，动程 11mm）计算，一台喷水织机的需水量为 3~5 吨/天。

喷水织机是以水作介质进行引纬，对水质有一定要求。水质的不同，织机的运转效率和耐久性都将受到明显的影响。使用含有不清洁的水进行织造，会在引起引纬系统的性能低下，部件损伤、锈蚀和滋生细菌，以致不能维持稳定的生产运转。

（三）喷水织机的发展及技术现状

20 世纪 50 年代捷克斯洛伐克人史瓦杜发明了世界上第一台喷水织机并取得了专利，1959 年捷克斯洛伐克开始生产 H 型喷水织机，这是喷水织机的发明期；60 年代，日本远洲公司引进捷克专利，开始仿制生产，与此同时日产公司 LW 型喷水织机公开问世，形成了喷水织机的发展期；70 年代，日本津田驹公司制成了 ZW 型喷水织机，使喷水织机进入方兴期；80 年代，日本日产和津田驹的成功运作，使喷水织机进入了高速成长期；90 年代，中国大陆、韩国、中国台湾地区和泰国生产商的加入，使喷水织机走向激烈竞争时期。21 世纪初，随着化学纤维的大量需求，使喷水织机进入发展的兴盛期。目前，受喷水织机使用年限和生产效率影响，喷水织机正进入大面积的更新换代期。

由于喷水织机具有车速高、质量优、高产值、看台多、易操作、故障少和数字化显示等特点，再加上化纤产品需求的增长，喷水织机又是最适合化纤产品的织机，以及化纤仿真丝的高利润、高回报等特点，从 1980 年国内引入首批日本津田驹 ZW100 以后，国内掀起了喷水织机引进的浪潮。与此同时，国产喷水织机也销势渐好，有引进技术的，也有仿制改进的，在山东青岛、浙江杭州、浙江湖州、江苏苏州等地，如雨后春笋般蓬勃发展。尤其是山东青岛的王台镇，拥有上百家织机生产企业，是全国最大的喷水织机生产基地之一。

在近年的中国国际纺织机械展览会上，以日本津田驹公司为代表的高端织机继续引领行业的发展。在展会上，日本津田驹公司展出了经典的 ZW508 系列喷水织机和新一代的 ZW8100 系列喷水织机；日本丰田公司展出了 LWT710 系列喷水织机。国内也有数十家企业展出了适应国内外需求的新型织机，如青岛海佳机械有限公司的 HJ8100 系列喷水织机，杭州引春机械有限公司的 JW61 系列喷水织机，青岛华尊机械有限公司的 RJW872 系列喷水织机，青岛德尔德有限公司 SD622 系列喷水织机和青岛华信机械有限公司 HX8100 系列喷水织机等。随着国内外织造技术的发展，喷水织机呈现了一个崭新的面貌。2018 年国内外的喷水织机技术状况见表 2-4。

表 2-4 2018 年国内外主要喷水织机的技术状况

织机型号	制造厂	筘幅（cm）	转速（r/min）	特点
ZW8100	日本津田驹	190230	1000	配“织造导航系统”，电子多臂、双泵、4 色选纬，短间距喷嘴，PSC 可编程速度控制，PSS-W 停车档控制。可织造从极细支纱导粗支纱、从窄幅到宽幅、从一般织物到双层织物等特殊规格织物的织造需要
ZW508G	日本津田驹机械制造（常熟）有限公司	190230	1000	电子送经、电子卷取，驱动部分、喷嘴和水泵等关键部件，均采用津田驹生产的原装件。小开口入纬，微量喷水
HJ8100	中国青岛海佳机械有限公司	150~360	1000	一体化大板，可配双泵双喷、三喷电子自由选纬系统，四连杆打纬，可配凸轮、多臂、大提花开口装置，电子送经，电子卷取
JY851	中国青岛金三阳纺织机械有限公司	150~360	1000	可配单喷、双喷、三喷或四喷电子选纬系统，电子送经，电子卷取，电子多臂或凸轮开口，适宜于轻薄及中密度织物
KSW871	中国青岛铠硕纺机有限公司	170~420	1000	重磅喷水织机，可配双喷、四喷、六喷电子储纬器，电子送经、电子卷取，可配平开口、凸轮开口、多臂开口，最大入纬率 2280m/min，适宜于厚重，高密度织物

续表

织机型号	制造厂	筘幅（cm）	转速（r/min）	特　点
JW851H	中国杭州引春机械有限公司	150~360	1000	可配单喷、双喷、四喷电子选纬，电子送经与卷取，平织开口、凸轮开口或积极式多臂开口，可选配纬纱密度变化功能和车速变化功能，适合织造高密度、高克重的重磅织物
HF851	中国青岛海福机械制造有限公司	150~360	900	单喷、双喷，电子积极式送经，机械式卷取，曲柄平开口、凸轮开口或多臂开口
RFJW10	中国山东日发纺织机械有限公司	150-230	800	可配单喷、三喷，ELO电子送经、档子调整功能，电子卷取，曲柄式、凸轮、多臂或大提花开口，可对细支纱到粗支纱、窄幅到宽幅及不平衡组织的织物
JW608	中国青岛星火引春纺机有限公司	190~360	900	系列超重磅喷水织机，双喷引纬，分离式喷嘴座；电子送经，电子卷取；双后梁、短牵手实心打纬轴；U形喷嘴，节水30%；适应于中厚和重磅高密织物、工业布（织物克重可达600g/m^2）
SD8100	中国青岛德尔德机械科技有限公司	150~380	1000	电子多臂、短距喷嘴、双泵、四色选纬，可适应于细支纱到粗支纱，从窄幅到宽幅，从一般织物到双层织物等特殊规格织物
SD822	中国青岛德尔德机械科技有限公司	170~380	900	前后横梁采用五角管或者三角管，适应于织造可织造平纹、斜纹、缎纹、小花纹等组织的轻薄、中厚织物；织物克重：50~350g/m^2
RJW851	中国青岛华尊机械有限公司	190~360	1000	可配置单喷、双喷、三喷电子自由选纬，电子积极式送经，凸轮开口或多臂开口，适用于高密、高克重织物
HX901	中国青岛华信纺机有限公司	135~360	1000	双经轴多臂喷水织机，电子储纬，多喷、凸轮或多臂开口装置，入纬速度达2280m/min
JWYC853	中国青岛允春机械有限公司	135~360	1000	双泵三喷重磅喷水织机，可配机械储纬、电子储纬、多喷、凸轮或多臂开口装置，适应于高密度、高克重、超细织物
ZYJW871	中国浙江中屹纺织机械科技有限公司	150~360	800	双喷纬入，可配电子送经和卷取系统，偏心打纬

续表

织机型号	制造厂	筘幅（cm）	转速（r/min）	特　点
JSD508	中国金斯达纺织机械有限公司	130~360	900	单双泵浦喷水引纬系统，可配电子送经、电子卷取，可配单喷、双喷、三喷、四喷和六喷，适应织物品种范围广

1. 原料和品种有较大突破

喷水织机适应疏水性较强的化纤合成纤维的生产织造，已从单一的常规涤纶、锦纶织造，向差别化纤维，仿真丝、仿毛、仿棉织物发展。已从以使用75dtex、110dtex和165dtex等常规涤纶丝、锦纶丝进行织造为主，向普通丝、细旦丝、超细旦丝、强捻丝、异收缩丝以及粘胶短纤等多种纤维的织造发展；不但能进行单一的纤维织造，而且能进行复合丝、包缠丝的织造。织物品种也已从仅能生产薄型织物向厚、重型织物的织造发展，从低密度织物向高经纬密度织物的发展，并且斜纹、缎纹和提花织物都能生产。

2. 开口机构技术日益成熟

喷水织机的开口装置已从原来的连杆式简易开口机构，向凸轮、多臂和大提花开口发展。随着以江苏牛牌纺织机械有限公司为代表的国产凸轮式和多臂式开口机构技术的日益成熟，喷水织机摆脱了单一的一色纬织造，不仅能够织造斜纹、缎纹及其变化组织，同时还能够织造小提花织物，若与穿综、穿筘配合，还可织造出更加丰富多彩的品种。

目前，喷水织机已普遍配置单喷、双喷、三喷或四喷，已实现四色选纬甚至六色选纬，一改过去只能织造单一纬丝数的状况。

3. 车速大幅提高

由于机电一体化技术的采用，电子送经、电子卷取等配置的普及，以及对织机水泵（陶瓷水泵）、喷嘴、开口机构、综框和机架材质的改进设计，减轻了织机的振动，引纬和打纬更加稳定，提高了织机的运行效率和运行质量。正常生产的织机车速从过去的500~700r/min，普遍提高到700~900r/min，甚至高达1000r/min；投纬速度也从1000m/min，提高到1800m/min，甚至高达2500m/min。目前，国产的部分织机实验和演示车速高达1400r/min，喷水织机的车速有了大幅提升。

4. 筘幅明显增加

喷水织机的筘幅已从110cm、130cm、170cm、190cm和230cm，逐步发展到

360cm。最近几年，随着新技术的应用，特别是采用新型喷嘴和稳定器，使织机的喷射水流更加集束，实现了较小开口和较少水量的稳定运转，用水量由每日的5~8t，下降到了5t以下，织造筘幅增加到了420cm。如青岛铠硕机械有限公司的KSW851系列喷水织机，其筘幅已可配置到420cm，突破了之前360cm的筘幅极限，为满足产业用纺织品和家用纺织品如窗帘、墙布、家具装饰面料的超宽织造需求提供了条件。

5. 自动化水平增强

随着电子送经、电子卷取的普及，ERP等管理系统的应用，越来越多的织机设备安装和使用信息采集和监控系统，实时反映工厂喷水织机的车速、产量和效率等运转情况，使管理人员及时发现问题并作出决策，减少繁重的数据统计，实现现场和远程监控，为企业科学和精细化管理奠定了基础，为促进喷水织机车间少人或无人打下基础。

6. 产品质量显著提高

目前，以津田驹ZW408系列为代表的织机普遍采用超启动电动机的方式来解决影响织造质量的“停车档”问题，提高产品质量。该方法采用超启动电机，可使织机启动扭矩的超高倍率化，可以防止停车档和投第一纬的纬纱松弛，再通过直接连接在曲柄轴上的大容量电磁制动器，实现织机准确的定位停车，消除停车档带来的疵病，提高产品质量。

断经自停装置逐步应用于喷水织机，大大提高了织造质量，使断经的发现时间从断后织造300cm，缩短到20cm。

在织造高密度织物上，国产织机也不断优化机架的设计，使机架更稳定，效率更高。如青岛海佳机械有限公司的HJ410系列喷水织机，织造8.33tex（75旦）织物时，最高纬密已达到78梭/cm（198根/英寸）。

（四）喷水织机的应用

由于涤纶、锦纶等属于疏水性纤维，易产生静电，很难用喷气织机进行织造，而喷水织机却完全可以胜任。2017年我国化学纤维产量达4919.6万吨，占所有纤维产量的70%以上，随着化纤纤维用量比重的大幅增加以及化纤织物在服装、家纺和产业用领域的广泛应用，喷水织机在全国遍地开花，蓬勃发展。

截止到2018年底，全国拥有喷水织机58万台，年产各类长丝织物508亿米。2018年各重点产业集群喷水织机设备情况见表2-5。

表 2-5　2018 年重点产业集群喷水织机设备情况

集群名称	喷水织机（台）	集群名称	喷水织机（台）
吴江区	263940	晋江市	30000
长兴县	91000	泗阳县	18387
秀洲区	33453	合计	436780

数据来源：中国长丝织造协会

据国际纺织制造商联合会提供的数据显示，到 2030 年，全球人均纤维消耗量将有 2016 年的 11. 5kg 上升到 13. 4kg；中国人均纤维消耗量将由 2016 年的 15. 5kg 上升到 20. 1kg。棉、麻、毛、丝等天然纤维受种植面积等限制，产量有限，化学纤维成为纺织原料的主流将是大势所趋，喷水织机也将继续发挥着纺织行业不可替代的作用。

随着时代发展，化纤纺织业的蓬勃发展，喷水织机也还有很长的路要走。喷水织机还需要与电子计算机、互联网等新技术的深化融合，增加织机的自动化水平，提高生产效率和产品质量，节能降耗，生态环保，逐步实现无人或少人织造车间的建立。

二、喷气织机

喷气织机是采用喷射气流牵引纬纱穿越梭口的无梭织机。工作原理是利用空气作为引纬介质，以喷射出的压缩气流对纬纱产生摩擦牵引力进行牵引，将纬纱带过织口，通过喷气产生的射流来达到引纬的目的。这种引纬方式能使织机实现高速高产。在几种无梭织机中，喷气织机是车速最高的一种，止由于引纬方式合理，入纬率较高，运转操作简便安全，具有品种适应性较广，机物料消耗少，效率高，车速高等优点。但由于喷气织机采用气流引纬方式，最大的缺点是能量消耗较高。

喷气引纬的介质是空气，由于气体的质量远小于水、剑杆头和片梭，喷气织机就体现出速度高、入纬率高的特点，成为四种无梭织机中速度最高的织机。但喷气织机需要解决的问题有以下四个方面。

第一，引纬必须设有定长装置，否则每次喷出的纬纱长度便无法控制。（目前由储纬器来进行控制解决）。

第二，空气必须事先净化，去除杂质、油滴和空气中的水滴，不然会使喷管堵塞，或喷到纱上织入布内产生污点。

第三，对有捻度的纬纱，因引纬的前端为自由端，纬纱在飞行时会发生一定退捻而造成出口侧布边处纬纱捻度减少，影响织物一致性品质。

第四，在梭口中喷气气流必须加以控制，或用管导片装置减少气流的扩散，或用异形钢筘加辅助喷嘴补充气流，从而保证气流速度超过纬纱速度，使纬纱呈伸直状态，不致产生纬缩疵点，还要尽可能节省气流，节约动力消耗。

由引纬方式和防气流扩散方式的不同，组合形成喷气织机的三种引纬形式。

（1）单喷嘴+管道片：该形式引纬完全靠一只喷嘴喷射气流来牵引纬纱，气流和纬纱是在若干片管道片组成的管道中行进的，从而大大减轻了气流扩散。

（2）主喷嘴+辅助喷嘴+管道片：前一种形式的喷气织机虽简单，但因气流在管道中仍不断衰减，织机筘幅只能到190cm，故人们在筘座上增设了一系列辅助喷嘴，沿纬纱行进方向相继喷气，补充高速气流，实现接力引纬。

（3）主喷嘴+辅助喷嘴+异形筘：前两种形式的喷气织机每引入一纬，管道片需再引纬前穿过下层经纱进入梭口与主喷嘴对准，引纬结束后，需再穿过下层经纱退出梭口。由于管道片具有一定厚度，且为有效地防止气流扩散紧密排列，这就难以适应高经密织物的织造，加之为保证管道片能再在打纬时退出梭口，筘座的动程较大，也不利于高速。于是人们将防气流扩散装置与钢筘合二为一，发明了异形筘。异形筘的筘槽与主喷嘴对准，引纬时，纬纱与气流沿筘槽前进。由于这种引纬形式在宽幅、高速和品种适应性等方面优势明显，为喷气织机广泛采用。

喷气织机需要供气系统，集体供气系统的流程如下：

大气→过滤→加压至0.8MPa→冷却至25℃→油水分离→储气罐→车间→织机

空气经过过滤后，除去尘埃、飞花等杂质，通过在车间外的无油润滑空气压缩机加压至0.6~0.8MPa。空气在压缩过程中，温度升高，若直接将压缩后的空气送到车间，会使车间的温度升高，尤其在夏季会增加空调的负担，因此需使用冷却装置将高压空气冷却至25℃。在冷却时会产生冷凝水；虽然采用无油润滑气缸，但还可能会有少量润滑油混入空气，因此在进入储气罐之前，由油、水分离装置除去油、水。清洁无油、压力稳定的压缩空气通过管路输送到车间，分配到每台织机。在织机上由机械阀或电磁阀根据引纬要求控制喷气时间，主喷嘴的压力约为0.2MPa，辅助喷嘴的压力约为0.25MPa。

喷气织机能生产高支、高密棉或棉化纤混纺短纤维织物，还能织弹力织物、毛巾、商标、色织布等。在长丝织造行业，喷气织机主要用于粘胶长丝或化纤交织织物。目前喷气织机入纬率可高达2000~2500m/min，新型喷气织机转速可高达1800~2000r/min，入纬率3200m/min，如津田驹、必佳乐等喷气织机等。

进口织机中，代表的是日本丰田公司生产的JAT810型喷气织机，其在继承了占全球市场份额首位的JAT710的优异性能，并在节能、节气、产品适应性和操作简便性等方面有了较大提升。织机采用电子送经、电子卷取技术，转速达1200r/min。电子开口的每片综框都有独立的伺服电动机单独驱动，兼有了电子多臂机的广泛适应性和凸轮机的高速性。

国产喷气织机在织造性能上也正达到先进水平。天一红旗公司的JA91-190型喷气织机，织造速度达到1450r/min，成为织造速度最快的喷气织机之一。该织机筘幅190cm，选用2色选纬，积极凸轮开口装置，入纬率接近2500m/s。

随着现代电子技术在喷气织机上的应用，纬纱飞行过程中已得到精确控制，使织机各种关联动作控制精度更高、更准确，机构更简单，正逐步实现高速高效织造。

三、剑杆织机

（一）剑杆织机概述

剑杆织机是利用往复移动的剑状杆作为引纬器插入或加持纬纱，将机器外侧固定筒子上的纬纱引入梭口，剑杆的往复引纬动作很像体育中的击剑运动，剑杆织机因此而得名。剑杆织机品种适应性强，品种调节方便，适应于多色织造和小批量、多品种、厚重织物的织造，但纬纱受力大、使用成本高、价格高。

在无梭织机中，剑杆织机的引纬原理最早被提出，起初是单根剑杆，以后又发明了双剑杆引纬的剑应杆织机。在1951年的首届国际纺织机械展览会（ITMA）上就展出了剑杆织机样机，并将无梭织机评为新技术。自1959年以来，继刚性剑杆后，相继出现了挠性、钢带、双向、伸缩、双层、三层等形式剑杆织机并投入工业化生产，尤其以良好的品种适应性而广泛用于色织、巾被、丝织、毛织、麻织等行业，现已发展成为机型繁多、数量较多的一种无梭织机。

根据引纬装置的结构可分为刚性剑杆和挠性剑杆两种。刚性剑杆由剑杆和剑头组成，剑杆为一刚性的空心细长杆，截面呈圆形或长方形。其最大特点是不需要用导剑器材，在引纬的大部分时间里，剑杆、剑头可悬在梭口中运动，不与经纱接触，从而减少了对经纱的磨损，对于不耐磨的经纱织造十分有利，如玻璃纤维等。但刚性剑杆的长度是织机筘幅的一倍以上，打纬之前刚性剑杆必须从梭口中退出，因此织机台宽度方向占地面积较大，而且剑杆笨重，惯性大，不利于高速织造。

挠性剑杆由剑头和柔性剑带组成。剑带材料为钢带、尼龙带或碳纤维复合材料带等。在剑杆退出梭口时，柔性剑带能卷绕到传剑轮上，于是避免了机台占地面积过大的缺点。另外，剑带质量轻，有利于高速，且能达到的宽幅也大，故挠性引纬在生产实际中得到了较为广泛的应用。

（二）剑杆织机的特点

剑杆织机由传剑机构传动，设计合理的传剑机构使剑头运动具有理想的运动规律，配合储纬器的使用，保证了剑头在拾取纬纱、引导纬纱和交接纬纱过程中纬纱所受的张力较小，较为缓和，与片梭引纬相比，剑杆头启动纬纱时的加速度仅为片梭引纬的1/20~1/10，这显然对一些细特纱、低强度纱或弱捻纱等一类纬纱的织造是有利的，从而保持较低的断纬率和较高的织造生产效率。

在精纺毛纱和粗纺毛纱织造中，剑杆织机使用比较广泛，生产效率和产品质量也有明显提高，与有梭织机相比，织机速度提高一倍左右，并且基本避免了轧梭痕、跳花、脱纬、稀纬等常见疵点。

剑杆引纬以剑头加持纬纱，纬纱完全处于受控状态，属于积极式引纬方式。在强捻纬纱织造时（如长丝绉类织物、纯棉巴厘纱织物等），抑制了纬纱的退捻和织物纬缩疵点的形成。

目前，大多数剑杆织机的剑头通用性很强，能适应各种不同原料、不同粗细、不同截面形状的纬纱，而无须调换剑头。因此，剑杆引纬十分适宜于加工装饰织物总纬向采用粗特花式线（如圈圈纱、结子纱、竹节纱等）或细特、粗特交替间隔形成粗细条，以及配合经向提花而形成不同层次和凹凸风格的高档织物，这是其他一些无梭引纬所难以实现或无法实现的。

四、其他织造设备

（一）倍捻机

倍捻机是指倍捻锭子每一个回转给予纱线加上两个捻回的加捻设备。倍捻具有增加丝线的强力，使其在以后工序中能够耐摩擦，减少丝线起毛或断头，并使织物增加牢度；使丝线具有一定的外形，制成的织物具有皱纹形状，增加美观；增加丝线的弹性，使制成的织物抗皱能力增加。

倍捻机锭子一转，可产生两个捻度，使生产效率提高近一倍，而且其大卷装能减少丝线的结子，明显提高产品质量，为此倍捻机投入工业化生产后，显示出其强大的生命力，制造和使用与日俱增。从20世纪70年代到现在，四十多年的工业化生产中倍捻机不断改进，尤其是电子技术等高新技术的应用，使倍捻机的生产技术取得了明显的进步，并在生产中发挥出越来越强的生命力，使用厂商获得了明显的经济效益。

需要加捻的丝线自静止的供丝筒子上引出，从锭子顶端穿入空心锭杆，随锭杆的一回转，丝线其中一段得到一个捻回，然后丝线再从空心锭杆下端储丝盘的横向孔眼穿出引向上方的导丝钩。储丝盘随锭子而回转，丝线随着横向孔眼对导丝钩固定点的一回转，丝线另一段又加了一个捻回。锭杆作逆时钟方向一回转时，其中一段丝线获得S向（或Z向）一捻回，另一段丝线也获得S向（或Z向）一捻回，丝线移动时，相同捻向的两个捻回叠加，得到倍捻效果。

近几年来，倍捻机的技术进步主要表现在以下几个方面：

（1）电子等高新技术已普遍应用于倍捻机，工艺的设定、控制、记录都实现了自动化，人机界面的自动控制技术成为当前倍捻机的主要设置，工艺参数的设定达到最优化，而运转参数的自动记录为工艺参数的分析提供了准确的原始数据，使最优的工艺设定日益具有保证。电子式断纱自停和锭子转速在线监测技术已在倍捻机上广泛采用，从而使纱线的条干清洁度越来越好。锭子转速在线监测技术在生产上应用以后，当锭子转速超过允差，就能自动提醒生产管理人员，不单使捻度允差消灭在生产之前，而且省却了许多测定工作。

（2）低捻筒子的大卷装化：目前，有的倍捻机在加工低捻度的纱线时，加工筒子的最大卷装容量达到5kg，从而使加工丝线的结子明显减少，可以获得更为光洁和平整的织物。

（3）机器结构和辅助设施的不断完善：如上油、上蜡、空气捻接器及吸风、吸尘装置等可以任意选用，为生产理想的加捻丝提供了良好的条件；机器模块式的结构设计，分节组装出厂也为纺织厂按生产需要选用锭子、台数和方便运输提供了良好的条件。

目前，常用的真丝倍捻机锭速为9000r/min，化纤倍捻机的锭速可达18000r/min。

（二）整经机

整经机是指将一定根数的经纱按工艺设计规定的长度和幅宽，以适宜的、均匀的张力平行卷绕在经轴或织轴上的设备。

1. 整经机的分类

根据不同的纱线种类和工艺要求，整经机可分为分批整经机和分条整经机等。

（1）分批整经机。分批整经机是将全幅织物所需要的经纱总根数先分成n批，每批经纱根数尽可能相等，分别卷绕成n只经轴，然后将这n只经轴通过浆纱机（或并轴机）进行并和，按规定长度卷绕到织轴上的整经机。分批整经机具有整经速度快（一般为300~550m/min，高速整经可达1300m/min），生产效率高，片纱张力均匀，经轴质量好，适宜于大批量生产的特点，可应用与各种纱线的整经加工。缺点是容易产生短码，回丝多，对于多色或不同捻向经纱的整经，色经的排列困难，因此分批整经只能用于白坯织物或单色织物的整经，其所成经轴大多数需要经过浆纱工序形成织轴。

（2）分条整经机。分条整经机是将织物所需的总经根数根据纱线配列循环和筒子架的容量分成根数尽可能相等、纱线配置和排列相同的若干份条带，并按工艺规定的幅宽和长度一条挨一条平行卷绕到整经大滚筒上，待所有条带都卷绕到整经大滚筒上后，再将全部经纱条带由整经大滚筒同时退绕到织轴上去的整经设备，这种退绕到织轴上的过程称为倒轴。分条整经机的条带增减方便，适宜于宽幅和不同幅宽织物的织造；也适宜于小批量、多品种的生产，如色织、丝织等；可直接做成织轴，适于不需要上浆股线的织造。

2. 整经机的组成

整经机由筒子架和整经机机头两部分组成。

（1）整经机机头。整经机的机头主要有经轴传动装置、制动装置、经轴加压装置、计长和满轴自停装置、上落轴装置、分绞装置、导条装置和织轴的倒轴横动装置等组成。

（2）筒子架。筒子架是安置整经用筒子的支架，分左右两翼，安置在整经机的后方。筒子架与整经机一般相距2.5~4m。筒子架上装有一定数量的筒子插座、张力装置和导纱瓷板，断纱自停装置也可安装在筒子架上。筒子架上的筒子容量一般为500~600只工作筒子，最多可达1000只。筒子架的作用不只是安置筒子，筒子架一般还有纱线张力控制、断纱自停与信号指示等功能，这些功能及它的结构形式对整经张力和生产效率有直接影响，因此它是整经机的重要组成部分。

筒子架的种类很多，按筒子架框架平面布局可分为V形、矩形—V形等；按有无预备筒子可分为复式和单式两种；按更换筒子的方式可分为间断式和连续式两种。

目前，国内整经机的主要厂商有江阴四星棍泉机械有限公司、江阴市四纺机新科技制造有限公司等。如江阴四星棍泉机械有限公司生产的KGA215C型分条整经机，操作台的轴向位移由高精度伺服电机控制，起点定位、条定位可一次按键自动完成。该机采用了交流变频调速新技术，可由计算机控制达到无级调整，保持大滚筒上纱线恒线速的卷绕和退绕，可作为强捻化纤长丝织物、丝织物及特种产业用布等品种的喷水、喷气等无梭织机的织前准备。该设备可与进口的同类设备相媲美。

（三）浆丝机

浆丝机是指把一定数量的浆液黏附在经纱上，经烘燥后形成浆膜的设备。经过上浆后，经丝上形成一层浆膜，增大了经丝的抗摩能力。同时，浆液渗透到经丝内部把部分纤维互相粘着起来，提高了经丝的强力。浆丝具有适当增加经丝的强力，最大限度地保持经丝的弹性，减轻经丝的毛茸现象和摩擦系数的作用。浆纱工艺包括两个工序：调浆工序（配制浆液）和上浆工序。无捻涤纶长丝通常需采用浆丝机进行上浆。

1. 浆丝的目的

单根经纱是由许多纤维捻合而成的，通过加捻而赋予纤维抱合力，从而增加了纱线的强度，但在捻合过程中，由于纤维长度参差不齐，每根纤维头尾均有可能露在纱线表面，形成毛茸茸的外观。在织造过程中，经纱要承受多种力的作用，发生复杂的变形。开口运动时，经纱在综孔处弯曲成折线，发生与梭口高度平方成正比的伸长，经纱在综孔内滑移，产生摩擦；开口运动中上下经纱升降交替时，相互间还发生剧烈的摩擦。引纬运动时，无梭织机的导纬部件对经纱也有相当大的摩擦。打纬运动时，梭口前部的经纱受往复运动的筘齿摩擦；由于织缩的原因，筘齿与边部经纱的挤压摩擦作用更加剧烈；在织口打纬区中，每次打纬引起的前后移动，都会增加经纱与综孔的摩擦。

当外界负荷超过纱线的弹性极限和断裂强度时，纱线的结构即遭到破坏而解体，导致纱线断裂。为减少经纱端头，在织前准备过程中使用浆料涂于经纱表面，为经纱上浆，可提高纱线的抗拉强度和抗摩擦能力。上浆以后，一部分浆液渗透到纱线内部的纤维之间，使纤维相互黏结，增加了纤维间的抱合力，提高了纱线的抗拉强度；一部分浆液被覆在纱线表面，使松散突出于纱线表面的纤维茸头贴伏在纱线上，这层浆液经烘干后形成一层称为浆膜的坚韧薄膜，增强了纱线的耐磨性。

2. 浆料

纱线上浆所用的主浆料主要有天然浆料、变性浆料和合成浆料等。其中，天然浆料包括各种淀粉浆料、海藻类浆料、植物性胶浆料、动物性胶浆料、甲壳质浆料等，主要用于棉、麻等天然纤维的上浆；变性浆料包括纤维素衍生物（羧甲基纤维素、甲基纤维素、乙基纤维素等）、变性淀粉类浆料等，主要用于棉等天然纤维及混纺纱线的上浆；合成浆料主要是乙烯类浆料（聚乙烯醇等）

和丙烯酸类浆料（聚丙烯酸、聚丙烯酸酯、聚丙烯酰胺等）等，其中聚乙烯醇类（PVA）浆料主要用于天然纤维的上浆，丙烯酸类浆料主要用于疏水性纤维的上浆。

丙烯酸类浆料最大的特点是对疏水性纤维具有优异的黏附性能，水溶性好，易于退浆，不易结皮，对环境污染小。但其吸湿性和再黏性强，所以只能做辅助浆料使用。丙烯酸类浆料的性能主要取决于组成单体本身的性能及配比，聚合工艺对其性能也有较大影响。包括聚丙烯酸甲酯浆料、聚丙烯酰胺浆料、醋酸乙烯酯丙烯酰胺共聚浆料、聚丙烯酸盐多元共聚浆料、固体聚丙烯酸（酯）浆料等。

喷水织机用浆料主要包括聚丙烯酸盐类和水分散型聚丙烯酸酯两类。聚丙烯酸盐类浆料是丙烯酸及其酯在引发剂的引发下聚合，用氨水增稠生成铵盐，浆料中含有极性基团（$—COONH_4$），使浆料具有水溶性，满足调浆的需要。烘燥时铵盐分解放出氨气，成为含有（—COOH）基团吸湿性低的浆料，使浆膜在织造时具有耐水性，符合喷水织造要求。织物退浆时用碱液煮练，浆料变成具有水溶性基团的聚丙烯酸盐，达到退浆目的。近年来开发的水分散型聚丙烯酸酯乳液以聚丙烯酸、丙烯酸丁酯、甲基丙烯酸甲酯、醋酸乙烯酯单体为原料，用乳液聚合法共聚而成。该浆料对疏水性纤维有良好的黏附性，烘燥时随水分子的逸出，乳胶粒子相互融合，形成具有耐水性的连续浆膜，它的耐水性优于聚丙烯酸盐类浆料，织物退浆亦用碱液煮练。

3. 浆纱机分类

（1）按照原纱品种分类：有短纤纱、长丝和色纱用三种浆纱机，用于长丝的浆纱机又称为浆丝机。目前，欧美各国趋向长丝、短纤纱共用一种机型，而通过采用标准系列单元的不同组合来满足各品种的要求。

（2）按烘燥方式分类：有热风式、烘筒式及热风烘筒联合式三种浆纱机。对于高密度经纱片及细特、无捻的化纤长丝，在上浆烘燥后，经纱易粘连成片，以至分纱时会使单丝断裂，故在进入正式烘燥前应首先进行预烘。预烘装置热源有热风、红外线及烘筒等。

（3）按上浆方式分类：有单浆槽、单浸单压、单浸双压和双浸双压等。加压机构的形式又有机械式、液压式等几种。

（4）按工作幅宽分类：有 180 型、200 型等，其工作幅宽相应分别为 180cm、200cm 等。

（5）按工艺过程分类：

①轴经浆纱机，是浆纱机中最基本的类型，它是将若干个经轴上的经纱先

并合后再进行上浆、烘燥，而后绕成织轴。这种方式的浆纱机适用于短纤维、有捻长丝及织物经纱密度低的大批量生产中的经纱上浆，其还是目前国内应用较广泛的一种浆纱机。

②单轴浆纱机，将整经后的经轴单个进行上浆，在烘燥、卷绕后再通过并轴机并成织轴，适用于小批量色织物的经纱或特种纱线的上浆。

③整浆联合机，在整经的同时，进行上浆、烘燥并绕成分轴，然后再将若干个分轴由并轴机按要求卷成织轴。这类浆纱机的供纱方法有两种，一种是直接由筒子架供给；另一种则由整经机卷取的经轴供给。

④分条整浆联合机，采用筒子直接供纱，在分条整经机筒子架前使经纱上浆、烘燥、最终卷绕成织轴。它适用于较大批量色纱的经纱上浆。

⑤染浆联合机，又称染浆一步法，机上设有染漂槽和浆槽，经纱通过先染色后上浆，实现染浆工艺的联合。

⑥溶剂浆纱机，经纱自经轴引出后，进入密封良好的溶剂浆槽中浸渍，将溶解在挥发性有机溶剂（如四氯乙烯或三氯乙烯）中的浆料涂于经纱上，经压浆后再将纱片分层引向热风烘房，使溶剂挥发，随后与两个烘筒接触进行最后烘干，再经双面上蜡并冷却后绕成织轴。

⑦熔融上浆机，利用熔融状态的聚合物浆料均匀涂布在经纱表面，经冷却凝固后即能完成上浆工艺，具有不需烘燥的特点，可适用于化纤长丝的上浆。

4. **浆丝机的主要机构**

（1）经轴架。经轴架简称轴架，用来放置经轴，位于浆纱机的后方。经纱从若干经轴上引出合并，以达到工艺要求的总经根数。根据品种需要，轴架上最多可配置12~16只经轴，具体用量要根据整经根数和总经根数确定。

新型浆纱机的经轴架一般由槽钢立柱和横撑连接而成。轴承座安装在立柱上，通过球面轴承套于经轴安放，或用滚柱以及竖式锥形盘搁置，便于轴的上下移动。轴承座有丝杆调节以适应轴款及纱片对正，经轴头端还装有制动装置。为节省占地，一般都是双层甚至多层排列。

（2）上浆装置。上浆装置的作用是让经纱按规定的浸浆路线通过浆槽，使浆液浸透纱线并黏附于其上，再经过压浆轴挤压出多余的浆液，使被覆盖与浸透达到所需比例，获得一定的上浆率。

上浆装置主要包括浆槽、引纱辊、浸没辊、上浆辊、压浆辊、湿分绞装置等部分组成。

①浆槽：浆槽用来储存一定量的浆液以对经纱进行上浆。浆槽内外层均为不锈钢，夹层内充填玻璃纤维等保温材料或由高温水浴间接加热。浆槽由循环

浆泵实现循环浆箱与浆槽之间的浆液循环，浆液由浆槽以瀑布形式溢入循环浆箱，从而使浆液处于均匀的流动状态，不产生滞留和死角，并能保持浆液新鲜，以满足上浆工艺的要求。

在生产细特、高密织物时，由于经纱总根数多，排列很密，为了使受浆经纱之间保持一定的距离，新型浆纱机上都配备了双浆槽或多浆槽。同一品种的纱线经分片进入两个或多个浆槽时，浆槽之间的浆液黏度、浓度、温度及液面高度要保持一致，以使片纱之间上浆均匀一致，国内外先进的浆纱机对上述各项指标进行计算机控制，可随时调节这些指标。

②引纱辊：引纱辊的作用是将经纱从经轴上引出后送入浆槽。引纱辊由传动系统积极驱动，其与上浆辊之间的速度差异会影响经纱的湿伸长和吸浆量。

传统浆纱机上的引纱辊是用铸铁制成的，外包细布，借以增加牵引力和调节其表面速度。现代浆纱机的引纱辊则多为橡胶包覆辊。为了纺织经纱在引纱辊表面滑移，引纱装置采用了气动加压辊，最大压力可达5kN。

③浸没辊：浸没辊能迫使经纱浸入浆液内，其结构形式及高低位置决定了经纱的浸浆长度，但不宜单纯用调节浸没辊高低位置的方法来改变上浆率大小，以免增加经纱的张力和伸长。国产浆纱机浸没辊采用无缝钢管外包橡胶层，浸浆深度可利用自动或手动升降齿条进行调节，并根据品种和工艺不同也可使浸没辊贴紧上浆辊而产生侧压。

④上浆辊与压浆辊：上浆辊与压浆辊是成对配置的，压浆辊由上浆辊摩擦传动。当浆纱在它们之间通过时，依靠压浆辊与上浆辊表面对浆纱进行挤压，一部分浆液压入纱线内部，多余的部分则被挤出。浆纱在压浆辊和上浆辊之间收到挤压的程度主要由浆纱单位面积上所受到的压力来决定，这与压浆辊表面包覆层的弹性密切相关。浆纱收到的挤压不仅局限于压浆辊和上浆辊相接触的压力区，而且还受到浆纱在离开压力区的瞬时该包覆层弹性恢复能力以及纱线本身变形能力的影响。

⑤湿分绞装置：湿分绞棒安装在浆槽和烘房之间。浆纱从浆槽中出来，经湿分绞棒分成数层后，平行进入烘房，以便初步形成浆膜后再合并，这样可避免烘燥后浆纱之间的互相粘连，减少出烘房分绞时的困难，对保护浆膜完整、降低落浆率、提高浆纱的质量极为有利。根据总经根数和安装位置来决定采用分绞棒的根数。一般来说，可用3根或5根，最多也有7根的。湿分绞棒根数增加，经纱分布密度减少，分绞棒效用更为明显，但这与使用得当与否有关。湿分绞棒由边轴转动，通过变速箱调节速比。湿分绞棒也可用电动机单独传动，停车时，湿分绞棒仍需转动，以防止粘浆。

(3) 烘燥装置。烘燥装置的任务是去除湿浆纱上的多余水分，达到工艺要求的回潮率，固化浆纱上黏附的浆液，使其形成黏结内部纤维，贴付表面毛羽的浆膜。

对烘燥装置的要求是提高烘燥效率，减少能量消耗，充分利用热能，降低生产成本；烘房内各导纱机件安装平、直，回转灵活，烘筒采用积极传动，尽量减少对经纱弹性的损伤；烘房的排湿、隔热性能良好，保障工人的操作环境；结构简单，操作方便。

根据烘燥方式，烘燥装置可分为热风式烘燥装置、烘筒式烘燥装置和热风-烘筒联合式烘燥装置。

(4) 车头部分的装置。浆纱机车头部分有张力检测装置、上蜡装置、分纱装置、伸缩筘、传动机构等装置组成。

①张力检测装置：张力装置主要用来检测拖引辊或烘筒之间浆纱片纱的张力大小和波动状况。张力辊两端轴承座安装在升降齿轮条上，同时又与弹簧相连接，经纱从张力辊下放绕过，当经纱张力变化时，在与弹簧力共同作用下使张力辊升降，经齿条带动齿轮，再通过链轮传动指针摆动，指示读数。

②上蜡装置：经纱上浆后，尤其上浆率较高时，为了增加浆膜的柔软性和耐磨性而采取上蜡工艺，同时能达到克服静电、增加光滑、开口清晰、减少端头及织疵的目的。

③分纱装置：分纱装置的作用是借助分纱棒分开浆纱，消除粘连。分纱棒也称分绞棒，其根数等于经轴数减一。分纱棒为空心铁管，表面镀铬，两端呈扁平状，便于穿纱操作。距烘房最近的第一根分纱棒，承受较大的分纱张力，故直径较大。也可采用两根可自由回转的纫辊代替第一分纱棒，以降低分纱棒对浆纱的摩擦作用，减少分纱断头。经轴上机时，在抽架处放分绞线，在车头以绞线为引导穿入分绞棒。

④伸缩筘：伸缩筘的作用是调整纱片宽度，使之与织轴幅宽相等，确定纱片卷绕位置与织轴边盘对齐，均匀排列浆纱使织轴卷绕匀整，并兼有分纱作用。

伸缩筘采用梳针片形式，各梳针片插装在可以伸缩的菱形架上。车头前侧有左、右两个手轮，左手轮可调节菱形架及伸缩筘的扩张与收拢，即进行纱片的幅宽调节；右手轮则可驱动菱形架及伸缩筘整体横向移动，即调节整个纱片的卷绕位置。

⑤传动机构：浆纱机的主传动是指由主电机对拖引辊、烘筒、上浆辊和引纱辊的传动，这些传动通常由边轴驱动；浆纱机其他部分的传动，如循环风机、排气风机、循环泵、湿分绞棒及织轴卷绕等，有的需单独传动，有的则可以由

主传动间接拖动。织轴传动与主传动来自一个系统的称为一单元传动；织轴传动与主传动来自两个不同系统的称为二单元传动。目前，新型浆纱机普遍采用一单元传动。主传动的负载特性应满足的要求是具有恒转矩的负载特性，即具有转速变化而转矩保持恒定的硬的机械特性；能任意无级变速（包括从爬行速度到最高车速），调速范围大，以适应自动控制车速的要求；能作长时期的低速运行，以满足操作上的需要。

五、长丝织造新装备、新技术

（一）自动穿经机

自动穿经机是指可以将经纱自动穿过综丝和钢筘等装置，完成各个穿经动作的设备。自动穿经机的速度和穿经质量比原来的手工穿经有了较大的进步，大大降低了人工劳动强度、提高了劳动生产效率。

将经纱从有张力的经纱层上被拉出，一根一根地被送入穿综元件，在相同方向排成一行的综丝从中被分开，并输送到穿综位置，塑料刀片在钢筘上打开一个间隙，钢筘根据穿经顺序逐一移动，一只钩子一步就把经纱穿过综丝和钢筘。然后，已穿有经纱的综丝被推到综架轨上。共有多达 20 个综架轨并列，当所有的经纱都穿好后，通过卸载把穿经综框放到经轴的车上。

穿经机有两种配置方式，即一种为主机固定而纱架移动，另一种纱架固定而主机移动。无论采用何种配置，都必须包括传动系统、前进机构、分纱机构、分片机构、分综机构、穿引机构、勾纱装置和插筘装置。

自动穿经机适用于棉纱、混纺、毛、丝、竹节花式纱和化纤长丝等所有品种的自动穿经。

目前，应用最广泛的自动穿经设备是由史陶比尔生产的专门用于长丝织造的自动穿经系统 SAFIR 系列穿经机。该设备将经轴的经纱直接穿入钢筘和 O 型钢制综丝或塑料综丝中，综丝被分配到 12 根综丝撑杆上，可满足那些使用最多十二片综框并且无经停片来生产标准纺织品的织造厂的需求。该种设备不仅具有高达 10000 根/小时的穿经速度，精确处理 2. 22~66. 67tex（20~600 旦）范围的纱线，而且综框可变化，具有很高的生产效率。

（二）自动验布机

织物疵点的检验是织物评定质量优劣、评定等级的主要依据，通常按疵点的影响程度、大小、对后加工要求评定分数，并进行疵点的清除、修复或开剪，保证后加工产品的正品率，对纺织生产企业具有重要的经济意义。

1. 人工验布存在的问题

传统的人工验布速度不快，产量低、效率差。人工验布对检验工有一定技术要求和视力要求。长期视力集中，容易导致眼疲劳，患职业病，且劳动强度不低。检验工一般每小时只能检测到200个疵点左右，超过此范围，容易产生漏验和误判。当今功能性、高性能纤维的织物大量用于航天、航空、军工、航海等领域，对织物要求零疵点，零漏验，人工验布很难实现。人工验布受检验员主观意识、性格、环境、认知等因素的限制，检测结果很难一致，差异较大，重现性、一致性较差。人工检测需配置较多的劳动力。传统验布机幅宽较小，不适合现代织机宽幅要求，如果扩幅改造，势必要降低车速，增加验布工负荷。总之，人工验布对工人而言工作强度大，生产力落后，且存在漏验率高等问题，已跟不上织机生产速度的提高与织物幅宽的不断加大。

2. 自动验布技术的发展现状

自动验布有一定的难度，多年前国外就已有相关的研究，但迄今为止，未见大面积推广使用的报道。相对成熟的设备有USTER公司的VISOTER自动验布系统、EVS公司的自动验布系统和Barco公司的织机疵点在线检测系统，最快可达1000m/min。国内关于自动验布技术的研究起步较晚，正抓紧时机，创新驱动，迎头赶上。

3. 自动验布系统的功能

自动验布的功能是在在线或离线的条件下检测织物疵点，确定疵点存在位置，按疵点大小、危害性、影响程度分类及评分，对严重疵点发出警报或实现停机或开剪等措施。目前检测织物包括常用基本组织和变化组织，织物原料包括棉、麻、丝、毛、化纤及混纺纱线织物等，目前主要应用于机织物。自动验布系统设备的生产量应显著高于人工验布的产量，甚至高出数倍以上，自动验布的正检率应大于人工验布，漏检率及误判率应大大低于人工验布。

4. 自动验布技术的发展展望

随着人工智能等新技术飞速发展，模仿人类的逻辑思维，模仿视觉、听觉、触觉感知，模仿人类肢体动作，实现自动验布，技术上、管理上已经成熟。自动验布发展符合我国人工智能的发展方向。使用自动验布机，可减少织物疵点检测有关人员，提高劳动生产率，降低成本，减轻工人劳动强度；同时依靠检测数据指导减少织疵。自动验布机是纺织产业升级、摆脱劳动密集型的重要措施，是今后发展的必然趋势。研发自动验布机的人员必须努力学习，博采众长，消化吸收国外先进经验，创造更适合我国国情的、性价比更高的自动验布设备。

（三）网络吹节装置

整经过程中，由于原丝纱中的网络点只有 15~20 个，有时很难满足正常的织造要求。另外，在经纱密度大于 11.02 根/cm（28 根/英寸）时，由于摩擦系数的增加，织造时极易产生毛羽和断纱，影响织造质量。仅靠改变浆纱工艺也无法有效改善，造成织造过程停台次数增多，严重影响了织造效率及产品质量。

为了解决这一织造难题，在整经过程中通过加装网络吹节装置，调整丝线的结数，可以有效地解决了织造难的问题。

网络吹结机主要用于整经机的配套设备，在整经过程中给长丝增加空气网络点，减少后道上浆用量，增加抱合度，减少起毛，利于后道织造。目前该机国内还不能生产，需要进口。

（四）生产信息管理系统

当前，纺织企业正面对着劳动力成本上升、环境等资源趋紧，客户要求越来越高等问题，产品创新和管理创新是企业经营发展的必然出路，而利用信息技术是企业创新升级的必然趋势。

生产信息管理系统，运用信息技术，打造长丝织造行业数字化工厂，实现企业在激烈的竞争中，及时准确地获取生产信息，快速反应，及时处理，准确预算和控制成本。

生产信息管理系统需通过设备联网、数据采集、效率分析、精确追溯、实时防错、生产透明等过程，逐步提高生产效率，改善产品质量。

目前，环思智慧科技有限公司和厦门软通科技有限公司等公司开发的生产信息管理系统已广泛应用于化纤长丝织造的生产中。生产信息管理系统为长丝织造行业向智能化、自动化方向又迈进了一步。

第三章　绿色生产

一、长丝织造行业绿色生产情况

（一）纺织行业节能减排情况

十九大指出，必须坚定不移贯彻创新、协调、绿色、开放、共享的发展理念，必须坚持节约优先、保护优先、自然恢复为主的方针，形成节约资源和保护环境的空间格局、产业布局、生产方式、生活方式，还自然以宁静、和谐、魅力。党中央、国务院对生态文明建设和环境保护作出一系列重大决策部署，各地区、各部门坚决贯彻落实，以改善环境质量为核心，着力解决突出环境问题，取得积极进展。节约用水和实现污水零排放将有利于提高经济效益、社会效益和生态效益，对实现循环经济和可持续发展具有十分重要意义，也是当今社会发展的主题。

1. 纺织行业节水减排任重道远

我国纺织工业对资源的依赖程度较高，能源消耗和水资源消耗总量较大，约占全国规上工业总能耗的 4.0%和用水总量的 2.4%。废水也占较大比重，约占全国规上工业废水排放量的 10.1%左右，主要污染物如化学需氧量和氨氮，在全国 39 个工业行业中排放量均为第四位。近年来，国家对工业口的节能减排提出了控强度、控总量（双控）的硬性要求和考核任务。

纺织行业在水资源利用和保护方面也存在一些问题。一是废水、污染物质排放量位居工业部门前列，纺织废水、化学需氧量（CODCr）、氨氮排放量均居全国工业第二位。二是水资源循环利用水平偏低，纺织行业水重复利用率不足 70%，低于全国工业 80%的平均水平，印染行业水重复利用率仅为 30%。三是重环保、轻节水的现象明显，纺织企业迫于日益严格的环保监管压力，对于污染物的控制及处理重视度高，投入多，但由于用水综合成本中占比较低，企业对于节水的重视明显不足。

有鉴于此，纺织行业必须要求大局意识，将企业与行业的节水减污行动自觉看成是国家节水行动的重要组成部分，为自身的自觉行动和国家的节水使命做出应有的贡献。2017 年，纺织行业用水总量下降了 2%，新鲜水取水量下降了

3%，纺织行业经济总量稳步增长，水资源消费量反而下降，这恰是行业节水取得的成绩。

2. **节能减排措施**

（1）坚持标准先行。“十三五”期间，中国纺工业联合会组织制定了《节能与综合利用领域“十三五”技术标准体系建设实施方案》，编写了若干取水定额、节水型企业、水足迹系列标准，并以标准委依据，规范行业用水行动，带动企业相关技术装备水平不断进步，管理水平有效提升。根据企业在节水减排中的新进展、新需求，进一步完善水资源利用与保护标准体系，使各类标准更广泛而准确覆盖，对已有标准适时进行更新修订，有效组织宣贯实施，坚持以标准引领、驱动行业、企业行动，进一步提高行业水资源利用效率。

（2）结合区域水资源，引导产业转型升级和有效布局。在经济发展的同时，区域生态环境问题日益受到关注。以长江经济带和新疆为例，长江经济带纺织企业分布较为密集，化纤、印染等产能超过全国80%以上，浙江、江苏两省污染排放在所有省份中位居前两位，纺织产业面临着巨大环保压力，清洁化改造和转型升级意识必然趋势。而随着“一带一路”倡议以及《新疆发展纺织服装产业带动就业》政策的逐步落实，新疆承接纺织产业转移的速度也在加快，在工业、人口、城市叠加效应下，巨大的水资源需求及污染排放势必对当地生态环境会造成较大的风险压力。在区域环境容量有限的情况下，环境承载力是否支撑当地产业又好又快发展，也是亟待研究和探讨的问题。

（3）推广先进适用节水减排工艺技术。为行业筛选、推广先进适用的节水技术、工艺和装备，通过节能减排诊断、技术咨询、专项培训等形式为企业提供指导服务。鼓励纺织企业采用工艺用水梯级利用；蒸汽冷凝水和冷却水回收利用等节水方式鼓励试试印染废水分质回用及深度处理、喷水织机中水回用等技术。逐步淘汰高水耗的落后生产工艺设备。研究开发低给液染色、非水介质染色、微胶囊染色、绿色助剂及功能性整理、聚酯纺前原液着色等工艺技术，推进印染废水零排放技术的研究与应用。精细化管理进一步落实，信息化管理与工艺技术进一步融合，企业运营管理与互联网技术进一步融合。普及和应用三级计量管理、化学品管控、企业资源计划（ERP）管理等大量信息化、精细化、智能化管理方式，提升纺织行业的产品质量与生产效率，为行业生态化发展提供源头保障。

（4）推动企业开展信息披露。通过鼓励企业开展环境信息披露、发布行业水效典型案例手册、建立行业善水服务平台等方式，激励更多的人参与环保行动中，提出“唯有共治才有共享”的理念。

在供应链管理上，品牌纺织企业应做到对内加强自身的环保宣传教育和社会责任意识，对外积极主动披露污染物排放及环境保护相关信息，向公众传递企业绿色发展理念，避免因信息不畅或信息披露失误导致企业形象受损，进而引起环境维权等一系列问题。水资源管理既是挑战也是机遇。

建立信息共享平台，展示优秀项目动态信息、节水技术推广与研发信息，分享企业节水案例、减污管理经验等。在行业会议上进行宣传，通过大众媒体、行业媒体等刊登项目进展，在典型的纺织集群地或园区开展技术培训、交流和推广活动。

(二) 长丝织造产业节能减排情况

节能减排是纺织工业转型升级的必由之路，也是这个产业必须承担的社会责任。节能降耗成为降低企业生产经营成本的重要方式。随着纺织行业的快速发展和市场竞争的日益激烈，纺织企业对节能工作日益重视。

纺织行业最主要的环境问题是废水排放问题，印染废水首当其冲。2013 年新的印染废水排放标准出台以后，地方政府不断加大监察处罚力度，完善环境信息公开制度，接受社会公众监督。企业积极开展清洁生产和技术改造，从源头、生产过程和末端全过程降低污染物的产生和排放。

目前，长丝织造企业管理层已经彻底改变了只注重生产，而忽略环境问题和社会责任的旧观念。一些企业率先提出倡议，号召行业增强环保意识，努力执行更严格的环保标准，积极推广绿色采购，通过优势资源力求打造绿色产业链。

我国长丝织造产业主要集中在东部沿海地区，这些地区的土地及电、气等能源供应日益紧张，在一定程度上制约了产业的发展。此外，喷水织机作为长丝织造产业中主要的织造设备，所占的比重较大。由于织造工艺需要经丝上浆及化纤纺丝的过程中需要使用一定量的油剂，在喷水织机织造的过程中，引纬水流与浆料及油剂混合后产生了一定的污水。

目前，我国化纤长丝织造产业拥有喷水织机 58 万台。每台喷水织机的平均耗水量约为 3 吨/天，90%的废水中水回用后，废水排水量近 6000 万吨/年。长丝织造行业是纺织行业中仅次于印染行业的用水大户。

从原料性能区分，化纤长丝织物产品主要包括涤纶、锦纶等疏水性的合成纤维丝织物和亲水性的人丝织物，年产量达 508 亿米，其中合成纤维织物所占比重约为 85%。所采用的织机设备主要有喷水织机、喷气织机等，其中 90%以上疏水性的合成纤维长丝织物是采用喷水织机进行生产，喷水织机除了生产效率高之外，最主要的是疏水性的合成纤维长丝织物因其纤维容易产生静电，而喷水织机可有效避免静电的产生。

从产业的分布地区来看，长丝织造企业虽然集中在苏州、湖州、嘉兴、绍兴和晋江等水资源相对丰沛的地区，但是水资源的过度消耗以及产业集聚区域对水资源使用以及废水排放的限制已经成为制约产业发展瓶颈问题。特别是在产业高度集聚的环太湖地区的盛泽、王江泾、长兴等地，取水排水的限制政策影响了产业的发展。

目前，多数企业采取自建水处理系统实现中水回用以期达到节约水资源、控制污水排放的目标。但企业自建水处理系统的处理技术水平则是参差不齐。另外，化纤长丝织造企业多数规模小、利润低、资金紧张，虽有废水处理中水回用的想法，但由于废水处理设施投入大、运行成本较高，投入产出不匹配，企业普遍感到为难。

地方政府和主管部门对中水回用的积极性也很高，一般会将废水进行集中处理，以确保处理的效果和水资源的综合利用，通过产业的转型升级，提升上下游的可持续发展，实现纺织全产业链的环境友好、绿色和谐发展。一些新建产业集群也开始注重产业规划，合理安排用水用电，规划中水回用和废水处理设施，科学有序承接转移。

2015 年，工信部发布了《工业和信息化部关于发布 2015 年工业转型升级重点项目指南的通知》，通知将“喷水织机废水处理回用集成”项目列入了工业转型升级重点支持项目，提出补助比例不超过总投资的 20%，单个项目不超过 1000 万。

1. 地方政府和纺织企业积极应对

（1）盛泽镇镇政府出台了系统的节能减排奖惩体系。凡企业当年应用节能新技术进行节能技术改造，投资额在 150 万元以上，以企业为单位，年环比节能量在 200～500 吨标准煤之间，给予 3 万元的奖励；年环比节能量在 500～1000 吨标准煤之间，给予 5 万元的奖励；年环比节能量在 1000～2000 吨标准煤之间的，给予 8 万元的奖励；年环比节能量在 2000 吨标准煤以上的给予 12 万元的奖励。凡企业当年被评为省或苏州市节能循环经济试点企业或示范企业的，给予 5 万元和 2 万元的奖励。

喷水织造企业利用污水厂尾水进行生产，不增加消耗水资源总量，处理设施运行正常，无水费欠款的，每使用 10 万吨尾水给予一次性 5 万元的奖励。涂层企业当年度自行拆除一台涂层设备，且核减一个涂层机指标的，给予 5 万元的奖励。盛泽镇三年淘汰 1169 台印染设备，已超额提前完成市下达的 916 台，并通过淘汰印染设备现场验收，全镇八家企业共获奖励资金 369 万。

为进一步改善水环境质量，解决喷水织机乱排乱放等水环境污染问题，2017 年起，苏州市吴江区加强喷水织机的管理力度，计划三年内完成喷水织机企业规范化整治工作，实现合法经营、依法纳税、绿色发展；喷水织机生产废水得到有效处置，中水回用率提升至 100%；全区喷水织机从 34 万台减少至 24 万台，淘汰落后织机约 10 万台，其中盛泽镇从 13.77 万台减少至 9.64 万台，减少 30%。

（2）长兴县从 2011 年开始，全县 13 家印染企业陆续都在进行整治提升和技术改造，共淘汰落后产能 3.2 亿米，淘汰落后的设备 156 台套，在淘汰落后设备和产能的同时，投资 20 亿元，通过引进国际上先进的工艺设备，不仅降低了能耗而且使产品档次也得到了明显提升，每米布的加工费从几角提高到几元、十几元，附加值平均提高了 30%。其中纳尼亚纺织印染公司长期致力于印染环节的技术创新，通过不断的技术创新，在保持产能不变的前提下，用工减少了 50%，过去用工 400 人，现在只有 200 人，企业的用工结构完全发生了改变，高技术员工增加了，一般员工减少了，能源消耗减少了 50%，特别是从 2010 年到 2012 年产值只增加 1 万元，但利润却翻了一番，这些都是技术创新的成果。

（3）王江泾镇所在的秀洲区 2013 年拥有各类染缸 2184 台，其中进口染缸 63 台，染色机 611 台，定型机 163 台，其中进口 74 台，各类喷水织机超过 5 万台，减排环保任务十分艰巨。政府相继出台了一些举措迫使企业进行设备和工艺的改造升级，特别是通过项目审批限制新增印染能力和喷水织机的发展。

在这样的政策下，近年来一些龙头企业不断加大技术改造力度，虽然取得了一定效果，但提升的空间还很大。王江泾还出台了关于加快推进工业经济转型发展的若干政策意见，进一步优化集聚区土地、资本、劳动力、技术等资源的配置，降低生产成本，关停并转了一批能源消耗大、水资源浪费严重、生产污水未经处理乱排乱放的家庭作坊式喷织企业，迅速提升主导产业规模，促进工业经济稳健发展，为加快小城市建设提供了强有力的产业支撑。

2. 积极采取措施

（1）节能降耗方面。地方政府积极倡导企业使用天然气代替燃煤，天然气作为清洁能源，可以减少燃煤消耗，还能减少二氧化硫、氮氧化物等有害物质的产生，但应避免出现“一刀切”的情况。煤改天然气只是节能技改的一种形式，目前仍存在价格高、供气不足等问题。应该因地制宜，鼓励多种形式的节能方式，如煤改蒸汽、太阳能利用、生物质燃料等。

（2）废水治理方面。有两种应对形式——政府主导型和企业自主型。政府主导型的优势在于利用政府财政资金投资运营污水处理厂，园区的废水和污泥可以实现集中处理、统一处置，便于执法部门的监督和监管。企业根据各自生产经营情况，按废水中COD浓度向污水处理厂缴纳排污费，减轻了治污的负担，符合企业利益。企业自主型是企业根据政府要求，通过独立运营污水处理厂以达到国家间接排放标准，企业在资金投入和运营管理上负担很重，也加大了城镇污水厂的处理难度。

目前，化纤长丝织造产品的取水定额国家标准（GB/T 18916. 20—2016）已于2016年10月13日发布，2017年5月1日正式实施。另外，为了提高化纤长丝织造行业的用水效率，鼓励企业向先进标准看齐，促进企业积极采取节水措施，减少企业和整个行业的用水量，为社会节约宝贵的水资源，减少废水排放量，做好行业节能减排工作，行业内又进一步提出了制订《节水型企业化纤长丝织造行业》国家标准的建议，该项建议于2017年7月正式列入了国家标准制订计划项目，目前正在起草制订过程中。与此同时，全行业依据国家相关政策，及时淘汰落后的生产工艺技术和设备，大力宣传推广清洁生产技术，积极配合有关主管部门开展企业清洁生产审核，清洁生产模式在我国长丝织造行业持续推进，在原料选择、工艺优化、节能环保设备、使用清洁能源、污水处理与回用、企业管理等方面都有了较大的改进，有效促进了长丝织造产业生产水平的提升，实现了长丝织造产业的可持续发展。

当前，我国长丝织造行业中能够独立进行污水处理的企业中做得较好的有岜山集团有限公司、恒力集团有限公司、浙江台华新材料股份有限公司、厦门东纶股份有限公司、福建龙峰纺织科技实业有限公司、福建省向兴纺织科技有限公司、嘉兴市鸣业纺织有限公司和浙江捷凯实业有限公司等，采用的喷水织机废水回用技术，回用率都可以达到90%以上，不少企业的中水回用率已达100%。

（3）废气治理方面。国家严格控制可吸入颗粒物、二氧化硫、氮氧化物和挥发性有机化合物（VOC）等四种污染物的排放。前三种污染物都有可防治的措施，如袋式除尘、静电除尘、脱硫、脱硝等。目前，纺织染整工业大气污染物排放标准（DB 33/962—2015）已发布实施，相关的国家标准也即将发布。

二、绿色生产新技术及设备

（一）节能减排新技术

1. 太阳能集热技术

太阳能是最清洁的能源之一，通过太阳能板集热系统吸收太阳发出的热能，产生热水，供工业生产或生活用。行业中平铺式厂房居多，适宜铺设太阳能板。

企业通过太阳能对生产、生活用水进行升温，从而减少蒸汽的用量，达到降低产品碳含量的目的。

2. LED节能日光灯

LED节能日光灯是国家目前推广的新一代绿色照明产品，具有高效、节能、环保等优势，符合国际上碳减排的有关技术要求。LED属于冷光源，优点众多，除了寿命长、耗能低、体积小、质量轻外，还具有发热少、温度低、防火，适用于各种恶劣环境条件等特点，属于典型的绿色照明光源。

LED同等照明要求下比传统灯具节能60%以上，节能是LED日光灯照明最大的特点。不仅如此，LED拥有令人难以置信的长寿命，其使用寿命在5万~10万小时之间，照明节能带来的益处，直接表现为能耗的降低，与之相伴的就是二氧化碳气体排放的减少。

3. 空压系统能源优化

长丝织造企业中有不少企业是采用喷气织机生产，喷气织造需要配置相应的空气压缩机。对于空压机装机容量的设计，一般都是按照车间里最大运行负荷来考虑的，而普通情况下，由于各种原因，如生产工况的变化等，导致加卸载现象频繁，只能用到产能的50%~80%，而空压机一直都是全速运行，多余的能量则通过溢压阀放掉了，电能浪费严重。

通过对流量表传感器、智能流量积算仪、进气管出气管加长等改造后在车间织机前端安装流量计，使车间各织物之间保持一个稳定的用气量值，保证了织造效率，由于车间保持了稳定的用电量，生产工艺、设备运转效率、产品质量有了大幅的提升。由于利用新型节能设备，产品成本有了较大降低，产品质量和生产效率有了较大的提高，为扩大竞争力和市场占有率提供了有力的保障。

4. 能源系统优化

通过开展能源系统优化工程，对所有用能设备及工艺参数进行测试和分析，采用有效的技术和装备，可达到节能降耗的目的。能源系统优化工程包括：电力系统、设备系统、空调系统、动力系统及照明系统的优化改造。

5. 智能信息化管控系统

以信息化带动工业化、以工业化促进信息化的“两化融合”是信息化和工业化的高层次的深度结合，通过两化融合促进节能减排是国家“十二五”重点推进的工作。智能信息化管控系统可对现有生产过程的关键点工艺参数实现在线检测，自动控制和数字化管理，通过对单机台工艺参数的量化控制，可对生产过程的水、电、气等能耗、产量、成品率进行有效的管理，克服人为因素而造成的误差，并通过记忆和存储工艺菜单实现重现性，提高一次成功率。

（二）喷水织机污水处理新技术

1. 工业废水的分类

由于工业废水生产过程、原料和产品的不同，而具有不同的性质和成分，一种废水往往含有多种成分。目前工业废水的分类方式主要有三种：第一种是按废水主要污染物的化学性质分类，分为含无机污染物为主的无机废水、含有工业废水机污染物为主的有机废水、兼含有机物和无机物的混合废水、重金属废水、含放射性物质的废水和仅受热污染的冷却水；第二种是按工业企业的产品和加工对象可分为造纸废水、纺织废水、制革废水等；第三种是按照按废水中所含污染物的主要成分可分为酸性废水、碱性废水、含酚类废水等。很显然，化纤长丝织造行业中喷水织机所产生的废水属于第二种里的纺织废水。

一般高浓度有机废水是指废水的CODCr（化学需氧量）大于2000mg/L的有机废水，而难降解有机废水是指废水中含有难降解的有机污染物。难降解有机物是指微生物不能降解，或在任何环境条件下不能以足够快的速度降解以阻止它在环境中积累的有机物。难降解有机物被微生物分解时速度很慢，分解不彻底，也包括某些有机物的代谢产物，这类污染物易在生物体内富集，也容易成为水体的潜在污染源。

按照有机物的化学结构和其特性，一般难降解有机物可分为以下几类：代脂肪烃、氯代化合物、单环芳香化合物、酚类、多环芳香烃、有机磷杀虫剂、氨基甲酸酯杀虫剂等。目前，常用生化需氧量（生化耗氧量）BOD来说明水中有机物由于微生物的生化作用进行氧化分解，使之无机化或气体化时所消耗水中溶解氧的总数量。或者是以化学需氧量COD来表示化学方法测量水样中需要被氧化的还原性物质的量。目前这两种方法都可以用来综合表示废水中有机污染物含量，是有机废水处理去除的主要指标。

喷水织机作为化纤长丝织造产业中主要的织造设备，所占的比重较大。由于织造工艺需要经丝上浆及化纤纺丝的过程中需要使用一定量的油剂，在喷水织机织造的过程中，引纬水流与经丝上溶解下来的浆料及油剂混合后形成织造废水，并与冲洗设备、车间等生产废水等共同组成长丝织造企业的废水。因此，废水中通常含有浆料、油类和有机类等杂质，偏酸性。废水污染物浓度通常为：COD：250~400mg/L、SS：150~250mg/L、油类：100~200mg/L、氨氮：1.0~1.5mg/L、色度：150~200倍、pH：4~6。

虽然喷水织机生产废水污染物的浓度并不算太高，但日益增加的环保压力迫使企业不得不采取措施对其进行处理。

2. 废水的处理方法

化纤长丝织造中，喷水织机所产生的下机污水为轻度污染水，只含一些少量的化纤油剂、污渍和浆料，只需通过气浮和过滤处理后就能实现循环使用。喷水织造废水一般企业自行处理，或者纳入管网，由园区统一处理，不建议与印染废水混合处理，以便降低处理成本和难度，增加回用率。

国内外企业对喷水织造废水的治理主要采用物理化学法进行处理，如较为常见的絮凝沉淀法、次氯酸钠法等。新的处理方法有纳米曝气、催化氧化絮凝、陶瓷膜过滤、微米膜过滤、生物好氧—厌氧等方法。

目前推荐采用曝气机对喷水织机污水进行处理，需更新排放的污水，也需经预处理后达到排入园区污水管网的标准要求再排入污水管网进入园区污水处理站。

曝气机是通过散气叶轮，将“微气泡”直接注入未经处理的污水中，在混凝剂和絮凝剂的共同作用下，悬浮物发生物理絮凝和化学絮凝，从而形成大的悬浮物絮团，在气泡群的浮升作用下“絮团”浮上液面形成浮渣，利用刮渣机从水中分离；不需要清理喷嘴，不会发生阻塞现象。设备整体性好，安装方便，运行费用与占地较省。

好氧—厌氧结合的处理方法采用厌氧微生物可以对难降解的有机物进行断链处理，将复杂的有机物转化为结构简单的小分子，提高污水的可生化性。该方法经济高效，剩余污泥少，且无二次污染，值得在行业内普及和推广。

（1）物理法光解处理技术。用光解的方法处理难生物降解或不能生物降解的有机化合物使其转化为可生物降解的有机化合物的工艺，尤其用催化光解和化学氧化及生物处理的联合工艺近几年发展很快，取得突破性成果并在工业上实施。

光解法具有安全、成本低、效率高的特点。它不产生有毒的副产品而且安全弹性大，是较好方法。如用光学氧化的方法处理焦化废水中不能生物降解的有毒物质，焦化废水在含有粉末催化剂的曝气中用紫外光辐射，可以100%有效地除去稠环芳烃等烃类、COD和色素。

含有毒金属络合（螯合）化合物在紫外光照射下以H_2O_2溶液进行氧化，可转化为无毒化合物。分散或溶解在废水中的有机污染物，它们通过在涂抹含有二氧化钛的锐钛矿细粉发生催化作用的同时，用紫外光辐射，可将这工业废水中的烃、醇、酸、酮、胺类、酸和卤代烃类氧化分解使其结构裂解转化为能生物降解物质。含二氧化钛的锐钛矿具有20～200m^2/g的表面积，粒径为0.001～1.0μm时方可做催化剂用。溶于液体溶液中的不能生物降解的表面活性剂用加速电子束辐射后可达到生物降解。它可用于合成橡胶的废水处理。

（2）物化法处理技术。物化法处理主要有吸附法、萃取法等。

①吸附法主要采用交换吸附、物理吸附或化学吸附等方式，将污染物从废水吸附到吸附剂上，达到去除的目的。吸附效果受到吸附剂结构、性质和污染物的结构和性质以及操作工艺等因素的影响，常用的吸附剂有活性炭、活性炭纤维、硅藻土等。该法的优点是设备投资少、处理效果好、占地面积小。但由于吸附剂的吸附容量有限，吸附后的再生往往能耗很大，废弃后排放易造成二次污染，这些因素限制了该方法的实际应用。

②萃取法是利用与水互不相溶，但对污染物的溶解能力较强的溶剂，将其与废水充分混合接触，大部分的污染物便转移至溶剂相，分离废水和溶剂，使废水得到净化。分离溶剂与污染物，溶剂可以循环利用，使废物中有用物质得到回收，还可变废为宝。

（3）化学氧化法处理技术。化学氧化处理废水技术常用于生物处理的前处理，一般是在催化剂的作用下，用化学氧化剂处理有机废水以提高废水可生化性，或直接氧化降解废水中有机物使之稳定化。

（4）生物法。废水生物法处理是利用微生物的生命活动，对废水中呈溶解态或胶体状态的有机污染物降解作用，从而使废水得到净化的一种处理方法。其主要特征是应用微生物特别是细菌，并在为充分发挥微生物的作用而专门设计的生化反应器中，将废水中的污染物转化为微生物细胞以及简单的无机物。按照生物法对工业废水进行处理的方式基本上为两大类：好氧生物技术和厌氧生物技术两种。

好氧生物技术是指在有氧条件下，污水中的有机物在好氧性微生物的作用下，一部分被菌体吸收利用，另一部分被彻底分解为 CO_2、NH_3、无机磷等无机物，从而达到污水净化的目的。

厌氧生物技术是指在严格无氧条件下，在厌氧性微生物或兼性微生物作用下，将废水中的有机物分解成 CH_4、H_2、H_2S、CO、CO_2和 NH_3等物质的过程。

（5）生物法降解工艺——活性污泥法。活性污泥法是以活性污泥为主体的废水生物处理的主要方法。作为近几年废水处理的主要方法之一，该法是在人工充氧条件下，对污水和各种微生物群体进行连续混合培养，形成活性污泥。废水与活性污泥（微生物）混合搅拌并曝气，利用有机污染物分解的方式处理生活污水和工业废水，它能从污水中去除溶解的或胶体的可生物降解有机物以及能被活性污泥吸附的悬浮固体和其他一些物质，同时无机盐类也能部分地被去除。

活性污泥法衍生出了多种多样的工艺流程并广泛应用于城市生活污水和工业废水的净化：AB 法、SBR 法、氧化沟、普通曝气法、A/A/O 法、A/O 法等，现阶段已在含铬废水、含酚废水、含油废水、染料废水、饮料废水、焦化废水、制革废水和造纸废水等工业废水处理中大量使用。例如，目前利用活性污泥法处理含酚废水时，污泥沉降性能及生理活性良好，COD 降解效果较好 86%。另外，在曝气方式上也取得了较大改进，如纯氧曝气、深井曝气、射流曝气，采用微气泡扩散器等，这些都增大了氧转移率、提高了氧的利用率使曝气池中氧的浓度增加。

活性污泥法的基本流程大致如图 3-1 所示：典型的活性污泥法是由曝气池、沉淀池、污泥回流系统和剩余污泥排除系统组成。

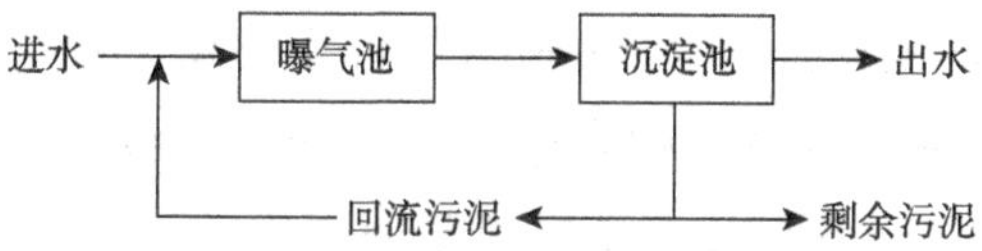

图 3-1 活性污泥法基本流程

污水和回流的活性污泥一起进入曝气池形成混合液。从空气压缩机站送来的压缩空气，通过铺设在曝气池底部的空气扩散装置，以细小气泡的形式进入污水中，目的是增加污水中的溶解氧含量，还使混合液处于剧烈搅动的状态，形悬浮状态。溶解氧、活性污泥与污水互相混合、充分接触，使活性污泥反应得以正常进行。

第一阶段，污水中的有机污染物被活性污泥颗粒吸附在菌胶团的表面上，这是由于其巨大的比表面积和多糖类黏性物质。同时一些大分子有机物在细菌胞外酶作用下分解为小分子有机物。第二阶段，微生物在氧气充足的条件下，吸收这些有机物，并氧化分解，形成二氧化碳和水，一部分供给自身的增殖繁衍。活性污泥反应进行的结果，污水中有机污染物得到降解而去除，活性污泥本身得以繁衍增长，污水则得以净化处理。

经过活性污泥净化作用后的混合液进入二次沉淀池，混合液中悬浮的活性污泥和其他固体物质在这里沉淀下来与水分离，澄清后的污水作为处理水排出系统。经过沉淀浓缩的污泥从沉淀池底部排出，其中大部分作为接种污泥回流至曝气池，以保证曝气池内的悬浮固体浓度和微生物浓度；增殖的微生物从系统中排出，称为“剩余污泥”。事实上，污染物在很大程度上从污水中转移到了这些剩余污泥中来。

(6) 生物法降解工艺——生物膜法。废水的生物膜处理法是一类与活性污泥法并列迅速发展的废水好氧生物处理技术。这种处理法的实质是使细菌和菌类一类的微生物和原生动物、后生动物一类的微型动物附着在滤料或某些载体上生长繁育，并在其上形成膜状生物污泥——生物膜。

废水与生物膜接触，其中的有机物作为营养物质，为生物膜上的微生物所摄取，废水得到净化，微生物自身也得到繁衍增殖。除普通生物滤池外，相继涌现出生物接触氧化池，生物转盘和生物流化床等一批新技术，并正由单一反应器向复合反应器发展。

3. 污水处理主要设备

(1) 离心机。离心机主要用于将悬浮液中的固体颗粒与液体分开；或将乳浊液中两种密度不同，又互不相溶的液体分开；它也可用于排除湿固体中的液体，例如用洗衣机甩干湿衣服；特殊的超速管式分离机还可分离不同密度的气体混合物；利用不同密度或粒度的固体颗粒在液体中沉降速度不同的特点，有的沉降离心机还可对固体颗粒按密度或粒度进行分级。

(2) 污泥脱水机。污泥脱水机特点是可自动控制运行，连续生产，无级调速，对多种污泥适用，适用于给水排水，造纸，铸造，皮革，纺织，化工等多种行业的污泥脱水。

(3) 曝气机。曝气机是通过散气叶轮，将“微气泡”直接注入未经处理的污水中，在混凝剂和絮凝剂的共同作用下，悬浮物发生物理絮凝和化学絮凝，从而形成大的悬浮物絮团，在气泡群的浮升作用下“絮团”浮上液面形成浮渣，利用刮渣机从水中分离；不需要清理喷嘴，不会发生阻塞现象。本设备整体性好，安装方便，节省运行费用与占地面积。

(4) 微滤机。微滤机是一种转鼓式筛网过滤装置。被处理的废水沿轴向进入鼓内，以径向辐射状经筛网流出，水中杂质（细小的悬浮物、纤维、纸浆等）即被截留于鼓筒上滤网内面。当截留在滤网上的杂质被转鼓带到上部时，被压力冲洗水反冲到排渣槽内流出。运行时，转鼓 2/5 的直径部分露出水面，转数为 1~4r/min，滤网过滤速度可采用 30~120m/h，冲洗水压力 49.05~147.15kPa（0.5~1.5kgf/cm^2），冲洗水量为生产水量的 0.5%~1.0%，用于水库水处理时，除藻效率达 40%~70%，除浮游生物效率达 97%~100%。微滤机占地面积小，生产能力大（250~36000m^3/d），操作管理方便，已成功地应用于给水及废水处理。

(5) 气浮机。气浮机是一种去除各种工业和市政污水中的悬浮物、油脂及各种胶状物的设备。该设备广泛应用于炼油、化工、酿造、屠宰、电镀、印染等工业废水和市政污水的处理。

按溶气方式分为：充气气浮机、溶气气浮机和电解气浮机。其原理是将难以溶解于水中的气体或两种以上不同液体高效混合（产生微细气泡粒径 20~50μm）。以微小气泡作为载体，黏附水中的杂质颗粒，颗粒被气泡挟带浮升至水面与水分离，达到固液分离的目的。

第四章　产业集群

一、长丝织造产业集群分布和基本概况

改革开放以来，我国化纤长丝织造行业得到了飞速发展。2018 年，我国化学纤维产量 5011 万吨，其中化纤长丝 3476 余万吨，占纺织纤维加工总量的 55% 以上，2018 年我国化纤长丝织物总产量 508 亿米。化纤长丝织造产业有力地推动和支撑了我国纺织业和相关产业的发展，其中，我国独具特色的纺织产业集群经济为此做出了重大贡献。

（一）产业集群基本情况

2002 年，中国纺织工业协会开展产业集群试点工作，截至 2018 年 12 月，我国长丝织造产业集群拥有 1 个名城和 6 个名镇。它们分别是江苏省苏州市吴江区的盛泽镇、七都镇和平望镇，浙江省的长兴县、长兴县夹浦镇、嘉兴市秀洲区王江泾镇以及福建省的晋江市龙湖镇。目前，江苏省泗阳县、大丰市小海镇、安徽省郎溪县的化纤长丝织造产业也已呈相对集中态势。我国主要长丝织造产业集群见表 4–1。

表 4–1　我国主要长丝织造产业集群

序号	单位	集群称号
1	江苏省苏州市吴江区盛泽镇	中国纺织名镇
2	江苏省苏州市吴江区平望镇	中国纺织织造名镇
3	江苏省苏州市吴江区七都镇	中国家纺面料名镇
4	江苏省宿迁市泗阳县	中国化纤长丝面料产业园
5	江苏省大丰市小海镇	中国长丝织造产业基地
6	浙江省湖州市长兴县	中国长丝织造名城
7	浙江省湖州市长兴县夹浦镇	中国长丝织造名镇、中国长丝织造产业基地
8	浙江省嘉兴市秀洲区王江泾镇	中国织造名镇
9	福建省晋江市龙湖镇	中国织造名镇
10	河南省周口市太康县	中国长丝织造产业基地

据不完全统计，2018 年，江苏、浙江等省 5 个主要长丝织造产业集群地的喷水织机达 43.7 万台，约占全国总量的 75%。产业集群以其完整的产业链和雄厚的经济基础，正逐步成为引导行业发展，提高行业国际竞争力的重要组成部分。

（二）产业集群发展情况及特点

自 20 世纪 80 年代起，中国化纤长丝织造产业集群开始起步发展。最初，集群企业是做真丝绸的个体、乡镇和村办企业，后依靠政府有力支持和市场的拉动逐步发展壮大。经过三十多年的发展，中国化纤长丝织造产业集群已发展成为以环太湖地区和福建省晋江市为主，安徽、河南、江西和苏北等新集聚地区为辅的产业发展格局。

各产业集群地区抓住特色产业抓住机遇，出台鼓励政策，支持企业进行技术升级，拉动地区纺织产业链体系发展。目前，盛泽镇拥有纺丝、织造、印染及后整理加工为一体的完整产业链优势，有十几万台无梭织机，生产加工能力居行业领先水平，产品种类丰富。长兴县是全国里子布、床品用磨毛布、窗帘布和产业用衬布的主要生产地区，拥有 9 万台无梭织机。龙湖镇是我国户外运动用面料的主要生产地区，拥有近 3 万台无梭织机。王江泾镇以仿真丝类、特色女装类产品为主。七都镇以床品、窗帘等家纺类产品为主。平望镇产品种类较为丰富，在各个领域都有涉及。

近三年来，各产业集群产品结构调整成效显著，尤其在差别化、功能化、高仿真类等产品的关键技术上有新的突破；产业结构不断完善，一方面资源向优势企业靠拢，研发力量增强，技术进步与创新有所突破，另一方面各集群产业链不断完善，产品应用领域不断扩展，尤其是产业用领域发展潜力巨大。

（三）面临的形势

由于长丝织造行业集群地内多以中小企业为主，小微企业比重大，存在着专业化层次低、技术水平不高、产品同质化、品牌优势不明显等问题。受设备等因素影响，行业内中低端产品占了相当大的比例，由此依靠低成本参与市场竞争所产生的问题日益显现，影响行业的核心竞争力和在国际上的地位。

1. **中小企业较多**

具体表现为：

（1）产业结构不合理，长丝织造行业属于劳动密集型行业，企业以代加工为主，处在价值链的底端，且中低端产品结构性过剩，而高精尖的产能却严重短缺。

(2) 小微企业较多，产品过于单一和雷同，产品的定价权以及市场的议价能力较弱，缺少市场竞争力。

(3) 企业创新能力不足，技术装备水平总体不高，研发投入不多，研发投入占销售收入不足1%，而国际上的平均水平则是3%~5%。

(4) 企业的服务体系和政策支持体系还不完善，在融资、培训等方面，中小企业本身还有一定的局限性，需要政府和中介组织进行引导和支持。

2. 产品同质化

长丝织造产业固定资产投资成本少，耗能少，进入门槛低。随着小企业的不断加入，竞争日益激烈，单价越来越低，利润空间日益微薄，中低档产品同质化，结构性产能过剩日趋凸显。另外，由于企业规模小，研发能力薄弱，新产品开发能力不强，生产中低端和仿制产品企业还占一定的比例。

3. 资源环境约束趋紧

目前，全国拥有50余万台的喷水织机。产业对水资源的消耗量很大，而且未经处理的废水排放造成对水系的污染。水资源的过度消耗、地方对水资源使用以及废水排放的限制已经成为制约产业发展瓶颈问题。特别是在产业高度集聚的环太湖地区的盛泽、王江泾、长兴等地，这些地区已经采取措施对喷水织机进行整顿，清理“小、散、乱”企业，严控废水排放，提高中水回用率。

4. 科技成果转化率低

现阶段，相当比例的中国长丝织造企业缺乏研发能力和实力，他们急需专业的技术支持来提高企业产品档次，增强企业的生存能力和竞争能力。由于某些原因，我国的科技成果转化率很低，发明专利转化生产力不到10%，不仅对社会资源造成巨大浪费，而且也挫伤了广大企业的应用积极性。例如，一些在剑杆织机喷气织机上广泛采用的定位刹车、电子送经/电子卷曲等成熟技术尚未在喷水织机上推广使用，由于装备水平的限制，高技术含量及功能性面料的开发生产受到制约。

(四) 发展重点及方向

1. 根据产业特点，做大做强优势产业

随着我国长丝织造产业的快速发展，常规化纤产品在产能相对过剩、生产成本上涨等因素的影响下渐渐失去竞争力。各产业集群根据自身特点，通过引导企业主动调整产品结构，主攻优势产品，逐步提高产品质量和附加值，有效规避常规化纤产品的低价竞争。

2. 加强纺织行业科技创新和自主品牌建设

产品竞争力的背后是全行业的创新能力，纺织行业要进入一个新的平台，需要行业具有创新能力。因此产业集群应不断鼓励企业更加注重科技进步，切实提高自主创新能力，加强引导，实现社会公共资源向高科技企业和高效益企业倾斜，鼓励企业自主创新，培育具有自主知识产权的核心产品，促使企业提高产品附加值，防止低档次竞争，实现纺织服装产业的可持续发展。要加大产品开发力度，找准市场定位，坚定不移地提高产品附加值，向专业化要效益。

3. 加强人才培养，推行现代企业管理模式

目前，各产业集群都十分重视人才的培养与企业管理模式的改进与更新。在人才培养方面，各集群政府应积极引导企业对员工进行系统培训，不断挖潜人才创新潜力；在企业管理方面，针对集群内当前仍有不少企业是家族管理模式，集群政府应引导企业了解现代企业制度，并帮助企业在管理方式方法上转型，顺利向企业发展的第二阶段迈进。

4. 走绿色制造的发展之路

喷水织机，即以水为引纬介质实现经纬向长丝纤维的交织，其用水及产生的废水量较大，且产业主要聚集在环太湖流域，资源和环境问题突出。另外，随着国家新环保法的实施，对排污的要求越来越严格，治污问题越来越严峻。产业集群需加快构建高效、清洁、低碳、循环的绿色制造体系。不断提高制造业资源利用效率，提高绿色低碳能源使用比例，推行低碳化、循环化和集约化生产方式，使中水回用率达到100%，大幅度降低我国长丝织造行业的能耗、物耗和水耗水平。

二、重点产业集群

（一）江苏省苏州市吴江区盛泽镇

1. 集群概况

盛泽镇位于江苏省的最南端，是一个有悠久历史的丝绸纺织重镇，早在明清时期就以发达的丝绸织造和繁荣的丝绸贸易而闻名遐迩，“日出万匹，衣被天下”是其生动的写照。作为中国纺织的主要生产基地、出口基地和产品集散地，2018年盛泽纺织产业集群拥有2500多家织造企业，7000多家纺织贸易企业，主要以纺织品生产、销售为主，年产涤纶长丝与桑蚕丝350万吨，化纤织物96.5亿米。

2. 重要举措与成效

“没有传统的行业，只有传统的思维和传统的产品”。在高质量发展的驱动下，在“一带一路”建设、长江经济带建设、长三角区域一体化发展等国家战

略的推动下，盛泽将按照高新化、信息化、生态化、时尚化的发展要求，全力打造中国纺织第一镇标杆，实现纺织产业的高质量发展。

（1）以政策引领为发力点，优化产业发展环境。深入解放思想、抢抓发展机遇，不断推动盛泽高质量发展走在前列。一是主动融入长三角一体化发展。牢牢把握长三角一体化发展的国家战略机遇，以更加“率先”姿态主动融入、有效承接上海的资源辐射和产业溢出效应。二是借势高铁发展机遇。加快推进沪苏湖城际高铁建设，充分发挥高铁新城叠加效应，探索发展“飞地经济”，力争科技含量高、市场效益好的科创型企业落户盛泽，打造盛泽创新发展的新动能。三是做大做强民营经济。鼓励支持民营经济发展壮大，全面实施品牌、专利和标准化战略，充分发挥民营经济在经济社会发展中的生力军作用。健全服务体系，引导企业科学调整产业布局，围绕市场需求，进一步细化产品分类，放大技术和产能优势。持续优化营商环境，增强盛泽镇高质量发展扶持政策带动力，健全制度化、常态化的领导挂钩联系企业制度，着力构建“亲”“清”的政商关系。

（2）以绿色发展为落脚点，坚决擦亮生态名片。坚持把产业生态优势转化为现实发展优势，建设盛泽特色的现代化工业体系。一是坚持绿色引领。坚持“以亩产论英雄，以质效配资源”，扎实开展“263”专项行动、“散乱污”专项整治等系列行动，控总量、优存量、提质量，化解喷水织机等高耗水、高能耗落后产能，择优引进喷气织机、高端经编机等高质量纺织项目，高标准推进纺织循环经济产业园环保提升工程、人工生态湿地一期工程建设，打造纺织绿色产业链，实现纺织产业提质增效。二是建设生态盛泽。以“留得住绿水，记得住乡愁”为目标，深入推进河湖水环境整治，科学统筹喷水织机整治，坚决打好“收官战”。持续提升喷水织机中水回用率，力争年内中水回用率达到100%。引导印染和后整理企业把握“绿色科技”发展主线，增强植物染等技术世界引领力。注重企业绿色环保引领，高标准推进印染、涂层企业有机废气排放整治，实现在线监测系统的全覆盖。三是推进集约集聚。扎实开展“三优三保”专项行动，有序推进工业企业、自然村庄等城市有机更新项目和镇属集体资产的拆迁工作，确保2019年完成“三优三保”复垦验收不少于450亩，异地盘活土地936亩。深挖低效用地再开发潜力，提升生产要素优化配置和高效利用水平，切实提高盛泽经济整体发展的质量和效率。

（3）以创新驱动为切入点，打造纺织产业高地。产业发展离不开创新，盛泽镇将以创新体系建设、政产学研合作等为抓手，全力加快纺织产业集群创新发展示范区建设。一是打造更具活力的创新生态系统。强化企业创新主体地位，不断激发产业创新活力，继续壮大创新型企业集群规模，加快高新技术企业培育和国家级创新示范企业建设，引导支持中小企业创新资源聚合，形成创新合力，推动企业间创新协同效应，加快先进功能性纤维创新中心建设。二是开展更具实效的政产学研合作。引导支持骨干企业加强与东华大学、苏州大学等高校院所的合作交流，建立健全东华大学苏州纺织产业研究院、苏州（盛泽）中纺学面料产业研究院等一批科研平台，继续加大博士后工作站、众创空间等平台建设，实现科技同经济对接、创新成果同产业对接、创新项目同现实生产力对接，切实把创新抓出成效。三是健全更具竞争力的人才引进机制。加大力度培育和引进高层次人才、高技能人才队伍，加快抢占区域人才竞争制高点，做好 2019 年苏州国际精英周盛泽会场组织和“吴江区域化企业技能人才公共实训基地”的运行管理，厚植科技创新人才优势，力争实现国家千人计划的申报突破。持续抓好省“双创人才”、市“姑苏人才”的组织申报，为优质人才储备打好基础。

（4）以时尚引领为关键点，擦亮面料之都品牌。时尚是纺织产业的灵魂，更是新时期盛泽纺织的魅力所在。盛泽镇将以中国东方丝绸市场建设为重点，不断夯实“面料之都”的国际地位。一是不断提升市场能级。加快东方丝绸市场省级生产性服务业集聚区的建设，推进质量安全示范区、市场采购贸易、智慧市场等内涵式发展，巩固东方市场的行业领先地位。推动绸都网、云纺城、宜布网等电子贸易平台建设，引导电子贸易平台加强与“一带一路”沿线国家纺织产业的联系，提升纺织产品的辐射力，探索建设具有区域影响力的现代电商物流集聚区。培育壮大现代物流业，加快盛泽物流枢纽的建设，鼓励支持发展“互联网+物流”，构建第三方物流信息平台，建设长三角具有区域影响力的现代电商物流集聚区。二是构建时尚潮流发布中心。打造“国际纺织时尚之都”中心区，搭建时尚创意到产品的转化平台，通过中国国际面料设计大赛、中国生态环保面料设计大赛等权威设计赛事的举办，促进盛泽纺织产业与生态环保的有效融合，树立“面料之都”绿色纺织的立体时尚。以东方纺织城为时尚载体，构建市场与产业的有机融合，引领市场业态提升的新潮流。以“盛泽时尚周”为抓手，打造时尚界的 365 天展会。三是培育发展盛泽纺织展会经济。增强展会窗口导向力，立足市场有效供给，创新“专业市场+展会活动+互联网”运行模式，全面提高盛泽纺博会的市场化、专业化水平，提升纺博会面料同台竞技质量。持续打响“东方展团”品牌，展示“面料之都”时尚形象，积极拓展国际著名赛事合作方，以联办、承办、冠名、分会场等方式，把国际国内的重要时尚赛事办在盛泽并探索实施赛事活动的创意转化产业，把赛事活动营建成为设计师和纺织企业沟通对接的桥梁，构建“以赛促产、以产养赛”机制。

（5）以市场转型为支撑点，打造活力智慧市场。要充分发挥东方丝绸市场“前店后厂”的基地型专业市场特质，创新交易模式，增强行业潮流趋势的快速反应能力。一是促进市场载体建设。以纺织集群高端化、专业化发展为导向，按照统一规划、统一开发、统一管理要求，完善原料市场、白坯市场、色坯市场、真丝绸市场等专业市场划分，打造盛泽纺织市场地标性建筑群，提升纺集聚度，使商区“商城”化，商城高端化。二是促进交易模式创新。加大促进企业“走出去”举措，提高企业在境外市场自建销售网络的主动性，抢占海外市场，实现市场能级和产业带动能力不断跃升。坚持做大做强电子商务，推动市场主体、电商载体、集聚区培育、跨境电子商务多频共振，打造“网上东方丝绸市场”。三是促进市场新业态布局。丰富东方丝绸市场的商业内涵，完善市场配套服务，把总部经济、物流经济、会展经济、金融担保等现代服务业元素融入市场，尽快出台总部经济和会展经济的发展规划和政策，促进市场贸易和商业、会展、旅游、文化产业联动发展，将单一交易形态多元化，区镇和市场扎实做好服务与需求拓展的工作。

（二）江苏省苏州市吴江区平望镇

1. 集群概况

平望镇坐落于苏、浙、皖、沪三省一市中心的苏州市吴江区，318国道、227省道、苏嘉杭高速、沪苏浙高速、南北快速干道贯通镇区，京杭大运河、长湖申线、太浦河在镇郊汇聚。

纺织产业是平望的支柱产业，也是重要的民生产业，占全镇经济总量的80%以上。这几年，随着国民经济的不断发展，依托临近盛泽镇和中国东方丝绸市场的区位优势，抢抓发展机遇、扩大有效投入，实现了量质并举、快速提升。

（1）整体达到一定体量。目前，平望镇直接从事纺织业的生产企业788家，全部为民营企业，主要集中在平望镇民营经济开发区和梅堰镇工业集中区。全镇拥有无梭织机6.2万台，其中喷水织机5.7万台，喷气织机4700台、大提花近1000台。拥有150万吨合纤生产能力，其中熔体直纺130万吨，化纤产能占吴江的25%（吴江占全国的10%）；化纤坯布50亿米，占吴江区化纤坯布产量的25%；化纤成品布30亿米，占吴江区化纤成品布产量的30%；棉纺49万锭，其中紧密赛络纺18万锭；印染布15亿米；各类内衣、服装800万（件/只），占爱慕品牌的25%。2018年全镇纺织工业实现产值296亿元，提供就业岗位超过3万个。

（2）产业体系比较完整。平望镇纺织产业，集聚了一大批从事化纤、织造、印染生产的企业，已经形成从纤维生产、织造加工、印染整理、服装制造等较为完整的纺织产业链。同时也形成了原料采购、产品销售、物流配送、信息流通、技术咨询等全流程的供应链体系，是全球最大的全消光熔体直纺聚酯纤维生产基地、中国纺织织造名镇之一。

（3）科技水平比较突出。平望镇纺织产业经过几轮技术改造与装备更新，纺丝、织造等主要装备在国内处于领先地位，特别是纺丝设备达到当代国际先进水平。企业自主技术开发能力比较强，一大批企业建有企业技术研发中心、产学研联合的技术研究机构。其中，国望高科拥有国家级企业技术中心，PTT项目获得国家科技进步二等奖，“加弹自动化、信息化智能车间”荣获省级示范智能车间。

2. 发展举措与方向

（1）总体目标。“十三五”期间，平望镇纺织业以优化产业、产品结构，增强创新能力，延伸完善产业链，提升产品附加值和产业竞争力，提高经济效益为总目标，着力发展以天然纤维为主的棉、麻、真丝等绿色环保产品，全力推进平望镇棉纺产业，进一步增强在国内外的市场主导权。通过持续创新、加快转型，努力把平望镇打造成为具有较强国际竞争能力的一流“纺织名镇”。

（2）发展思路。以资源集约利用为手段，突破产业发展瓶颈。通过资源要素，倒逼企业转型发展。一是继续抓好节能减排工作。二是加快落后产能淘汰。三是推进低效利用土地盘活。

以“一区两园”为载体，推进产业集聚发展。要继续按照“一区两园”产业布局，集聚发展、错位发展，推进工业布局不断优化。中鲈科技园，以省级科技产业园获批为契机，加大基础设施投入，加强产业发展规划，健全管理服务机构，不断完善体制机制，整合集聚各类资源和高层次人才，重点建设以智能物流为特色，服务大苏州、辐射长三角的内陆国际物流中心；要加快包括巨鸟物流等电商物流平台的研发和推广，加快新业态的尽快成熟产出。

以五个百亿工程为目标，加快产业结构优化。织造，保持总量，提高质量。化纤，加大投入，加快熔体直纺产能建设，逐步形成全国乃至全球差别化、超细旦纤维产业高地。三大纺织用品结构得到显著优化，到2020年末，服装用纺织品、装饰用纺织品和产业用纺织品的比例逐步调整为60：30：10。

以“机器换人”为方向，实现产业高端发展。智能工业发展，是下一步产业发展的主要方向。要加快纺织行业设备的提档升级，加快先进技术、设备的引进，加大对互联网+的研发和投入，逐步提高生产的自动化、智能化。进一步推进现代企业管理制度进程，在规模企业中推广 ERP 系统等信息技术的应用，进一步推进 ISO 9000/14000 系列、OHSAS 18000 系列认证。

（三）江苏省苏州市吴江区七都镇

1. 集群概况

苏州市吴江区七都镇纺织业历史悠久，是中国最早生产家纺产品的地区之一，也是中国最大的家纺产品生产基地之一。早在 20 世纪 80 年代，家纺工业就在七都庙港日渐兴起，经过 30 多年发展，已成为七都的主导产业之一。

七都镇现有家纺企业 115 家，其中：规模以上企业 81 家，配套企业 15 家，从业人员 2 万多人。主要产品为特丽纶、平纹遮光布、大提花遮光布等窗帘产品，年生产加工能力 11 亿米，产品主要销往欧美、中东、东南亚等 100 多个国家和地区。近年来，七都家纺产业在新品开发、质量提升、设备更新等方面狠下功夫，行业呈现出强劲的发展势头，被中国纺织工业联合会、中国家用纺织品行业协会和中国长丝织造协会联合授予“中国家纺面料名镇”称号。

2. 重要举措与成效

（1）产业发展规划及鼓励政策。明确目标，制定政策，为家纺行业发展提供良好的外部环境。一是制订行业发展规划，着力打造家纺产业基地；二是出台政策，提高企业的核心竞争能力。纺织行业要加快转型，做精做强，主要包括推进产业集聚，培育企业梯队，提高创新能力，推进节能减排。

（2）多措并举，多管齐下，努力建立完善公共服务平台。一是设立行政服务中心，切实提高服务效率；二是搭建企业融资服务平台，进一步提高企业融资服务质量和水平；三是以担保投资公司为载体，打造中小企业融资担保平台；四是组织应届毕业生招聘会，打造人才就业平台；五是以重点物流企业为依托，打造物流平台。

（3）加大投入，优化结构，促进家纺产业转型升级。一是加大技术改造力度，促进产业升级；二是推行先进管理模式，提高行业整体管理水平；三是坚持内外贸结合，积极开拓国际市场。

（4）节能降耗、减排治污，促进纺织企业可持续发展。切实推进节能减排；加强环保大检查，坚决杜绝偷排漏排现象；扩建七都庙港污水处理厂，进一步降低污染物排放量。

（5）做好产业数据调查统计，为产业决策提供可靠依据。为及时掌握七都镇纺织企业及行业发展动态，每月与国地税、供电、国土等部门密切联系，为明确企业未来的发展方向和目标提供可靠依据。

（6）履行责任，热心公益，为构建和谐社会贡献力量。七都镇纺织协会积极倡导企业家饮水思源，不忘社会责任，鼓励开展感恩回馈社会的各类活动。首先，要求企业树立照章纳税意识；其次，在企业管理中树立以人为本的理念；最后，热心公益事业，积极参加各类捐助活动。

（7）加强组织，协调服务，充分发挥协会组织作用。加强协调，整合资源，努力推动家纺产业健康发展。近年来，镇纺织行业协会，主要做了以下几项工作：一是打造信息交流平台；二是组织开展交流学习；三是做好本镇家纺行业各项指标的统计工作。

（8）存在的主要问题。一是规模型企业发展的培育不足；二是转型升级的思路不明晰；三是管理机制有待进一步创新；四是自主研发滞后，具有高技术含量、高附加值的产品比重低；五是纺织业技术装备总体水平不高，与国内先进企业和发达国家相比还有较大差距；六是行业整体档次不高，品牌意识不强；七是满负荷生产，抗风险意识不强。

3. 发展规划

“十三五”期间，七都镇将继续以“三张榜单”引领企业转型发展，倡导“以亩产论英雄”，努力实现“围墙内的有效增长”，加快转型升级步伐。计划到2020年底，销售收入超亿元家纺企业超30家。下一步工作主要采取创新驱动战略。创新是引领发展的第一动力，必须放在七都发展全局的核心位置。同时全面提升产业综合竞争力，将七都打造成为华东地区乃至全国具有影响力和知名度的家纺面料名镇！

（四）浙江省嘉兴市秀洲区王江泾镇

1. 集群概况

自南宋以来，王江泾镇就是江苏、浙江两省交界处的丝绸重镇，方圆数十里，日出万匹，镇上店坊林立，市街繁荣，被美誉为“衣被天下”的丝绸之府。目前，纺织工业已形成了良好的集群态势，形成了织造、化纤、印染、服装生产等现代纺织产业集群，被授予“中国织造名镇”的荣誉称号。全镇纺织业产值占工业经济总量的60%以上，且连续三年增幅在12%以上，年产各类坯布近30亿米，印染25亿米，是浙江绍兴中国轻纺城、江苏盛泽中国东方丝绸市场、辽宁西柳市场的面料重要原产地，是我国化纤薄型面料的生产基地。到2018年集群内有纺织企业998家，规模以上企业159家，全行业从业人员月约2.5万人。

2018年，全镇纺织企业实现产值198亿元，占全镇工业经济总量的60%，主营业务收入193亿元。全镇纺织产业新产品率达到50%，产业用、家居装饰用纺织品占20%以上；产业规模在全国占据一定地位。

截至2018年底，全镇拥有各类纺织机械4万余台套，其中喷水织机25000台，国际国内先进水平的纺织机械1.5万余台套。

2. 重要举措及成效

（1）积极实施转型升级方案。为王江泾镇纺织产业集群与国际供应链的有机融合，进一步提升王江泾镇区域品牌建设，推动纺织产业做精做强，王江泾镇特制定《王江泾纺织产业转型升级实施方案》。通过构造两条转型新路径：一是以功能性的涤纶和锦伦等化纤为主要原料、多种纤维混纺交织提高附加值的轻薄型化纤长丝面料产业链，拓宽和延伸当前产业链。二是选择以家用纺织品和产业用纺织品为产业新领域的发展路径，通过和智能家居产业的跨界融合以及与周边汽车产业的紧密配套形成区域新亮点。通过重点领域的打造、年度计划的推进、建立健全组织机构，充分发挥区域品牌、“一馆三中心”、纺织产业转型升级领导小组的作用，推进王江泾镇纺织产业集群。

（2）做好公共服务平台建设。以嘉兴·中国南方纺织城为公共交易服务平台，围绕主导产业的生产性服务功能建设列全市镇工业园区前茅。嘉兴·中国南方纺织城是始建于1987年，是全国现代纺织物流示范平台和浙江省重点专业市场，也是中国纺织工业联合会命名的“现代纺织物流示范平台”，浙江省三星级文明规范市场。2018年实现市场交易额95.6亿元。

3. 发展规划

（1）规划纺织行业可持续发展战略。统筹发展，根据王江泾镇纺织产业的需要，在2018年的基础上，重新对王江泾镇纺织业作一个长期规划。

（2）调整产业结构，提升纺织业品质。注重纺织业的上下游配套，着重抓好化纤、纺织产品的发展，着力做好服装品牌招商引资，以自主创新提升纺织业技术层次，以新产品开发优化纺织业产品结构，增强纺织业综合竞争力。以品牌建设为抓手着力培育名特优产品，培养企业的名牌意识，提升纺织业品质。

（五）浙江省湖州市长兴县

1. 集群概况

长兴县地处长三角中心腹地，太湖西南岸，北与江苏宜兴、西与安徽广德交界，区域面积1430平方千米，常住人口64万人。县域内河网密集、平原开阔，环境优渥、物产富饶，素有“鱼米之乡”“丝绸之府”“太湖明珠”的美誉。作为全国家纺面料、服装辅料、窗帘布主要供应地之一，长兴纺织产业已基本形成从纺织原料、织造、印染后整理到纺织服装生产的相对完整的产业链，主要产品有化纤织物、经编织物、涤棉、家纺、针织服装等品种。作为全县最大的民生产业之一，长兴纺织产业现有纺织生产与经营单位近 4 千户，规上企业 292 家；共有纺织机械 9 万余台，其中喷水织机 9.2 万台，喷气织机 198 台，剑杆机 1300 余台，经编机 520 台；全行业从业人员近 6 万人。2018 年，全县共生产化纤长丝机织布 50 余亿米，纺织工业实现产值 352.7 亿元。长兴县也先后荣获“中国长丝织造名城”“中国衬布名城”等称号。

2. **重要举措与成效**

近年来，为加快促进纺织产业绿色、健康、可持续发展，长兴县依托现有产业规模优势，着重做好产业链不断延伸，打造从纺织原料、织造、印染后整理到纺织服装生产的相对完整的产业链；持续推进纺织行业转型升级，着重做好产业做大、企业培育与产品创新等工作。

（1）全力优化产业结构。制定出台《纺织产业转型升级实施意见》在巩固提高特色产业集群基础上，着力建、补、延链，发挥集群优势，做大产业规模，优化产业结构，基本形成从纺织原料、织造、印染后整理到纺织服装生产的相对完整的产业链，涌现出威达纺织、长兴丝绸、桐昆集团、金三发集团、盛发印染等一系列国内龙头骨干企业，尤其是化纤丝生产能力从小到大，涤纶长丝与锦纶长丝生产取得长足进步。目前全县共有化学县委生产企业 11 家，总设计产能 170 万吨，2018 年实际产能 134.3 万吨左右。

（2）全面推进产业升级。产业全部完成整治提升、技术改造，淘汰落后产能近 1 亿米，落后设备 5000 余台套，化纤织造行业中水回用率超过 70%。经过近几年的持续整治提升，全县纺织产业污染治理能力得到了显著提升，纺织企业废气、废水得到了有效处埋，整个产业实现了绿色发展、生态发展。

（3）全面提升产品创新。鼓励纺织大企业建立研究院和技术中心，搭建科技创新平台，作为转型升级的重要环节；鼓励中小企业引进新产品、新工艺和生产装备的技术环节，大力引进营销、技术、管理人才，走“专特新”之路。同时，鼓励企业积极发展与产业相配套的商贸、商务服务、金融、科教等服务业，提升产业的城市经济功能，实现产城联动，推动产业由单一功能向综合功能转变。全面打造浙江长兴现代新型纺织公共创新服务平台，为纺织产业转型升级提供工艺设计、标准制定、检验检测、产品开发、企业培训、管理咨询等产业配套服务。

3. **发展规划**

坚持以科学发展观为指导，以企业为主体、以市场为导向、以创新为动力，以建链、补链、延链为主线，突出纤维差别化、面料功能化、印染绿色化、服装家纺品牌化、技术装备信息化，全面实施纺织产业转型升级，以打造纺织行业转型升级示范区为目标，加快纺织产业集群向附加值高、技术含量高、产业集聚度高、能耗低、污染低的现代纺织产业集群转型，力争用5年的时间把纺织产业打造成“前中后完整、高中低配套、三高两低”的千亿级现代纺织产业集群，实现从纺织大县向纺织强县新跨越。

（六）浙江省湖州市长兴县夹浦镇

夹浦镇位于太湖西南岸，居浙江北部，与江苏省宜兴市相接。镇域面积69平方千米，下设13个行政村，有农户9538户，常住人口30295人，在册外来人口11673人。镇域社会治安稳定，民风淳朴，曾先后获得全国千强镇、省级文明镇、省级卫生镇、省级生态镇、省级教育强镇、省东海文化明珠、省体育强镇、省工业强镇，中国长丝织造名镇等荣誉称号。

1. 纺织集群基本概况

夹浦的纺织业起源于20世纪80年代初，是长兴县纺织产业的发源地，纺织产量占据全县50%以上，集群内化纤加工业、织造业、印染后整理到家纺生产等领域有着良好的配套。2018年底夹浦镇共有纺织类企业近500家，其中规模以上企业105家，规模以下企业395家；个体工商户数1957家，拥有各类纺织设备4.4万余台，产品主要为磨毛布、春亚纺、伞面绸、里子布、交织棉、五枚缎、浴帘布、遮光布、箱包布等50多个品种。是全国家纺面料、服装辅料、窗帘布主要供应地之一，年产各类织物近30亿米，化纤丝近60万吨，印染布近30亿米。2018年纺织产业工业总产值完成172亿元，占全镇的92%；销售收入完成160亿元，占全镇销售收入的91%；自营进出口完成25亿元，占全镇进出口的100%，从业人员达30000余人，占全镇从业人数的90%以上。

（1）化纤、前道整理行业。目前拥有主要设备1260台，其中加弹机630台，前道15台，整经机615台。2018年完成产值60元，占纺织产业的35%，产品销售完成56亿元，占纺织产业的35%，入库税收完成9500万元，占纺织产业的31%。产品主要为各类中低档加弹丝，年加工能力约在60万吨以上。

（2）中间织造、整理加工行业。目前全镇拥有主要设备41761台，其中喷水织机41000台，喷气织机250台，经编机125台，圆机60台，磨毛机190台，打卷机450台。2018年工业产值完成90亿元，占纺织产业的52%，产品销售完成83亿元，占纺织产业的51.6%；入库税收完成1.3亿元，占纺织产业的42.6%。产品主要为家纺面布、服装里子布、窗帘布、浴帘布、遮光布、箱包布等50多个品种。其中中高档产品约占50%，年生产各类化纤布30亿米。

（3）印染、后道加工行业。全镇共有印染企业 11 家，拥有印染主要设备 617 台/套，轧花、压光、检染包装等后整理设备 460 台/套。2018 年工业产值完成 21 亿元，占纺织产业的 12%，产品销售完成 20 亿元，占纺织产业的 12.4%；入库税收完成 7400 万元，占纺织产业的 23.8%，产品主要为各类家纺、家居面料、功能化军工、休闲户外产品等 70 个品种。其中高端产品约占 55%，普通大众类产品约占 45%。全年加工和贸易各类纺织品约 30 亿米。

（4）终端成品、家纺行业。全镇拥有家纺企业 22 家，共有缝纫机 360 台，绗缝机 12 台。2018 年工业总产值 1.2 亿元，占全镇纺织业的 1%；产品销售完成 1 亿元，占纺织业的 1%，入库税收 800 元，占纺织业的 2.6%，主要产品为家居家纺用品。

2. **工作举措及成效**

近年来，夹浦镇以十九大精神及“两山”理念为指引，坚持“政府主导、企业主体”的原则，鼓励传统产业加快转型升级，搭建公共服务平台倡导科技创新，开展环境整治倒逼产业提升等举措，纺织产业保持了稳健的发展势头。

（1）科技创新不断增强。近年来，我镇纺织产业竞争实力不断提升，获得中国家纺面料之乡、中国长丝织造名镇等荣誉称号，也涌现出盛发印染、莱美科技、纳尼亚实业、诚鑫印染、鑫涛纺织等骨干企业，并形成了名牌产品梯队格局。拥有省知名商号 4 个，省名牌产品 6 个，市名牌 6 个，国家重点高新企业 15 家，省科技型企业 28 家，省级高企研发中心 3 个，“省工业设计中心” 2 个，“院士工作站” 1 家，省级博士后科研工作站 2 个。近三年 R&D 经费年增长 30% 以上；其中盛发纺织和莱美科技两家骨干企业的产品成功拓展军工领域。全镇 100%的纺织企业全部实行 6S 现代管理，喷水织机企业全面推进数字化改造，莱美科技全力打造数字化工厂建设，纳尼亚实业成功在中国香港交易上市。

（2）纺织环境全面提升。近年来，夹浦镇对全镇所有的喷水织机全面整治提升，改造提标了 1 个污水处理厂、7 个中水回用站和 1 座印染废水预处理厂的建设，日处理能力 12 万吨，共改造总管 260 千米，纺织企业厂容厂貌焕然一新，污水处理率达到 100%，中水回用率达到 100% 以上，真正实现了“站不漏村、村不漏户、户不漏机”的全覆盖、全处理模式。特别是去年年底以来，全镇开展了夹浦地区纺织行业转型升级实施活动，通过盘活存量空间、建设小微园区、推进数字化改造等手段，加快纺织业转型升级。目前全镇已减少散户近 300 户 4000 台织机，今后随着集聚企业的自身条件不断成熟，散户织机也将逐渐减少，计划 2020 年 12 月底前镇域喷水织机、加弹机全部实现入园集聚，彻底淘汰工业平台及纺织企业集聚区边界外喷水织机、加弹机。对重点企业安装在线监控设施，实施企业排污许可证制度，实行飞行监测，全面实现三废的有效监控，推进纺织产业规模绿色发展。

（3）公共配套全面健全。全镇共有4个工业平台，总规划面积2.2平方千米，入住企业104家。全县唯一的长兴轻纺城落户于夹浦，目前已成功吸引县内外264家纺织企业入驻，已成为长兴县纺织产业的集散中心，更是连接县外大型纺织基地和市场的重要纽带。近年来，夹浦镇先后组织召开三届布商大会，家纺展示会、纺织机械展等多种活动。同时邀请中国长丝织造协会、理工大学等有关专家院士对夹浦的纺织企业进行论证，组织企业出外考察和参加展销会等，为纺织行业的新产品新技术研发、信息化建设、质量监测管理、品牌推广、市场营销等需求提供公共服务。

（4）群团组织发挥健全。近年来，政府加大统计力度，做到应报尽报，及时上报；行业内成立夹浦商会、长兴县纺织协会、印染协会等组织，群内信息丰富，活动活跃，为行业自律发挥积极作用。近年来，纺织企业在社会救助，公益事业等方面捐款近1亿元，真正树了正气，勇担企业社会责任。

3. *发展规划*

夹浦纺织产业技术路线已基本锁定，以喷水织机织造为核心的产业集群发展模式将是夹浦纺织产业未来赖以生存、发展的重要形式。产业链上移、企业梯队建设、生产模式转变，将是夹浦纺织产业未来转型升级主要内容，尤其织造转型与家纺升级将是决定夹浦纺织产业发展的重中之重。

（1）加速转变发展模式，提升产业聚集度。以“总量控制、等量置换、兼并重组、淘汰落后”为核心，以“属地管理、因地制宜、内部消化”为方针，积极推进织造产业产能整合，通过环保政策倒逼、差别电价控制、超能耗加价、淘汰目录管理等手段，倒逼织机户淘汰老、旧、低档的喷水织机。通过政策引导和企业间利益调整，打破资源整合的障碍，加快低、小、散、弱企业资源整合、兼并重组，促进生产组织专业化、集约化，积极引导喷水织机散户向园区、集聚区整合集聚，将千家万户的家庭工业转向集聚发展。力争到2020年，夹浦地区喷水织机、加弹机“低散乱”问题得到根本性解决，纺织行业结构得到进一步理顺，产业空间及产能布局更趋优化，全镇村容村貌、生态环境得到极大改善。

（2）持续培育家纺产业，延伸产业上下游链。积极培育夹浦家纺产业规模，做大做强终端产业规模，以政策为引导，实施“以机（缝纫机）换机（喷水织机）”行动和“公司+农户”模式，鼓励喷水织机户发展家纺。鼓励印染、后整理等中端产业链上的企业向服装、家纺、产业用纺织品领域延伸，加快企业自身内部配套，打造从织造、染整到成品的一条龙纺织集团化企业。积极推进招商引资，重点引进与夹浦产业相关的配套家纺、产业用纺织品终端产品生产企业，进一步壮大夹浦纺织产业链，实现内部资源有效利用整合，提升产业竞争力，形成良性向上产业发展势头。

（3）加快科技创新步伐，积极开发新产品新市场。按照差异化精品化和成品化产品发展路线，积极依托盛发印染、莱美科技、纳尼亚实业等具有自主创新的企业，拓展企业产品创新模式，提升产品附加值，避免企业过度竞争。以经济利益和产品效益等为长效机制，推进中小型企业产业升级-创新机制建设良性互动。积极转变企业家发展理念，以企二代为重点，通过培训、论坛、参展等形式拓展企业家视野，开拓思路，打破自我封闭式的小企业发展模式。重点加强政企研合作，支持建立国家级、省级研发（技术）中心，通过自主研发、联合公关等形式，加快形成企业核心技术、自主品牌和行业标准，力求在功能化、绿色化、品牌化、信息化等关键技术开发及产业化应用上取得突破，努力在行业内赢得更多的“话语权”。积极搭建纺织工业信息平台，及时为企业提供行业走向、新原料、新产品、新技术等信息服务，政府鼓励企业寻找新产品、新市场，龙头企业带动一批企业尝试产品创新、市场拓展。

（4）深化设备提档升级，着力提升产品档次。持续推进纺织印染技术、设备更新，鼓励企业引进国内外先进生产设备，提高产品质量，提升产品附加值。积极淘汰老旧喷水织机、整编机、印花机、定型机等生产设备，以“机器换人”为核心，持续推进纺织企业减员减人，压缩过剩产能，提升劳动效率。加快纺织企业设备升级改造、机联网、信息化、数字化建设，特别是喷水织机机联网建设，充分挖掘现有机器设备的潜能，提升企业管理模式，在完成落后产业、设备的淘汰的同时，实现企业产业升级的资金积累。

（5）做大做强优势企业，打造企业发展梯队。结合“强企工程”，按照“总部型、品牌型、上市型、高新型、产业联盟主导型”企业的发展要求，深入推进“135”行动计划，明确企业1年、3年和5年的发展思路与举措，确定重点推进项目，积极打造优势企业集群。切实转变以往撒胡椒面普惠式政策奖励方式，加大政策倾斜力度，重点扶持中大型纺织企业。建立领导联系龙头企业制度，跟踪龙头企业发展，加强服务指导，协调解决企业在发展中遇到的实际困难和问题。积极引导龙头企业上大项目、上好项目，加快自身结构调整、促进产品产业转型。继续引导中小企业“抱团发展”，鼓励中小企业与大企业开展多种形式的经济技术合作，建立稳定的供应、生产、销售等协作关系；鼓励大型企业通过专业分工、服务外包、订单生产等方式，加强与区域内中小企业的协作配套。争取在2~3年内形成1家企业全国行业前10强，3~4家区域性龙头骨干企业，10~20家县域龙头骨干企业的雁阵式企业发展梯队。

(6) 依托长兴轻纺城，夯实产业发展平台。按照“政府扶持平台、平台引导企业、企业自主创新”的发展要求，注重政府主导，优化政府服务，创新体制机制，完善省级纺织出口基地建设，大力推进“纺织公共信息服务、纺织品检测服务、纺织人才培训服务、纺织产品展销”等公共平台建设。建立产品开发设计应用中心，引进工业设计单位，进行市场化运作。支持有条件的企业建立独立的电子商务平台，进行网上交易，通过搭建贸易大通关平台、网络电子商务平台等大力推进市场开拓，实现市场多元化。努力“借台登高”，促进纺织产业转型升级。

(七) 浙江省绍兴市柯桥区

1. 集群概况

截至2017年底，柯桥区集群内企业为10632家，其中规上企业为1186（工业）家，占全区规上企业的62%；集群内从业人员241706名，全区实现规上大纺织业产值2263.76亿元，占规上工业产值的65.1%；实现规上主营业务收入2220.38亿元，利润120.74亿元，有力地促进了全区经济社会的持续健康发展。全区生产各类化纤原料205.8万吨、印染布162亿米，针织布104万吨、服装9668万件、PTA63.4万吨，已形成PTA、聚酯、化纤原料、织造、染整以及服装、家纺和轻纺市场等一条完整的产业链和市场产销体系。

2. 重要举措与成效

(1) 产业结构逐步优化。“十二五”期间，柯桥区加快改造提升纺织产业，产业结构不断优化。全区现有高端纺织企业78家。2015年，全区高端纺织实现产值615亿元，占规上纺织业总产值的27.16%。其中，上游的化纤产值占全区高端纺织比重从60.65%降为34.95%，而下游的服装家纺产值占比从6.82%增长到10.99%，表明低附加值产品占比逐年下降，高附加产品占比逐步增大，产业结构调整优化已经显现。

(2) 集群建设有力推进。柯桥区以打造国际性纺织制造中心、国际性纺织贸易中心和国际性纺织创意中心“三大中心”为目标，构建了“一个主体园区、七个特色名镇”的产业集群要素集约平台。

(3) 市场配套不断完善。柯桥经过30年的建设，现已形成“南部传统交易区、北部市场创新区、中部国际贸易区、西部原料龙头区、东部物流配套区”五大市场区域格局。目前拥有经营户3万余家，市场成交额连续23年蝉联全国纺织品专业市场首位。同时，柯桥区还打造了“网上轻纺城交易市场”，向全球发布纺织指数——中国·柯桥纺织指数。2017年，轻纺城市场稳步发展，成交活跃，轻纺城市场群实现成交额1080.7亿元，同比增长11.4%。其中“网上轻纺城”实现交易额174.7亿元，同比增长55%。一年两季纺博会也给纺织产业发展注入新动力。

（4）印染集聚成效显著。2010年以来，全区启动实施了印染产业集聚升级工程，积极推进印染产业向滨海集聚，实施规划布局，出台了一系列政策措施，完善了基础设施配套，着力整治印染企业污染，集聚工作取得显著成效。全区有115家印染企业通过57个项目集聚整合成为57家，其中印染集聚一、二期40个项目已建成投产、三期17个项目中的13个项目已投产。工程完成后预计可以减少印染用地5441亩，同时可以盘出约16000亩土地，重点用于发展战略性新兴产业和现代服务业。

（5）技术改造日益升级。柯桥区纺织业从应用CAD技术入手，加快“两化”融合步伐，广泛采用信息化技术，大大缩短产品开发时间。从原来的低档次的涤纶布到现在的仿毛、仿丝、仿麻等仿天然织物的逼真度和服用性能大大改观。纺织技术上，连续化、自动化、高速化新型纺织装备得到广泛应用，现有印染设备中90%以上已达到或接近国际先进水平。重点印染企业中CAD技术普及率达100%，电子商务、服装个性化定制发展迅速，成为行业新亮点。

3. *发展规划*

（1）推进印染集聚，加快腾换步伐。扎实推进印染产业集聚升级工程，把滨海印染产业集聚区打造成为全国一流的绿色印染集聚示范区。以低效利用土地“二次开发”为突破口，加快“腾笼”；以招商引资为突破口，加快“换鸟”。

（2）加强品牌创建，培育龙头企业。发挥好“中国轻纺城”区域品牌优势，重点培育服装家纺产业中的品牌龙头企业。

（3）推进节能减排、淘汰落后产能。推进节能低碳行动、热电行业布局调整、节能技改等重点工程，引导纺织印染企业使用绿色清洁能源。围绕化纤、印染、织造三大重点领域，配套激励政策和差别用能价格倒逼机制加快淘汰落后产能。

（4）促进“两化”融合，实施“机器换人”。分行业推进“两化”融合。引导织造行业实施制造执行系统；印染企业实施生产环节节能减排信息化深度应用；面料企业开发协同研发设计制造系统；服装家纺企业建设电子商务营销领域。鼓励纺织类企业开展设备技术改造，力争每年机器换人技术改造投资增长10%以上；培育一批机器换人示范企业。

（八）福建省晋江市龙湖镇

1. 集群概况

截至 2018 年底，龙湖镇集群内企业户数达到 452 家，其中规上企业 67 家，完成工业总产值 430.8 亿元；主要产品为化纤长丝机织物（锦纶机织物为主）、涤纶长丝、涤纶短纤、非织造布等，其中化纤长丝机织物产量为 32.4 亿米、涤纶长丝 90 万吨；集群内全部从业人员平均达 2.4 万人，集群全行业主营业务收入达 417.8 亿元，占全镇经济比重约 65%，被授予“中国织造名镇”荣誉称号。

2. 重要举措与成效

（1）更新理念，促进发展政策新突破。随着纺织产业集群新功能的出现，龙湖镇应用新的理念来提升纺织产业集群辐射力。一是出台优化集群布局政策。规划建设时尚服饰织造园，鼓励集群创新发展与优势纺织品区域布局规划、目的地市场建设有机结合，优化产业区域布局。二是深入走访宣传惠企政策。在税收、信贷和人才引进等方面给予优惠，重点推进带动能力强、辐射范围广、有市场竞争力的龙头企业全面发展，有效帮助万华、信诚等企业解决生产难题。三是鼓励引导企业走出去。鼓励企业积极参加展会交流。鼓励百宏、三福等龙头企业强化产品、技术、品牌创新，发挥自身企业优势，参加展会交流，进一步拓展市场。

（2）突出重点，促进发展载体新突破。随着纺织产业的转型升级，龙湖镇抢抓落实，突出重点，首要发展纺织产业技术创新建设。一是助力企业实施重点技改项目，确保纺织产业逐步由劳动密集型向生产设备智能化、产品研发差异化方向提升。二是重点推进省市重点项目建设，其中，百宏年产 33 万吨差别化化学纤维（百宏 5 期）基本投产、年产 25 万吨涤纶工业丝项目已开工建设。三是落地环保项目，督促企业环保生产。纺织业发展的环保问题在龙湖镇得到有效改善。完成南方织造、联纺织造等部分规模企业产能改造，使用清洁天然气能源，从而促进了龙湖纺织产业生产符合绿色发展理念。四是千方百计延长产业链，发展新材料产业。重点推进百宏超仿棉涤纶长丝、万华新型卫生材料等新材料项目，引导纺织产业逐步向工业、交通、医疗等高端市场拓展延伸，打造集群完整产业链条，增加产业集群产品附加值。

（3）强化措施，促进发展动力新突破。龙湖镇积极引导企业增资扩营，壮大产业集群，增强发展新动力。一是龙头企业持续增资拓营，其中，百宏 5 期项目新增投资 25 亿元，目前已基本投产；百宏 ES 纤维、25 万吨涤纶工业丝项目已启动项目建设；南方织造年产 1200 万米高档化纤面料生产线技改项目喷水织机已部分试投产，新增投资3000万元；远大集团新增浆纱机、并轴机、喷水织机等设备，年可增产3500万码多功能化纺织品。二是整合土地资源，不断加快龙湖时尚服饰织造园建设，达到科学管理、节能减排、集约发展的目标，为企业提供规划更科学、配套更完善的发展空间，扩大产业集群优势。三是实施“引进人才”计划。鼓励百宏、三福企业通过股权激励、技术分红等方式引才用才留才，加快聚集高端人才。坚持引才和育才相结合，引导三福、福兴等企业对接福大科教园等职业教育资源，建设大学生校外实创基地，推动企业与职业学校“一站式”人才输送，增加高素质产业人才储备。

（4）创新驱动，促进发展手段新突破。一是加强技术创新驱动。龙湖镇引导13家优质纺织企业与5所高校、2家科研机构、1家质检机构成立泉州市聚酯纤维产业创新联盟，联合攻关纺织产业共性技术问题，建设集检测、标准、研发一体的技术公共服务平台，目前已转化5项产学研技术成果。二是加强产品创新驱动。龙湖镇加快推进百凯年产5000吨高档织物面料、百宏年产11万吨超仿棉涤纶长丝等生产项目，鼓励纺织企业开发家用纺织品、生物医用纺织、交通工具用纺织等多种功能性高端面料。三是加强品牌创新建设。鼓励百宏、信诚、利瑶等企业申报中国驰名商标、福建省名牌产品等称号，加大产品认证力度，在全市乃至全省范围内打造一批“叫得响、打得出、站得稳”的名牌产品和著名商标。

3. *发展规划*

“十三五”期间，龙湖镇将以转型升级引领纺织产业发展。

（1）加快传统纺织企业的改造升级，引导企业向研发设计、品牌推广、市场营销等方向延伸，补齐补强纺织服装上下游产业，形成集棉纺、化纤、织造、染整、成衣、辅料为一体的全产业链条。

（2）加快创新要素聚集，持续关注泉州市聚酯纤维产业技术创新联盟发展，激发创新联盟内部凝聚力、创造力、开拓力，推进解决纺织行业技术开发、节能减排、提质降耗和循环经济发展面临的共性技术问题，实现纺织行业整体技术进步。

（3）加快培育现代服务业，发展商贸物流业、生产性服务业，探索在产业集群区域生成一批“生活需求、社交服务、展示销售、供应链保障”等新型流通服务，提升产业集群综合保障能力。

龙湖镇将继续竭心尽力打造中国织造名镇的品牌，为创新突围、产业发展而努力奋斗！

第五章　产业转移

一、产业转移形势

我国化纤长丝织造产业大多集中在沿海发达地区，当前，尽管该区域市场活力依然存在，但是受资源约束影响，各生产要素成本不断上升，在土地、电力、税赋、劳动力等诸多成本方面明显高于我国中西部地区。由于市场、成本、资源等差异的存在，中西部的比较优势凸显，产业转移的条件已趋于成熟。

另外，我国长丝织造产业是优势产业，其发展潜力远高于其他纺织产业，而投资门槛和技术门槛又远低于其他纺织产业。随着经济的发展，市场需求将逐年增加，产品应用范围也在逐步扩大，如果通过产业转移进一步降低成本，企业利润必将进一步放大。这就使我国化纤长丝织造产业，从现在开始逐渐形成以沿海发达地区为产品研发与销售基地，以中西部地区为产品生产基地的产业分工格局成为可能。

当前，长丝织造产业主要集中在江、浙、闽等东南沿海地区，随着市场环境和需求的变化，原有地区因土地供应等要素的限制，企业需寻找新的合适的投资地，产业转移迫在眉睫。另外，广大的中西部地区正需要这样的产业来发展当地经济，尤其是这一产业的技术门槛和资金门槛相对较低，市场潜力大，是可供贫困地区实施精准扶贫选择的优势产业之一。近几年，已有部分企业在苏北、安徽、江西等地投资建厂，产业转移为长丝织造产业带来新的生机。

随着东南沿海用工、资源、环境等成本的增加，企业为获得更大的效益，要么转型升级，要么产业转移。而中西部地区优惠的政策，丰富的资源，正是承接转移的好去处。

另外，部分在一线城市创业成功的老板，也纷纷回到家乡投资工业园，进一步促进中西部承接东南沿海纺织产业的进程。

在未来的三至五年，江苏省苏州市吴江区、浙江省嘉兴市秀洲区、浙江省湖州市长兴县等产业集群的产量将保持稳定，部分产能将逐步向苏北地区以及安徽省、湖北省、江西省、云南省、新疆维吾尔自治区等中西部地区转移。这些新的承接地区将以科学的规划为蓝本，合理布局，有序转移，充分体现长丝织造行业低碳、绿色、健康的发展理念。

随着产业转移的深入，全国将逐步形成东南沿海发达地区为高端生产、产品研发和市场销售中心，中西部地区为生产加工基地的新产业格局。

二、行业转移的有利条件

（一）行业发展优势

《中国纺织工业“十三五”发展规划》纺织工业是我国传统支柱产业、重要民生产业和创造国际化新优势的产业，是科技和时尚融合、生活消费与产业用并举的产业，在美化人民生活、增强文化自信、建设生态文明、带动相关产业发展、拉动内需增长、促进社会和谐等方面发挥着重要作用。2017 年全球纤维加工量达 8904 万吨（据日本化纤协会估算，其中化纤加工量 6238 万吨，化纤占纤维加工总量的 70%），我国纺织纤维加工总量近 5420 万吨，占世界总量的 61%。

中国是世界第一纺织大国，而中国长丝织造产业在我国纺织工业 12 个子行业中又是发展速度快比较优势明显的产业之一。

1. 增长速度快于其他产业

我国化纤长丝织物从 2000 年 41 亿米，到 2016 年 448 亿米，年均增长 16.1%，快于棉纺织行业 7.7%的年均增长水平。根据联合国预测，2050 年全球人口 92 亿，纺织纤维消费总量 2.53 亿吨，从 2008~2050 年纺织纤维消费总量年均增长 2.87%，其中服装用纺织品纤维消费总量年均增长 1.03%，家用纺织品纤维消费总量年均增长 1.15%，产业用纺织品纤维消费总量年均增长 4.78%。化纤长丝面料在服装、家用、产业用三大领域皆有应用，而棉、毛、丝、麻等天然纤维主要应用于服装和家用纺织品，所以讲，在未来三十几年里，化纤长丝织造产业年均增长速度肯定会快于棉毛麻丝等传统天然纤维纺织产业。

2. 成本优势明显、项目投资少

与传统的棉、毛、麻、丝等纺织行业相比，化纤长丝织造行业在原料、用工和用电等成本方面优势明显。与棉纺织行业比较，当前棉花价格在 16000 元/t 左右，纺成纱价格则将达到 23000 元/t 左右，而化纤长丝省去了纺纱工序，价格只有 11000 元/t，原料成本优势明显。由于化纤长丝强力高，断头少，具有节能、省工和生产效率高等众多优势。另外，在所有无梭织机中，喷水织机国产设备技术性能与国际先进水平差距最小，单台价格最低，因而以使用喷水织机为主的化纤长丝织造项目，相对其他纺织项目投资较少，投资压力较轻。

3. 产品创新空间广阔，新品层出不穷

由于天然纤维受到土地资源和原料品种的限制，其供应量难有大的增长，

有的甚至还有所下降，其新产品的开发也难有什么变化。化纤面料由于其原料是通过化学与物理的方法制造而成，改变这些方法就可以制造出不同性能、不同形状、不同规格的化纤原料。将这些不同的原料经过织造过程中的纯织、交织、混织的不同组合和组织结构的变化，再配以印染后整理不同工艺的加工，便可以生产出许多不同规格、不同功能、不同特色、风格各异的长丝面料，可以讲化纤长丝面料产品创新生生不息，无穷无尽，应用领域也在不断扩大。

4. 市场潜力依然存在

目前，我国化纤长丝织造产业主要集中在江苏省的苏州市吴江区，浙江省的湖州市、嘉兴市以及福建省的晋江市等沿海发达地区，国内棉纺、针织等产业，在“十一五”期间已经开始由我国的东部地区向中西部地区以及东南亚地区转移。化纤长丝织造产业能够消化沿海发达地区相处高位的生产要素成本而始终保持健康快速发展，说明该行业市场潜力和竞争优势依然存在。随着医学、建筑、航空航天等科技的发展，新型化纤长丝面料不断涌现，应用范围越来越广阔，化纤长丝面料在农业、医用、国防、航空航天和汽车等领域将发挥着不可替代的作用。

（二）中西部地区有利条件

1. 要素资源丰富

电力和蒸汽方面，中西部地区拥有区位和资源优势，综合电价明显低于纺织服装产业发达的东部地区。

土地资源方面，中西部地区土地资源充裕，能为纺织服装产业发展提供充分的土地保障。价格上，中西部地区土地也远低于东部发达地区国家工业用地标准。

2. 人力资源丰富，可聚拢性较强

中西部地区，特别是河南、湖北、四川等地拥有充足的富余劳动力，这些地方的大量剩余劳动力，可为纺织产业发展提供坚实的人力资源保障基础，不仅工人素质较高，工资水平较低。

3. 生态环境宜居，旅游产业发达

中西部地区历史悠久，源远流长，文化旅游资源丰富。在新机遇、新形势下，依托丰富旅游资源，坚持以人为本、产城融合、突出特色、相互支撑的现代理念，开发特色观光旅游廊道，推动工业旅游及新型城镇化发展进程。既能吸引更多的人才、技术、资金、信息等要素集聚，促进经济发展，又能带来居业结合的业态组合，实现以产兴城、以城促产、产城联动、融合发展。

三、重点承接集群

（一）江苏省宿迁市泗阳县

泗阳县位于江苏省北部，东临周恩来总理故乡淮安市，西接项羽故里宿迁市，南濒全国第四大淡水湖洪泽湖，京杭大运河、徐盐高速、新长铁路、宿淮铁路穿境而过，属长三角经济区和淮海经济区，县域面积 1418 平方千米，总人口 106 万人，全县设 11 个镇、5 个乡、3 个街道、2 个场（泗阳农场、泗阳棉花原种场）、一个省级经济开发区（江苏泗阳经济开发区）。

2018 年全县规模以上工业企业累计实现工业总产值 269. 39 亿元，同比增长 15%；累计实现工业增加值 58. 45 亿元，同比增长 7. 9%；累计实现工业开票销售 362. 36 亿元，同比增长 24. 98%，其中，纺织服装产业开票销售达 123 亿元。

纺织服装业是泗阳县传统优势产业之一，自 20 世纪 60 年代，以生产“红梅”牌绢丝而久负盛名的上海中孚绢纺厂迁址泗阳，与原泗阳县缫丝发电厂合并，成立了地方国营泗阳绢纺缫丝联合厂（泗绢集团前身）以来，历经数十年发展，已形成相对雄厚的产业基础和渐趋完备的产业体系。早在 20 世纪 80 年代末至 90 年代初，泗阳铸就“西有铜山，东有泗阳”工业强县辉煌之时，纺织服装业就是两大支柱产业之一，发展到现在也是泗阳三大传统产业之一。

2018 年，全县拥有喷水织机 18387 台，剑杆织机 586 台，化纤长丝面料产量 11. 3 亿米。到 2019 年底，泗阳县的喷水织机预计将达到 40000 台。

作为泗阳经济开发区的配套园，位于泗阳县八集乡的泗阳绿色纺织产业园（八集）也是承接化纤长丝织造的好地方。

根据《泗阳县绿色纺织产业园（八集）产业发展规划（2019—2030 年）》，到 2021 年，产业园将实现新增喷水织机 20000 台，实现 17. 6 亿米/年化纤长丝面料生产能力；到 2030 年，将实现新增喷水织机 50000 台，实现 44 亿米/年化纤长丝面料生产能力。

（二）江苏省盐城市大丰区小海镇

小海镇位于江苏省盐城市大丰区中南部，是一个有着 700 多年历史的三老集镇。全镇总面积 124 平方千米，人口 4 万人。辖 15 个行政村（居），94 个村民小组。

小海镇化纤纺织产业园占地面积 6000 亩，现有企业 45 家，其中化纤长丝喷水织造企业 16 家，总投资 28. 75 亿元，已开工建设面积 2200 亩，其中纤织造企业用地面积 1500 亩。建设标准厂房 52. 12 万平方米，各种纺织机械 8000 台套，年产化纤丝 6000 吨、化纤长丝面料 4. 7 亿米，其中功能记忆性服装面料 1. 1 亿米，园区建成日处理 1.8 万吨污水处理厂，园区道路环园穿境，绿化率达 38%，园区多数企业与上海东华大学实施产学研联合，申请专利和实用新型技术 60 多项。被中国长丝织造协会授予“中国长丝织造产业基地”的称号，是承接长丝织造产业转移理想的园区之一，未来发展前景非常广阔。

（三）河南省周口市太康县

太康县产业集聚区位于县城南部，规划总面积 23.35 平方千米，以纺织服装和通用设备（以锅炉为主）制造为主导产业。截至目前，集聚区建成区面积 15.2 平方千米，批准入驻项目 122 个，其中亿元以上项目 97 个，投产项目 89 个。2018 年上半年，规模以上企业增加值 43.2 亿元，同比增长 17%；实现主营业收入 206 亿元，同比增长 17%；利税 21.5 亿元，同比增长 12%；从业人员 6.4 万人，同比增长 15%。

产业集聚区先后荣获：工信部中国纺织工业联合会“中国新兴纺织产业基地县”、中国长丝织造协会“中国长丝织造产业基地”、河南省特色装备制造产业园区、河南省二星级产业集聚区等荣誉。

太康立足人力资源优势和纺织产业基础，着力培育纺织服装产业集群，坚持以创新推动产业转型升级，提升产业整体水平，引导主导产业集群向规模化、品牌化、集群化发展，实现了集群从小到大、从弱到强、从散到聚的嬗变，形成了“全国有影响的差异化纱线及弹力面料生产线、全国最集中的 A 级锅炉制造基地”等集群效应，为河南省实施“百千万”亿级优势产业集群培育工程做出了应有的贡献。目前，纺织服装产业集群已入驻企业 62 家，投产及在建纺织规模达到 150 万锭，喷气、喷水、针织织布机规模达到 7500 台，服装年加工能力 3 亿件。纺纱规模在全省纺织行业市县级排名第一。

根据《太康县纺织化纤长丝织造产业发展规划（2019—2025 年）》，到 2020 年，太康县喷水织机将达到 2 万台，服装加工能力 2.6 亿件/年，纺织工业规划实现总产值 319.9 亿元，新增产值 150 亿元。其中现有棉纺织产业实现新增产值 12.8 亿元，服装产业实现新增产值 9.2 亿元，化纤长丝织造产业实现新增产值 128 亿元。

到 2025 年，太康县喷水织机将达到 5 万台，服装加工能力 3.5 亿件/年，纺织工业规划实现总产值 645.2 亿元，新增产值 475.3 亿元。其中现有棉纺织产业实现新增产值 25.6 亿元，服装产业实现新增产值 48.1 亿元，家纺产业实现新增产值 37 亿元，化纤长丝织造产业实现新增产值 329.6 亿元。印染后整理产业实现新增产值 35 亿元。

经过7年的发展，将太康打造成为中国新兴纺织产业基地县、中国纺织名城、中国长丝织造基地、中国差异化面料制造基地，持续提升产业集聚区作为县域经济发展的支撑平台作用。

（四）江苏省海安市

海安锦纶是我国锦纶产业发展较早的地区。近年来，产业集群发展呈现良好态势，产业规模逐步壮大，产业结构不断优化，产业层次持续提升，成为继福建长乐、浙江萧山后全国重要的化纤锦纶生产基地，“海安锦纶”全国知名。

目前全市从事化纤生产的企业200多家，其中亿元以上企业32家，10亿元以上企业2家，50亿元以上企业1家，2017年实现销售收入186亿元，比上年同期增长35%。锦纶6聚合切片年设计生产能力100万吨，锦纶66聚合切片年设计生产能力20万吨，锦纶丝年产量40万吨。200多家化纤企业中，其中锦纶6聚合企业5家，锦纶66聚合企业2家，锦纶6聚合企业目前已有两家正式投产运行；锦纶66聚合企业2家已正常生产多年，锦纶6纺丝企业63家；锦纶6加弹企业31家；化纤制线企业48家，年锦纶丝产量达到40万吨，约占全国总产量的1/8。化纤织造企业72家，化纤行业主要产品有锦纶单丝、复丝、锦纶FDY丝、锦纶HOY丝、锦纶DTY丝、锦纶POY丝等上百个规格品种，产品远销国内外，被广泛应用于民用、工业、军工等领域。

海安化纤产业主要以锦纶为主，预计“十三五”末期海安市锦纶年产量将达到全国总产量的30%以上。在产业结构上，已由单一的纤维加工向聚合、纺丝、后加工多元化生产转变，同时积极向上游拓展纤维原料，向下游延伸制成品领域，不断拉长产业链；在工艺设备上，积极引进国际一流的PE、吉玛、伊文达等先进聚合设备和巴马格纺丝设备，加速从低速纺丝向高速纺丝发展；在市场开发上，由单一的国内市场为主转向国外市场渗透发展，不断拓宽销售渠道，提升市场影响力。

海安将以锦纶原料为基础，大力发展长丝织造产业，延长产业链，补齐发展短板和发展瓶颈。

（五）湖北省黄冈市

黄冈市，地处湖北省东部、大别山南麓、长江中游北岸，京九铁路中段；辖七县、二市、一区；总面积17453平方千米；2018年全市总人口740.64万人，常住人口633万人。

规划中的黄冈长丝织造产业园位于黄冈市禹王片区西区北部，北临黄鄂高速，南至三江路，武冈城际铁路铁路横穿而过，地理位置十分优越，交通便利。且黄冈长丝织造产业园所在的黄冈市位于楚头吴尾和鄂豫皖赣四省交界，依傍黄金水道长江，并与省会武汉山水相连，是武汉城市圈的重要组成部分。有着“承东启西、纵贯南北、得中独厚、通江达海”的区位优势。

另外，黄冈市处于武汉城市圈核心集聚区内，作为武汉城市圈东部长江北岸唯一的大城市（规划），是东部城市密集区中具有较大开发潜力和较高带动效应的重要的地区增长极。黄冈长丝织造产业园位于黄冈市西北角，是沿江片区的重要产业发展地带。在宏观城市群尺度上，黄冈长丝织造产业园处于“武鄂黄黄”城市密集区范围内。

黄冈长丝织造产业园规划面积约3600亩，其中一期规划面积1330亩，土地资源丰富，开发潜力巨大。且黄冈长丝织造产业园地广人稀，地势平坦，拆迁量小，发展空间优势明显。

根据《黄冈长丝织造产业园发展规划（2019—2025年）》，到2020年，园区喷水织机将达到1万台，总产值达到60亿元；到2025年，园区喷水织机达到5万台，总产值超过300亿元。

四、政策建议

1. 鼓励东南沿海向中高端转型升级

鼓励东南沿海地区走增品种、提质量、创品牌的发展之路，提高研发创新能力，不断向高端化、低碳化、服务化转型，提高产品附加值和经济效益。发挥东南沿海的区位和经济优势，广泛吸收和统筹国内外优势创新资源，重点发展技术研发中心、时尚创意中心、品牌营销中心和高端制造中心等价值链高端环节，率先建设数字化、网络化和智能化制造示范基地。面向中西部地区不断升级的消费需求，构建以高端化纤纺丝、织造以及终端产品为重点的新型工业化基地和物流中心。

2. 鼓励产能科学有序向中西部转移

鼓励企业积极面向中西部地区寻找合适的承接地，企业在产业转移过程中，做到“发展与提升”统筹兼顾，杜绝“搬家不改造、扩量不提升”的情况，实施科学有序转移。

3. 鼓励承接地进行科学严谨的规划

鼓励中西部地区在引进长丝织造项目时，应先做好工业园区规划，统筹安排，为承接产业转移做好准备，扎扎实实地推进化纤长丝织造产业建设，为振兴地方经济培植新亮点。

通过规划要实现化纤长丝织造上下游产业链配套建设，协同发展的目标。这是减少面料加工过程中运输成本和产品协作开发的需要，也是降低招商引资难度加快园区建设的需要，这一点十分重要。

通过规划落实长丝织造喷水织机和印染污水处理及中水回用方案设计。污水处理与中水回用是系统工程，必须统筹规划、统一设计，与项目建设同步进行。今后，化纤长丝织造工业园区没有污水处理措施，不得投资建设，更不允许投产。

4. 建立产学研服务平台

中西部地区为企业生产和科技投入创造一个服务平台，促进企业与研究机构双方的良性衔接和发展。不断完善科技成果的运行机制，研究制订科技成果转化政策措施，建立以技术交易市场为核心的技术转移服务体系，切实让科研成果在中西部快落地、真落地。

5. 重视专业市场建设

中西部地区在推进化纤长丝织造工业园区建设的初期，就要重视化纤长丝面料成品交易市场的规划设计。实现纺织面料生产、交易产地化，是产业集群实现产值与税收最大化的理想追求。要想建成这种生产交易一体化的产业集群，在园区规划设计时，首先要做到产品定位明确，不能什么都搞；其次要做到产业链上下游配套发展，以便在当地完成产品成品化加工。只有这样，才能形成特色产业集聚效应，才能以突出的产品特色和较大的产出规模在国内外市场形成广泛影响，吸引大批买方前来采购，最终实现产品生产、交易一体化的市场繁荣。

6. 充分发挥行业协会作用

充分发挥好协会在产业转移中的桥梁和纽带作用。行业协会通过广泛开展的企业调查、运行监测、行业研究等工作，为中西部地方政府出谋划策，同时为企业寻找理想的投资地，促进企业有序科学转移。另外，引导纺织企业用好国家各项政策措施，及时反映行业发展动态、企业诉求，服务好政府和企业，充分发挥好桥梁和纽带的作用。

第六章 标准建设

一、化纤长丝织造行业标准简介

行业标准是推动行业技术改造与进步、产品品质提升及行业转型发展的重要抓手，也是规范市场秩序、指导企业生产的技术纲领。我国化纤长丝织物标准化工作当前仍由全国丝绸标准化技术委员会归口管理，中国长丝织造协会负责总体指导。自中国长丝织造协会成立以来，协会将行业标准化建设列入了重要的工作内容，迈出了坚实的步伐，取得了较好的成绩。根据我国化纤长丝织造行业的发展形势和要求，依据轻重缓急的原则，组织相关单位制修订了二十多项国家、行业标准，为提升行业的技术水平、产品质量及国际竞争力发挥了积极作用。

截至2018年底，长丝织造行业现有标准25项，其中，国家标准8项，行业标准17项。长丝织造行业正在研制的标准有15项，其中，列入国家标准计划的有3项，列入行业标准计划的有9项，团体标准1项，国家职业技能标准2项。

化纤长丝织物现行标准体系共涉及25项标准，多数为产品标准，其中，国家标准8项、行业标准15项；另有已立项并在研制中的国家（行业）标准15项。详见体系表6-1和表6-2。

表6-1 现行国家（行业）标准简介表

序号	标准代号	标准级别	标准名称	标准简介
1	GB/T 18916. 20—2016	国家标准	取水定额 第20部分：化纤长丝织造产品	本标准规定了化纤长丝织造产品取水定额的相关术语和定义、计算方法及取水定额。适用于现有、新建和改扩建化纤长丝织造企业取水量的管理
2	GB/T 17253—2008	国家标准	合成纤维丝织物	本标准规定了合成纤维丝织物的要求、试验方法、检验规则、包装和标志。适用于评定各类服用的练白、染色（色织）、印花合成纤维丝织物品质

续表

序号	标准代号	标准级别	标准名称	标准简介
3	GB/T 16605—2008	国家标准	再生纤维素丝织物	本标准规定了再生纤维素丝织物的要求、试验方法、检验规则、包装和标志。适用于评定各类服用的练白、染色（色织）、印花再生纤维素丝织物品质。不适用于再生纤维素里料
4	GB/T 14014—2008	国家标准	合成纤维筛网	本标准规定了合成纤维筛网型号、规格的表示方法、要求、检验规则、包装和储存。适用于评定合成纤维筛网的品质
5	GB/T 26381—2011	国家标准	合成纤维丝织坯绸	本标准规定了合成纤维丝织坯绸的术语和定义、要求、试验方法、检验规则、包装和标志。适用于评定各类合成纤维丝织坯绸品质
6	GB/T 22862—2009	国家标准	海岛丝织物	本标准规定了海岛丝织物的术语和定义、分类、要求、试验方法、检验规则、包装和标志。适用于评定各类家纺、服用的练白、染色（色织）、印花的经向（或纬向）采用海岛丝或海岛复合丝与其他纤维交织的海岛丝织物面料的品质
7	GB/T 22842—2017	国家标准	里子绸	本标准规定了里子绸的术语和定义、要求、试验方法、检验规则、包装和标志。适用于评定涤纶、锦纶、醋酯、粘胶、铜氨纤维长丝纯织或由以上长丝交织而成的各类服用里子绸的品质
8	GB/T 28845—2012	国家标准	色织领带丝织物	本标准规定了色织领带丝织物的要求、试验方法、检验规则、包装和标志。适用于评定由桑蚕丝、再生纤维素长丝、合成纤维长丝纯织或交织的色织领带丝织物的品质

续表

序号	标准代号	标准级别	标准名称	标准简介
9	FZ/T 43036—2016	行业标准	合成纤维装饰织物	本标准规定了合成纤维装饰织物的术语和定义、要求、试验方法、检验规则、包装和标志。适用于评定寝具用品类、悬挂类、覆盖类、座椅类的室内合成纤维装饰机织物（合成纤维的含量在20%及以上）的品质
10	FZ/T 43037—2016	行业标准	合成纤维弹力丝织物	本标准规定了合成纤维弹力丝织物的术语和定义、要求、试验方法、检验规则、包装和标志。适用于评定各类服用合成纤维弹力丝织物成品的品质
11	FZ/T 43026—2013	行业标准	高密超细旦涤纶丝织物	本标准规定了高密超细旦涤纶丝织物的术语和定义、要求、试验方法、检验规则、包装和标志。适用于评定采用高密超细旦涤纶长丝纯织、涤纶长丝与其他纤维交织的染色、印花丝织物的品质
12	FZ/T 43031—2014	行业标准	涤纶长丝塔夫绸	本标准规定了涤纶长丝塔夫绸的术语和定义、要求、试验方法、检验规则、包装和标志。适用于评定各类服用的染色（色织）、印花涤纶长丝塔夫绸的品质
13	FZ/T 43012—2013	行业标准	锦纶丝织物	本标准规定了锦纶丝织物的要求、试验方法、检验规则、包装和标志。适用于评定各类服用锦纶长丝纯织、锦纶长丝与其他纤维交织的染色、印花丝织物的染色（色织）、印花涤纶长丝塔夫绸
14	FZ/T 43039—2016	行业标准	高密细旦锦纶丝织物	本标准规定了高密细旦锦纶丝织物的要求、试验方法、检验规则、包装和标志。适用于评定采用超细旦涤纶长丝纯织、涤纶长丝与其他纤维交织的染色、印花丝织物的品质

续表

序号	标准代号	标准级别	标准名称	标准简介
15	FZ/T 43028—2013	行业标准	涤纶、锦纶窗纱丝织物	本标准规定了涤纶、锦纶窗纱丝织物的术语和定义、要求、试验方法、检验规则、包装和标志。适用于评定以涤纶、锦纶长丝作经纬纯织、交织，经漂白、印花、染色加工的窗纱丝织物的品质
16	FZ/T 43038—2016	行业标准	超细涤锦纤维双面绒丝织物	本标准规定了超细涤锦纤维双面绒丝织物的术语和定义、要求、试验方法、检验规则、包装和标志。适用于评定采用超细涤锦复合丝与其他纤维交织的染色、印花、色织双面绒织物成品的品质
17	FZ/T 43023—2013	行业标准	牛津丝织物	本标准规定了牛津丝织物的术语和定义、要求、试验方法、检验规则、包装和标志。适用于评定采用涤纶长丝、锦纶长丝纯织或与其他纤维交织的各类牛津丝织物的品质
18	FZ/T 43024—2013	行业标准	伞用织物	本标准规定了伞用织物的术语和定义、要求、试验方法、检验规则、包装和标志。适用于评定各类伞用织物的染色（色织）、印花织物的品质
19	FZ/T 43032—2014	行业标准	化纤长丝织造遮光织物	本标准规定了化纤长丝织造遮光织物的术语和定义、要求、试验方法、检验规则、包装和标志。适用于通过织入褐色长丝达到遮光效果的化纤长丝机织物。不适用于通过植绒、涂层、复合、印染等后加工达到的遮光效果的织物
20	FZ/T 43040—2017	行业标准	涤纶长丝床上用品丝织物	本标准规定了涤纶长丝床上用品丝织物的要求、试验方法、检验规则、包装和标志。适用于评定涤纶长丝床上用品机织物的品质。不适用于涂料印染加工产品

续表

序号	标准代号	标准级别	标准名称	标准简介
21	FZ/T 43041—2017	行业标准	化纤长丝箱包丝织物	本标准规定了化纤长丝箱包丝织物的术语和定义、要求、试验方法、检验规则、包装和标志。适用于评定采用涤纶、锦纶等化纤长丝纯织或以其为主与其他纱线交织的箱包用机织物面料的品质
22	FZ/T 43045—2017	行业标准	涤纶长丝仿真丝织物	本标准规定了涤纶长丝仿真丝织物的术语和定义、要求、试验方法、检验规则、包装和标志。适用于评定各类练白、染色、印花、色织涤纶长丝仿真丝织物的品质
23	FZ/T 43046—2017	行业标准	锦纶弹力丝织物	本标准规定了锦纶弹力丝织物的术语与定义、要求、试验方法、检验规则、包装和标志。适用于各类服用锦纶弹力丝织物
24	FZ/T 43048—2017	行业标准	化纤长丝免缝防钻绒织物	本标准规定了化纤长丝免缝防钻绒织物的术语与定义、要求、试验方法、检验规则、包装和标志。适用于各类化纤长丝免缝防钻绒织物
25	FZ/T 43049—2017	行业标准	铜氨丝织物	本标准规定了铜氨丝织物的术语与定义、要求、试验方法、检验规则、包装和标志。适用于各类铜氨丝织物

表6-2 已立项并在研制中的标准列表

序号	计划号	标准级别	项目名称	目前状态
1	20151478-T-608	国家标准	合成纤维丝织物	已上报待批
2	2015-0652T-FZ	行业标准	涤纶长丝窗帘用机织物	已上报待批
3	2016-0985T-FZ	行业标准	标签织物	已上报待批
4	2015-0653T-FZ	行业标准	涤纶长丝形态记忆织物	已审定
5	20171155-T-469	国家标准	节水型企业化纤长丝织造行业	已审定
6	2017-0875T-FZ	行业标准	涤纶长丝涂层织物	已审定
7	2017-0877T-FZ	行业标准	锦纶长丝皮肤衣织物	已审定

续表

序号	计划号	标准级别	项目名称	目前状态
8		国家职业技能标准	整经工	已审定
9		国家职业技能标准	织布工	已审定
10	2017-0876T-FZ	行业标准	化纤长丝无尘清洁织物	正在研制
11	2018-0877T-FZ	行业标准	锦纶长丝皮肤衣织物	正在研制
12	2018-1321T-FZ	行业标准	涤纶假捻丝织物	正在研制
13	2018-1323T-FZ	行业标准	莱赛尔长丝织物	正在研制
14		国家标准	化纤长丝织造行业水系统集成优化实施指南	正在研制
15		团体标准	绿色设计产品评价技术规范：化纤长丝织造产品	正在研制

二、化纤长丝织造行业标准体系框架

化纤长丝织物以化学纤维（合成纤维、再生纤维等）为主要原料，划分为合成纤维丝织物、再生纤维丝织物两大类别。因此，化纤长丝织造行业技术标准体系主要涵括基础通用、合成纤维丝织物、再生纤维丝织物及其他，以此为基础的技术标准体系框架，如图 6-1 所示。

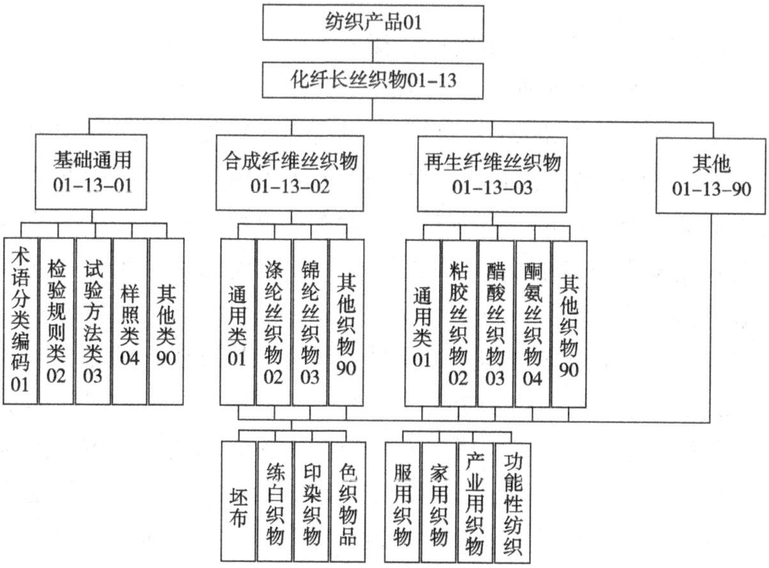

图 6-1 化纤长丝织物技术标准体系框架图

三、化纤长丝织造行业标准化建设与发展

由于长期以来长丝织造行业没有专门的行业管理机构，行业标准化管理工作包括产品标准和综合类标准的制订相对滞后，虽然丝绸标委会在前期也制定了部分长丝织造产品的标准，但由于没有协会的配合与支持，参与企业不多，标准宣贯不到位，行业内大多数企业对这些标准并不知情。针对这些不足，中国长丝织造协会自组建起就开始了行业的标准化工作，几年来先后开展了一系列工作，逐渐引领长丝织造行业步入了标准化工作的正常轨道。

（一）组建成立中纺联标委会“化纤长丝织物”标准化工作组

根据中纺联标委会的统一安排，长丝织造协会积极行动，在短时间内做好了有关组建中纺联标委会化纤长丝织物标准化工作组的筹备工作，上报的方案在获得中纺联标委会批准同意后，又紧锣密鼓地筹备组织成立大会的相关工作。2018 年 4 月 19 日上午，中国纺织工业联合会标准化技术委员会化纤长丝织物标准化工作组成立会在浙江嘉兴市召开，本次会议由中国长丝织造协会主办，浙江台华新材料股份有限公司协办。来自中纺联标委会化纤长丝织物标准化工作组成员、长丝织造产业相关部分龙头骨干企业及大专院校等技术专家 30 余位代表出席了会议，组建了专家队伍，为更好地开展化纤长丝织造行业的团体标准化工作奠定了坚实的基础。

（二）筹备组建化纤长丝织物分标委

自协会成立以来，组建本行业的标准化分技术委员会一直是协会为之努力的目标，由于标准化工作涉及多方利益，协会用了较长时间理清相关关系，做通相关利益方的工作并支持我们的行动，终于在 2016 年得到了中纺联的肯定并将组建方案上报国标委，此时正赶上国标委对新组建的标委会和分标委政策调整之中，在新政策的正式文件出台之前，所有新增标委会的工作临时暂停。2017 年底新政策正式实施，根据新的文件规定，国标委不再直接审核分标委的成立，具体审核工作交由各自的大标委进行投票审核决定后再提交国标委备案即可。为此，在今年年初，协会走访了中纺联科技部和全国纺织品标委会，向他们汇报了我们组建分标委的情况，希望得到大标委的支持。纺织大标委对协会的要求很重视，专门研究了新政策的具体要求，并在 7 月 5 日全国纺织品标委会换届大会上预留时间作了专题介绍。根据程序，纺织大标委秘书处在会后就组建化纤长丝织物分标委的方案发动各位委员电子投票活动并获得通过，但由

于国标委机构的调整，分管领导职责落实较晚，此项工作有所拖延，据最近了解到的信息，国标委新任领导要求组建新的分标委所属领域必须具备 5 项以上国家标准（含已立项但还未完成标准），并需要所在标委会（即丝绸标委会）同意将这些标准归属新组建的分标委并由丝绸标委会以正式文件确认，目前，这项工作仍在进行之中。

四、制定行业标准的流程

我国化纤长丝织物标准化工作当前仍由全国丝绸标准化技术委员会归口管理，中国长丝织造协会负责总体指导。目前申报行业标准的流程如图 6-2 所示。

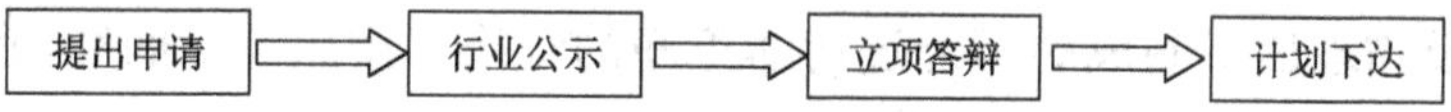

图 6-2　申报行业标准的流程

提出申请一般在每年的下半年，企业根据征集通知，填写行业标准项目建议书和产品说明，提交到中国长丝织造协会，协会修改整理完善后会统一上报全国丝绸标准化技术委员会，丝标委在委员内部征集意见后会上报中纺联科技部，统一再行业内征集意见，无异议后，上报工信部。工信部一般会在年中的时候组织统一的立项答辩会议，答辩会议通过后，等待工信部再次公示，无异议则发布立项文件，立项成功后，就可以开始起草标准了。

行业标准立项成功后，编写标准流程如图 6-3 所示。

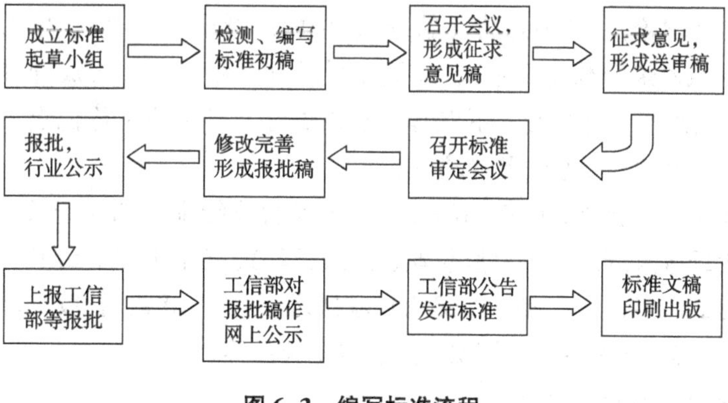

图 6-3　编写标准流程

第七章 化纤长丝及机织物

一、化纤长丝

（一）化纤长丝的定义

化纤长丝是用天然高分子化合物或人工合成的高分子化合物为原料，经过化学方法及物理加工制成的不经过切断工序的纤维。按照纤维的结构和纵向形态特征，化纤长丝可分为单丝、复丝、捻丝和变形丝等。

（二）化纤长丝的分类及简介

化纤长丝按照原料可分为再生纤维和合成纤维两大类。

再生纤维是以天然高分子化合物（如纤维素）为原料，经化学处理和机械加工制得的纤维，又称为人造纤维，主要产品有再生纤维素纤维、纤维素酯纤维和再生蛋白质纤维。目前长丝面料应用较多的是再生纤维素纤维和纤维素酯纤维，包括粘胶纤维、醋酯纤维和铜氨纤维等。

合成纤维是以石油、天然气、煤及农副产品等为原料，经一系列化学反应制成合成高分子化合物，再经纺丝加工而制得的纤维。包括聚酯纤维（涤纶）、聚酰胺纤维（锦纶）、聚丙烯腈（腈纶）、聚丙烯纤维（丙纶）、聚乙烯醇纤维（维纶）、聚氯乙烯纤维（氯纶）、聚氨酯纤维（氨纶）等。合成纤维具有强度高、耐磨、密度小、弹性好、不发霉、不怕虫蛀、易洗快干等优点，但也有染色性较差、静电大和吸水性差等缺点。

在化纤长丝织造企业中使用的原料主要是合成纤维（如涤纶长丝、锦纶长丝）和再生纤维素纤维（如粘胶长丝、醋酸长丝），在使用的化纤长丝纤维中涤纶长丝的用量最多，约占87%，锦纶长丝次之，约占10%，粘胶长丝和醋酸长丝约占2%，其次还有少量的铜氨长丝、氨纶长丝等。

1. 常见的合成纤维品种

常用的合成纤维品种有聚酯纤维（涤纶）、聚酰胺纤维（锦纶）、聚丙烯腈（腈纶）、聚丙烯纤维（丙纶）、聚乙烯醇纤维（维纶）、聚氯乙烯纤维（氯纶）、聚氨酯弹性纤维（氨纶）等。

（1）涤纶。其学名为聚对苯二甲酸乙二酯，简称聚酯纤维，常用字母 P 或 T 表示。涤纶是我国的商品名称，国外称其为大可纶、特利纶、帝特纶等。由于涤纶原料易得、性能优异、用途广泛、发展非常迅速，现在的产量已居化学纤维的前列。

涤纶的优点是，比常用其他合纤的弹性大、强度和耐磨性较好，涤纶面料不但色牢度优良，而且挺括、不易变形，有“免烫”的美称；涤纶的耐热性也是较强，具有较好的化学稳定性，在正常温度下，都不会与弱酸、弱碱、氧化剂发生作用。

涤纶的缺点是吸湿性极差，涤纶面料穿在身上闷热感强、不透气；另外，由于纤维表面光滑，纤维之间的抱合力差；涤纶短纤织物的经常摩擦之处易起毛、结球。

目前常用的涤纶长丝品种主要有 POY、DTY、FDY、ATY 和 SSY 等。

①POY——预取向丝：纺丝速度在 3000~3500m/min 的卷绕丝，具有较高的取向度，为预取向丝，通称为 POY。POY 是高取向、低结晶结构的卷绕丝，该结构的形成是由于纺丝速度的提高导致出喷丝头后的熔体细流受到高拉伸应力和较大冷却温度梯度的作用，从而发生快速形变所致。POY 常用作拉伸假捻变形丝（DTY）的专用丝。

②DTY——拉伸变形丝：拉伸变形丝也称为涤纶低弹丝，它是涤纶预取向丝（POY）在加弹机器上进行连续或同时拉伸、经过加捻器变形加工后的成品丝。DTY 具有流程短、效率高、质量好等特点。

③FDY——全拉伸丝：全拉伸丝采用纺丝和拉伸两道工序在一台纺丝拉伸联合机上生产的产品工艺，系一步法工艺路线。由于 FDY（FULL DRAW YARN）外观平滑无蓬松状，各纤维之间密合度相当高，一般断面呈圆形（若纺嘴形状非圆形则视纺嘴形状而有不同形状），透气性差，手感较硬（相对于 DTY），衣着类一般使用其仿丝绸特性。

④ATY——空气变形丝：ATY 原理是利用喷气法通过空气喷射技术对丝束进行交络加工，形成不规则扭结丝圈，使丝束具有蓬松毛圈状。其关键性设备是一喷气变形喷嘴，当长丝以低超喂率进入喷嘴中，热气流顺丝束的运行方向冲击使其分散喷出。丝束在喷嘴中起变形和热定形作用下固定。空气变形丝是纯靠机械方法产生不规则圈结和扭结的长丝，圈结丝是被其邻近长丝缠绕，热处理后固定而形成的。

⑤SSY——涤纶长丝弹力纤维：SSY 弹性纤维是一种 PET 并列复合纺丝纤维，双组分的聚酯纤维，利用双组分的不同收缩形成永久的弹力卷曲结构。SSY

纤维在没有加工之前和普通涤纶丝差不多没有弹力，但经过高温染色和水洗处理后，就产生了永久卷曲，就会使面料产生弹力。具有优秀的弹性伸长和弹性回复率，并且这种弹力稳定，回复性好，不会像氨纶那样容易老化。

（2）锦纶。锦纶是我国的商品名称，学名为聚己二酸己二胺或聚己内酰胺，简称聚酰胺纤维，俗称尼龙，常用字母 N 表示，分为锦纶 66、锦纶 1010 和锦纶 6 等品种，国外的商品名称有尼龙、耐纶、卡普纶、阿米纶等。锦纶是世界上最早的合成纤维品种，于 1939 年实现工业化，问世比涤纶早了十多年。由于性能优良，原料资源丰富，因此在合成纤维中产量一直较高，仅位居涤纶之后。但其生产工艺技术要求比涤纶高得多，制约了产业的快速发展，其发展速度远远跟不上涤纶，目前的产量仅为涤纶的 1/10。

锦纶具有良好的综合性能，包括力学性能、耐热性、耐磨损性、耐化学药品性和自润滑性，且摩擦系数低，有一定的阻燃性。锦纶最突出的优点是耐磨性高于其他所有纤维，比棉花耐磨性高 10 倍，比羊毛高 20 倍，在混纺织物中稍加入一些聚酰胺纤维，可大大提高其耐磨性。锦纶还有一定的弹性，当拉伸至 3%~6%时，弹性回复率可达 100%，能经受上万次折挠而不断裂。锦纶的强度比棉花高 1~2 倍、比羊毛高 4~5 倍，是粘胶纤维的 3 倍。但锦纶的耐热、耐光性都不够好，熨烫承受温度应控制在 140℃以下。保型性也不佳，做成的衣服不如涤纶挺括。此外，它与涤纶一样，吸湿性和通透性都较差。在干燥环境下，锦纶易产生静电，短纤维面料也易起毛、起球。此外，锦纶的保形性差，锦纶衣服不如涤纶挺括，易变形。但它可以随身附体，是制作各种体形衫的好材料。

锦纶也有 FDY、DTY 等品种，在这里就不详细赘述了，可以参考涤纶品种分类。锦纶单独使用，也可与其他纤维交织，也可假捻加工成加工丝供针织或机织用途，可用于男女儿童服装、被套面料、袜子、雨衣等。另聚酰胺纤维用于航天员外衣之外层及内里，利用其高度强度来保护航天员不受外层空间陨石之袭击，在家纺中可用于窗帘布、浴帘布等，在产业用途中可用于伞布、渔网、滤布、缆绳、轮胎帘布、轮送带衬布及降落伞布等。

（3）氨纶。氨纶是一种弹性纤维，学名聚氨酯纤维（Polyurethane）。它具有高度弹性，能够拉长 6~7 倍，随张力的消失能迅速恢复到初始状态，其分子结构为一个像链状的、柔软及可伸长性的聚氨基甲酸酯，通过与硬链段连接在一起而增强其特性。弹性纤维分为两类：一类为聚酯链类，另一类为聚醚链类。聚酯类弹性纤维抗氧化、抗油性较强；聚醚类弹性纤维防霉性，抗洗涤剂性较好。

氨纶弹性优异。其强度比乳胶丝高 2~3 倍，线密度也更细，并且更耐化学降解。氨纶的耐酸碱性、耐汗、耐海水性、耐干洗性、耐磨性均较好。

氨纶织物的面料主要特点有：

①氨纶弹性非常高，一般制品不使用100%的聚氨酯纤维，多在织物中混用5%~30%的比例，所得各种氨纶织物均具有15%~45%的舒适弹性。

②氨纶织物常以复合纱制成，即以氨纶为芯，用其他纤维（如棉花、锦纶、涤纶等）做皮层制成包芯纱弹力织物，其对身体的适应性良好，很适合做紧身衣，无压迫感。

③氨纶弹力织物的外观风格及服用性能与所包覆外层纤维织物的同类产品接近。

2. 常见的再生纤维品种

再生纤维是以天然高分子化合物（如纤维素）为原料，经化学处理和机械加工制得的纤维。这类主要产品有再生纤维素纤维、纤维素酯纤维和再生蛋白质纤维。目前长丝面料应用较多的是再生纤维素纤维和纤维素酯纤维，包括粘胶纤维、醋酯纤维和铜氨纤维等。

（1）粘胶纤维。粘胶纤维是再生纤维的一大类，常用字母R表示，它又分为粘胶长丝和粘胶短纤，普通粘胶纤维是由天然纤维素经碱化而成碱纤维素，再与二硫化碳作用生成纤维素黄原酸酯，溶解于稀碱液内得到的黏稠溶液称粘胶，粘胶经湿法纺丝和一系列处理工序后即成粘胶纤维。

粘胶纤维采用不同的原料和纺丝工艺，可以分别得到普通粘胶纤维，高湿模量粘胶纤维和高强力粘胶纤维等。普通粘胶纤维具有一般的物理机械性能和化学性能，又分棉型、毛型和长丝型，俗称人造棉、人造毛和人造丝。高湿模量粘胶纤维具有较高的聚合度、强力和湿模量。这种纤维在湿态下单位线密度每特可承受22.0cN的负荷，且在此负荷下的湿伸长率不超过15%，主要有富强纤维。高强力粘胶纤维具有较高的强力和耐疲劳性能。

采用粘胶纤维织成的面料具有较强的抗静电性能，不会产生附着在身体上的感觉，因而十分滑爽，特别适合运动穿着。其含湿率最符合人体皮肤的生理要求，具有良好的透气性和调湿功能，被国内外媒体一致称为“会呼吸的面料”。它的织物具有手感柔软、光滑凉爽、透气、抗静电、染色绚丽等优点。

（2）醋酯纤维。醋酯纤维俗称醋酸纤维，即纤维素醋酸酯纤维，是一种半合成纤维。它是以木浆粕或棉浆粕等为原料提取的天然高分子化合物，通过与其他化学物质反应，改变组成成分，再生形成天然高分子的衍生物而制成的纤维。

醋酯纤维的主要特点是，具有热塑性，产生塑性变形后形状不可回复；纤维的外观、光泽和手感与桑蚕丝相似。其强度偏低，断裂伸长较大，湿强与干强的比值高于粘胶纤维，初始模量小；耐酸性较好，耐碱性较差；回潮率比粘胶纤维和桑蚕丝低；耐日光性较好，经一般光照后强力基本保持不变。醋酸丝织物易洗易干，不霉不蛀，其弹性优于粘胶纤维。

由于醋酸纤维不易着火，可以用于制造纺织品、烟用滤嘴、片基、塑料制品等。醋酸长丝在化学纤维中最酷似真丝，光泽优雅、染色鲜艳、染色牢度强，手感柔软滑爽、质地轻，回潮率低、弹性好、不易起皱，具有良好的悬垂性、热塑性、尺寸稳定性，可以广泛地用来做服装里子料、闲暇装、睡衣、内衣等，还可以与维纶、涤纶、锦纶长丝及真丝等复合制成复合丝，织造各种男女时装、男女礼服、高档运动服及西服面料，还可以开发缎类织物和编织物、装饰用绸缎、绣制品底料、轧纹绸、色织绸、醋丝氨包纱等。

(3) 铜氨纤维。铜氨纤维是将棉短绒等天然纤维素，溶解在铜氨溶液中制成纺丝液，然后经过湿法纺丝而制成的再生纤维素纤维。

其主要特点是具有真丝般的光泽，单纤维较细，织成的织物手感柔软，悬垂感好，服用性能近似于真丝绸；纤维的吸湿性与粘胶纤维接近；纤维的干强与粘胶纤维接近，但湿强高于粘胶纤维，湿强是干强的65%~70%；纤维无皮层结构使其对染料的亲和力较大，上色较快，上染率较高；耐磨性优于粘胶纤维；对酸和碱的抵抗能力较差。

(三) 化纤长丝的应用及发展趋势

随着化纤工业的发展，化纤长丝已广泛应用于生产、生活的方方面面，不仅在服装和家纺等领域扮演着重要主角，而且在高新技术的产业用领域也发挥着不可取代的作用。化学纤维应用量最大的是涤纶，其次是粘胶纤维，最后是锦纶等。

以碳纤维为例，碳纤维可以作为树脂材料的增强体形式广泛应用在导弹、空间平台和运载火箭，航空器，先进舰船，轨道交通车辆，电动汽车，卡车，风电叶片，燃料电池，电力电缆，压力容器，铀浓缩超高速离心机，特种管筒，公共基础设施，医疗和工业设备，体育休闲产品，以及时尚生活用具等各个领域。

随着科技的不断进步，新型纤维不断出现，化纤长丝的应用领域也越来越广泛。化纤长丝正向着绿色纤维，差别化、多功能纤维，智能功能性纤维，高性能纤维，生物基化学纤维等方向发展。

二、化纤长丝机织物

（一）化纤长丝织物的定义

经向以化纤长丝为原料的机织物，简称长丝织物。目前，化纤长丝织物的花色品种日新月异，新产品层出不穷。在衣着类方面不仅有仿真丝织物，而且还有仿毛、仿麻、仿棉等仿真类织物，也有自身特色产品、功能性产品（如里子布、遮光布、记忆布、麂皮绒、桃皮绒、防羽绒布等），除服用外，还可大量应用在家纺、车内装饰、军品和其他产业用等，如用于制作篷盖布、防弹衣、降落伞及军服等装备所用面料。目前，绝大多数窗帘布，帐篷布都是用长丝面料制作。

（二）化纤长丝织物的分类

化纤长丝机织物可制成服装、箱包、篷盖等各类产品，虽然生产历史较短，但发展迅猛，其规模和产品数量已远远超过了所有的天然纤维机织物。由于历史原因，到目前为止化纤长丝织物还没有一个全国统一的分类和命名，由于它是从丝绸行业分离出来的，有些已基本定型的传统产品继续沿用原来在丝绸行业赋予的名字，而绝大多数新开发出来的产品则各有各的叫法，分类并不清晰。如何对成千上万的化纤长丝织物进行系统的分类与命名，是今后本行业中有待解决的课题。在此首先介绍丝织物的分类与特点，期望对长丝织物今后的分类与命名具有一定的借鉴和参考意义。

在20世纪80年代之前，我国还没有喷水喷气等先进的无梭织机，化纤长丝织物都是采用传统的有梭丝织机进行织造，当时分布在全国各地的丝绸企业中大多都有化纤长丝织物的生产，总体规模较小，在行政管属方面没有单列成为一个产业，而是统一归属于丝绸行业管理。在20世纪80年代前后，丝绸管理部门根据我国丝绸行业的传统习惯，结合丝绸产品的组织结构、加工方法、外观风格，对包括化纤长丝织物在内的所有丝织产品进行了全国统一的分类与命名，共分成了纺、绉、缎、锦、绡、绢、绒、纱、罗、葛、绨、呢、绫、绸等14大类和35小类。

在这主要将14大类丝绸机织物及特点介绍如下：

（1）纺类：应用平纹组织，采用生织或半色织工艺，经纬一般不加捻或加弱捻，绸面平挺的织品。纺类是一种质地平整细密、比较轻薄的平纹丝织物，是丝绸中组织最简单的一类。该织物比较耐磨，手感滑爽。有真丝纺、粘胶丝纺、合纤纺和交织纺。纺类织物有漂白、染色和印花等多种品种，适宜用作夏季衬衫料、裙料、裤料等。

（2）绉类：应用平纹和其他组织，经或纬加强捻，或经纬均加强捻，绸面呈明显绉效应并富有弹性的织品。绉类是外观呈绉效应的一种丝织物。绉织物外观风格独特，光泽柔和，手感滑爽，有一定弹性和抗皱性能，服用时不易紧贴皮肤，透气舒适。可用于男女衬衫、内衣、女连衣裙、女裙裤、风衣及羽绒服面料。缺点是缩水率较大。绉类中典型产品如下。

①双绉：平纹组织，经丝无捻，纬丝采用左、右两种不同捻向的强捻丝，且每两根间隔排列而织成，经后整理因强捻丝的退捻作用，表面形成绉纹。双绉为我国古老传统产品，很早传至欧洲，法国称双绉为“中国绉”。由于其特殊的纱线结构与工艺，使其表面呈现出均匀的细鱼鳞状绉纹，织物光泽柔和，稍有弹性，抗皱性能较好，手感柔软，轻薄凉爽。按所用原料，多为真丝双绉，也有合纤双绉、粘胶丝双绉、交织双绉等。

②顺纡绉：顺纡绉是绉类中的另一种风格。与双绉的区别在于纬向强捻丝只有一个捻向。织物经漂练后，纬丝朝着一个方向扭转，形成一顺向的绉纹。顺纡绉除具有双绉织物光泽柔和、抗折皱性能好、手感柔软、轻薄凉爽等特点外，绉纹比双绉明显而粗犷，弹性更好，穿着时与人体接触面积减少而更为舒适。可用作男女衬衫、连衣裙等。

③乔其绉：乔其绉亦称为“乔其纱”，是用强捻丝织成的轻薄、稀疏、透明、起绉的平纹丝织物。经向和纬向都采用两根左捻、两根右捻的强捻丝相间排列，经漂练后强捻丝产生退捻作用，而使绸面产生乔其纱的风格特征，即均匀的绉纹和明显的细孔。再经染色或印花，使乔其绉成品色泽鲜艳，手感柔软滑爽，富有弹性，质地细致轻薄，呈透明飘逸状，无正反面区别。宜做裙子、高级晚礼服、衬衫等。

④碧绉：碧绉与双绉不同之处在于：其纬纱是一根螺旋形强捻丝线，经练染后收缩成波曲状，而使绸面呈现细密闪点的皱纹，并伴有螺旋形绉线所形成的皱缩粒纹。碧绉质地紧密细致，手感柔软滑爽、富有弹性，穿着凉爽舒适。从织物外观看，有素碧绉、条纹碧绉、格子碧绉。碧绉常用于夏令服装，如衬衫、外衣、便服、女裙、女裤装等。

（3）缎类：缎类织物是以缎纹组织所织成的，手感光滑柔软、质地紧密厚实、光泽明亮的一类织物，可分为素缎和花缎。较轻薄的可做衬衣、裙子、头巾，较厚重的可做高级外衣、棉袄面料、旗袍、床罩、被面、窗帘和其他装饰用品。缎类织物中常见产品如下。

①软缎：大多为桑蚕丝与粘胶长丝的交织缎，也有纯粘胶长丝的粘胶丝缎，有素软缎、花软缎之分。素软缎素净无花，花软缎纹样多为月季、牡丹、菊花

等自然花卉，色泽鲜艳，花纹轮廓清晰，花型活泼，光彩夺目，富丽堂皇。软缎由于采用了缎纹组织，且经、纬丝线均为无捻或弱捻，因而缎面具有平滑光亮、手感柔软滑润，色泽鲜艳、明亮细致的特点，背面呈细斜纹状。软缎适宜做旗袍、晚礼服，也可作高级服装的里子、镶边用料、锦旗、靠垫、台毯等，还可加工成被面。

②绉缎：在化纤长丝织物中通常称为色丁，反面缎纹平滑光亮而正面起绉纹效应。织造时纬丝以两根左捻、两根右捻相间织入，经练漂后因退捻作用而使织物正面呈现绉地效果，反面则在有光泽的缎面上显出隐约的鱼鳞形绉纹。该绸面平整光滑，质地紧密，手感柔软润滑，色泽鲜艳而不耀眼，使织物有雍容华贵之感。而且绉面、缎面都可作为织物正面，使它成为两面用织物。常用作妇女春、秋、冬三季各类服装，如裙子、衬衫、连衣裙、礼服等高级服装，也是戏剧服装用料。花绉缎与素绉缎基本相同，所不同之处在于缎面用提花机提织出各种花卉图案，外观较素绉缎显得活泼而丰富多彩。多用于制作绣花长衣裙。

③织锦缎和古香缎：织锦缎是丝织物中最为精致的产品，素有“东方艺术品”之称。它有真丝、粘胶丝、交织、金银丝织锦缎等多种，尤以粘胶丝最能表现出织锦缎绚丽多彩的特点，故花色品种最多。织锦缎的缎面光亮、细致紧密，质地平挺厚实，花纹丰满、瑰丽多彩，图案采用民族传统特点的梅、兰、竹、菊等四季花卉，禽鸟动物和自然景观，再配以“福禄寿喜”字样，造型精细活泼，反面因纬丝分段换色，故呈横条纹效应。织锦缎多用作高级礼服和棉袄面料或戏装，也可用作各种装饰品。

古香缎和织锦缎的外观十分相似，但古香缎的缎面不如织锦缎那样光亮，质地稍松软，纬花不如织锦缎丰满。纹样上古香缎的取材多为民族风格的山水风景、亭台楼阁、小桥流水等风景图案，用色古香古色，风格古朴、典雅，古香缎不如织锦缎细腻，因此采用满地布局。古香缎多用作棉袄面料、台毯、靠垫以及相机薄和集邮册的贴面等。

(4) 绫类：应用斜纹或斜纹变化组织，绸面呈明显斜向纹路的织品。表面具有明显的斜纹纹路，或以不同斜向组成的山形、条格形以及阶梯形等花纹的丝织物称为绫。绫品种繁多，有素绫和提花绫之分。素绫表面除简单的斜纹纹路之外，还有山形、条格形、阶梯形等几何图案；而提花绫的变化则更多，常见有盘龙、对凤、环花、麒麟、团寿等民族传统纹样，花与地互相衬托，更为别致。中厚型绫织物适宜做衬衣、头巾、连衣裙和睡衣等；轻薄绫宜做服装里子，或专供裱装书画经卷以及装饰精美的工艺品包装盒用。绫类中常见产品如下。

①斜纹绸：斜纹绸表面有明显的斜向纹路，质地柔糯、滑爽、轻盈，光泽较好。适合做连衣裙、旗袍、衬衫和头巾等。

②美丽绸：又名美丽绫，粘胶长丝绫类丝织物，多以三上一下右斜纹织成，绸面光亮平滑，斜纹纹路清晰，用作中高档服装里子绸。

③羽纱：羽纱为纯粘胶长丝或粘胶长丝与棉纱交织的绫类丝织物，三上一下斜纹组织，较美丽绸稀松，绸面较光亮平滑，斜纹纹路清晰，手感松软，主要用作中、低档服装里子绸。

（5）纱类：全部或部分应用绞纱组织的纺织品。纱是采用特殊的绞纱组织使织成的织物表面呈现清晰而均匀分布的纱孔，且其质地轻薄透明，具有飘逸感。纱类织物透气性好，纱孔清晰、稳定，透明度高，具有轻薄、滑爽、透凉的特点。特别适宜做晚礼服、夏季连衣裙、短袖衫以及高级窗帘等。

（6）罗类：全部或部分应用罗组织的织品。绸面呈现有规律的横条或直条纱孔，纱孔呈横条的称“横罗”，呈直条的称“直罗”。

（7）绒类：全部或部分应用绒织物，绸面呈绒毛或绒圈的织品等。绒织物色泽光亮，手感舒适，悬垂性极好，适宜做旗袍、裙子、时装及装饰用料等。

（8）绡类：应用平纹或假纱组织的轻薄透孔织品。绡是丝织物中一类稀薄、质地爽挺、透明、孔眼方正清晰的织物。织物质地轻薄飘逸，呈透明状，凉爽透气。适宜作各种头巾、面纱、披纱和裙衣、晚礼服，也可作为窗帘、帷幕、灯罩等室内高级装饰材料。

（9）锦类：应用缎纹、斜纹组织、花纹精致多彩绚丽的色织提花织品。锦的特点是外观五彩缤纷、富丽堂皇、花纹精致古朴、质地较厚实丰满。锦类品种繁多，中国传统名锦有云锦、宋锦、蜀锦及壮锦四大名锦。锦类织物多用作装饰布，如室内装饰的织锦台毯、织锦床罩、织锦被面以及名贵书册的装帧。在服饰方面多用以制作领带、腰带、棉袄面料以及少数民族的大袍等。

（10）呢类：应用或混用基本组织及变化组织，质地丰厚，有毛型感的织品。织物表面光泽柔和，质地丰满厚实，手感松软，坚韧耐穿，富有弹性，大多为素色织物，也可印花，特别是染成深色更具有稳重感。多用作衬衫、套裙、夹克衫及冬季棉袄面料等。

呢类中常见的四维呢的纬丝比经丝粗1倍，且纬丝以2S、2Z捻加中等捻度交替织入。绸面有明显的细横凸条纹，色光柔和，反面横条扁平，光泽比正面明亮。绸身紧密，手感丰糯柔软，有毛料感，坚实耐用，穿着舒适。

（11）葛类：应用平纹，经重平或急斜纹组织，经密纬疏，经细纬粗，质地厚实，绸面呈横向凸纹的织品。就其外观特点可分为不起花的素葛和提花葛两类。提花葛是在横棱纹的地上起缎花，花纹光亮平滑，花、地层次分明，有的还饰以金银线，外观更加富丽堂皇。素葛表面素净，除横棱纹外无花纹。葛大多质地厚实而坚固，地纹表面光泽少。可用作男女衬衫、裙子、冬季棉袄面料及装饰织物等。

（12）绨类：应用平纹组织，以粘胶丝或其他化纤长丝作经，棉纱或上蜡棉纱作纬，织成质地较粗厚的织物成为绨。一般为平纹地组织上提花，以小花图案为多，也有格花、团龙、团凤等大花图案。多用作夹衣面料、棉袄面料、高级服装里子绸及戏装衣料。

（13）绢类：绢是采用平纹或平纹的变化组织，经、纬纱先染色或部分染色后进行色织或半色织套染的丝织物。质地比缎、锦类轻薄而坚韧，绢面细密平整，手感挺括，光泽柔和。常用作外衣、礼服、羽绒服面料，还可用作床罩、毛毯镶边、领结等服饰及女用高级伞绸等。绢中常见的产品有塔夫绸、天香绢等。

（14）绸类：在丝织物中，应用平纹或变化组织，经纬交错紧密，或无以上各类特征的各种花、素织物称为绸。其类型最多，用料广泛，桑蚕丝、柞蚕丝、粘胶丝、化学纤维丝等都可使用。绸类织物质地细密，比缎稍薄，但比纺稍厚。轻薄型的绸质地柔软、富有弹性，常用作夏装，如衬衣、连衣裙。较厚重的绸挺括有弹性，光泽柔和，强力和耐磨性能较好，可做西服、礼服、裤料或供室内装饰用。

（三）常见化纤长丝织物

长丝织物其多变的特性，满足了人们不同的需求，在纺织业中发挥着重要的作用。常见的化纤长丝织物品种主要包括：

（1）塔夫绸。真丝绸的一类，又称塔夫绢，织物密度大，在绸类织品中是最紧密的熟织高档丝织品。涤塔夫是由涤纶长丝织造的全涤布，外观光亮，手感光滑，一般作里料较多。化纤塔夫的品种很多，根据所用原料，除涤塔夫或者涤丝纺外，还有尼丝纺、人造丝塔夫绸、化纤交织塔夫绸等。

（2）春亚纺。主要是用涤纶 DTY 织造的全涤产品，织物基本组织为平纹，常见品种有半弹春亚纺、全弹春亚纺、消光春亚纺、斜纹春亚纺、格子春亚纺等。春亚纺是问世已久的老品种，近年来除了采用消光丝原料和织造工艺创新外，还在染整后处理工艺延伸，织物密度增加，手感更柔软，功能更拓展。

（3）雪纺。雪纺的学名称为乔其纱，是以强捻绉经、绉纬制织的一种丝织物，经丝与纬丝采用S捻和Z捻两种不同捻向的强捻纱，按2S、2Z（两左两右）相间排列，以平纹组织交织，织物的经纬密度很小。雪纺面料轻薄透明，手感柔爽富有弹性，外观清淡雅洁，具有良好的透气性和悬垂性，穿着飘逸、舒适，适于制作妇女连衣裙、高级晚礼服、头巾等。

（4）塔丝隆。织物中主要含有空变丝原料，或经纬向至少有一个方向采用空变丝，织物组织有平纹、平纹变化组织、小提花和二上二下斜纹等。其品种有锦纶塔丝隆和涤纶塔丝隆之分，分别采用锦纶空变丝和涤纶空变丝。通常说的塔丝隆面料是以锦纶空变丝为原料的长丝织物。

（5）尼丝纺。尼丝纺是采用无捻锦纶长丝织成的结构紧密、质地轻薄的织物。尼丝纺织物组织常为平纹组织、变化组织等。该织物平整细密，绸面光滑，手感柔软，轻薄而坚牢耐磨，色泽鲜艳，易洗快干，主要用作男女服装面料。

（6）桃皮绒。采用细旦或超细纤维制织的有绒毛效应的织物，常用原料为涤纶丝或涤锦复合丝，一般织物表面需经过磨毛处理形成桃皮绒毛效果。织物质地更柔软，绒毛感强，手感和外观更细腻别致。目前市场上桃皮绒主要有平桃、斜桃、缎桃、双面桃皮绒等。

（7）色丁布。多采用涤纶长丝，即涤色丁，也有尼龙色丁布和交织色丁布。常用的经纬原料规格有55.6dex×83.3dex（50旦×75旦），83.3dex×111.1dex（75旦×100旦）等，一般为五枚和八枚缎纹组织。由于正则缎纹的经面经浮长较长，织物悬垂性较好。一般经丝选用有光丝，织物正面光亮、爽滑，反面暗淡，类似真丝绸。

（8）麂皮绒。以海岛丝或超细纤维为原料织制的具有麂皮效应的织物，单丝纤度为0.05~0.08D。由于减量开纤，除去25%左右的水溶性聚酯，为防止布面不至于太稀松需加入收缩纤维或收缩处理。海岛短纤维最早用于制造成麂皮革，其性能与高级天然皮革相媲美。目前市场上主要有经麂皮绒、纬麂皮绒、提花麂皮绒等。

（9）牛津布。多以涤纶丝和锦纶丝为原料、采用平纹变化和纬重平组织织造的产品，又称牛津纺。该织物具有易洗快干、手感松软、吸湿性好和穿着舒适等特点。牛津纺具有粗犷的外观风格，主要用于衬衫面料或箱包材料。目前市场上化纤牛津纺主要有套格、全弹和提格等品种。

三、长丝面料的应用

2017年我国化纤长丝织物产量达482亿米，出口数量141.22亿米，出口金额124.05亿美元。化纤长丝面料的用途非常广泛，既可应用于各式各样的服装系列，也是家用纺织品的首选面料，同时在许多产业中也在发挥着越来越重要的作用。化纤长丝织物按用途可分为服装用长丝织物、家纺用长丝织物和产业用长丝织物三大类。每一大类又可进一步细分出若干小类。

（一）在服装用纺织品中的应用

服装用长丝织物是指用于制作服装的长丝织物。其中，服装是化纤长丝面料的第一大应用领域。

化纤长丝面料最初以仿真丝产品为主，具有结实耐用、抗皱免烫和性价比高等优点。经过多年的发展，涤纶仿真丝经历了纤维仿真丝、外观仿真丝和手感仿真丝三个阶段，通过采用化学接枝共聚等方法，使涤纶本身的吸湿性能明显提高，外观、手感几乎和真丝绸一样。仿真丝面料的舒适性、易打理和染色鲜艳度都超过真丝绸的面料。

目前，化纤长丝面料的花色品种日新月异，新产品层出不穷。在服装用纺织品方面，不仅有仿真丝织物，而且还有仿毛、仿麻、仿棉等仿真类织物，也有防水透湿、防紫外、防红外伪装等功能性产品。化纤长丝面料在服装中的应用也越来越广泛，不仅应用于时装、休闲装和工装上，而且还应用于户外运动服、消防服、潜水服和宇航服等特殊用途的服装上（图 7-1～图 7-5）。

图 7-1　时装

图7-2 休闲装

图7-3 童装

图7-4 户外运动服

图7-5 宇航服

1. 新颖绚丽的时装

时装是一类款式新颖而富有时代感的服装，其对面料的需求随流行趋势的变化而不断变化，具有时尚新颖、风格独特、时效性强等方面的特点。化纤长丝面料种类丰富，不仅有璀璨耀眼的有光面料，还有低调奢华的消光面料；不仅有各种厚度的雪纺、春亚纺、涤塔夫等面料，而且还有各种式样的仿记忆面料、仿麂皮面料等，可满足时装对亮度、造型、色彩、纹样等各式各样的要求。

生活中常见的各种时尚女装、礼服、影视服装，包括裙装、裤子和外套等，基本都是由化纤长丝面料制作而成。化纤面料以其新颖绚丽的特点，正符合社会个性化消费的需求，也满足了时装所具有的时代特征。

2. 舒适别致的休闲装

休闲装俗称便装，是人们在无拘无束、自由自在的休闲生活中穿着的服装，具有舒适、健康、环保、耐穿和易洗的特点。制作该类服装所用的面料一般具有轻质、柔软和易洗快干等要求。化纤长丝面料具有柔软、舒适、耐用、成本低、不起毛起球等众多优点，是休闲装，特别是休闲女装的首选。常见的休闲装，如各类休闲夹克、外套、休闲女装等，有相当一部分是采用的粘胶或涤纶长丝面料制造而成。目前，随着各种化纤仿真丝、仿麻和仿棉面料技术的成熟，化纤长丝面料在休闲服装中的应用也越来越广泛。

3. 安全可靠的工装

工装又称工作服，是专门为特殊环境工作人员设计的服装。一般来讲，根据工作环境的需要，工装要求面料具有不同的防污染、防化学药剂、防热辐射等功能，包括防护性、耐洗涤性、防菌防霉性、耐化学药物性、耐热性等。目前，有些防护服装采用的是芳纶、高分子量聚乙烯或者工业涤纶等纤维制作，也有些是经过特殊整理的常规涤纶或者锦纶长丝面料生产而成。如石油工人的服装，就是采用经防油防水整理后的常规涤纶长丝面料制成，满足石油工人服装不沾油污和易清洁的需求。

当前，随着社会分工的日益专业化和劳动者保护意识的增强，社会对工装的需求正日益增加，同时对工装的功能和质量也提出了更高的要求。这些需求很多都是天然纤维等短纤面料难以达到的，而化纤长丝面料却能够轻易满足，化纤长丝面料在工装中的应用不言而喻。

4. 功能舒适的户外运动服装

户外运动服装主要是为户外运动穿着而设计的服装，其中有专门用于体育运动竞赛的服装，包括田径装、球类运动装、水上运动装、举重装、摔跤装、体操服、登山服、冰上运动服和击剑服等，也有日常运动穿着的休闲运动服、防晒服、防寒服和冲锋衣等。这类服装的面料大都具有防水透湿、舒适和耐磨等特点。如防寒服面料，大多采用的锦纶长丝面料制成，不仅防水挡风透湿，而且还具有耐寒、耐磨的功能。春秋时节，大街上五彩缤纷的防晒服，大多也都是由超细锦纶面料制成，不仅如皮肤一般轻薄柔软，而且还具有较好的防水透湿和防紫外功能。正是由于运动服装独特的设计和化纤长丝面料优异的性能，以及社会健康运动理念的逐步深入，户外运动服装正逐步成为居家、旅游、度假和休闲服装的首选。

随着新型纤维的不断出现，织造技术的不断发展，以及社会生活水平的不断提高，化纤长丝面料也在不断创新，不断以新的面貌，满足新的需求，对社会进步做出更大的贡献。

（二）在家用纺织品中的应用

家纺用长丝织物，也可指装饰面料，具有实用性、艺术性、舒适性、功能性等特征，既含有服用织物性能的某些特征，又具有功能产业织物的特性，有的甚至是介于服用和产业用织物之间的，其应用范围广阔，家居用、公共场所用、职业办公用等。随着社会发展，家纺用长丝织物的市场份额不断增加，市场潜力很大。新材料、新技术的发展也为家纺用长丝织物的开发提供了更广阔的空间。

家纺用面料的运用不仅能装饰空间，满足现代人多样化需求，而且为居住环境注入更多文化内涵，增强环境中的意境，不同材质，不同纹理的家纺用面料都可体现不同的生活特征。此外，作为家纺用产品，该类面料也需要具有较好的舒适性、安全性和特殊的使用性能。主要包括：毛巾、床上用品、厨房、餐桌用纺织品、窗帘、装饰帘等（图 7-6~图 7-10）。

图 7-6　睡衣

图 7-7　窗帘

图 7-8　床上用品

图 7-9　餐桌布

图 7-10　沙发布

（三）在产业用纺织品中的应用

近年来，国内外各行各业对产业用纺织品的需求不断增加，推动了产业用纺织品的发展。产业用纺织品是指经过专门设计、具有特定功能，应用于工业、医疗卫生、环境保护、土工及建筑、交通运输、航空航天、新能源、农林渔业等领域的纺织品。它技术含量高，应用范围广，市场潜力大，其发展水平是衡量一个国家纺织工业综合竞争力的重要标志之一。

产业用途一般要求纺织品有强度高、耐高温、耐酸碱等特种功能。在过去较长时间内这类产品都是由天然纤维占统治地位。但随着化纤技术的进步，由于化学纤维性能优良、耐久性好，占有价格优势，现在这种格局已被化学纤维所取代。由于长丝织物所具有的优异特性，目前被广泛应用于多个产业领域（图 7-11～图 7-16）。

图 7-11 帐篷布

图 7-12 土工布

图 7-13 降落伞

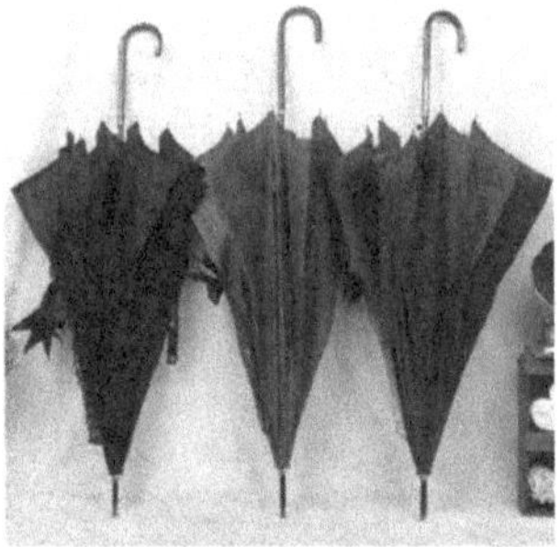

图 7-14 雨伞布

图 7-15 箱包布

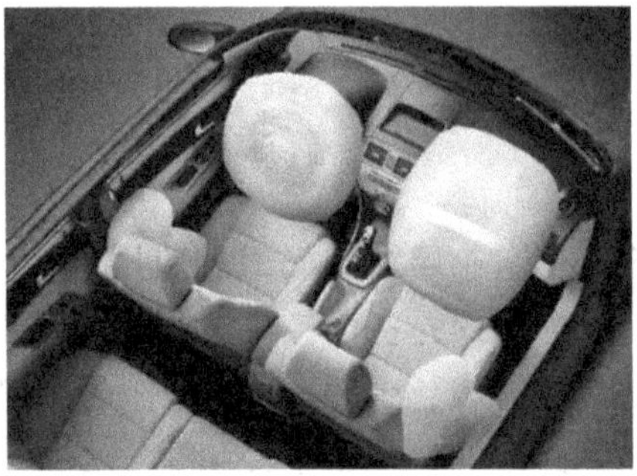

图 7-16 安全气囊

(四) 军用纺织品中的应用

我国是世界纺织大国。在军队中，纺织品是除武器装备外的第二大军用物资，单兵、武器等诸多方面都离不开纺织品。

从社会需求、军事斗争准备需要和科学技术发展现状看，军用纺织品的未来发展方向在于突出战场防护的功能性，纤维的多元化使用，向舒适健康和智能化发展，新的军用纺织品的开发对纺织工业的结构优化和产品升级起到十分重要的促进作用。

纺织品作为军需品的一个重要门类，是军队建设不可或缺的重要资源。军品采购的市场化和公开化促使更多、更好的化纤及纺织产品进入军队采购之列。军用纺织品的需求十分巨大，每年的产值都达到百亿元以上。

军用纺织品里，对功能性要求最为强烈的是防护类装备，它们比一般纺织品更强调功能性，有更高的附加值，也是纺织科研人员的重点攻关研究内容对象。

在长丝织造产业中，以浙江盛发纺织印染有限公司为代表的骨干企业已成为了军队物资采购稳定供应商，多年来专注可用于军队的化纤长丝功能性面料及成品的开发与生产。盛发公司拥有以中科院三位院士加盟，以军队科研院所项目为导向，以东华大学为研发基地的一体化协同机制，在长丝类军用纺织品研发与转化方面取得了很好的成效，特别是为几大阅兵活动提供装备面料，为助我国防，扬我军威做出了贡献。

盛发公司现已进行了多个系列化纤长丝类军用产品开发及批量化生产，主要品种有：

（1）高强空变长丝迷彩防弹装具类面料及产品（图 7-17）。

图 7-17　高强空变长丝迷彩防弹装具类面料及产品

（2）迷彩印花涂层帐篷类涤纶长丝面料（图7-18）。

图7-18 迷彩印花涂层帐篷类涤纶长丝面料

（3）迷彩印花涂层伪装用多品种涤纶长丝面料（图7-19）。

图7-19 迷彩印花涂层伪装用多品种涤纶长丝面料

（4）涤纶高强长丝新式装甲车盖布面料系列（图7-20）。

图7-20 涤纶高强长丝新式装甲车盖布面料

（5）涤纶长丝类涂层装备产品用面料系列（图 7-21）。

图 7-21　涤纶长丝类涂层装备产品用面料

（6）各种涤纶长丝类涂层面料产品（图 7-22）。

图 7-22　涤纶长丝类涂层面料产品

所以国防建设与纺织长丝工业及产品的发展是相互促进、相辅相成、密切相关的，强大的纺织长丝工业系列化产品是建设强大国防的重要基础和保障，纺织长丝工业的发展也是国防建设的一个重要组成部分。

四、特色精品生产基地

1. 中国功能性锦纶丝织物精品生产基地

在浙江嘉兴市王店镇有这样一家企业，他们坚持锦纶丝织物生产，用品质保障赢得客户，用诚信获得信誉，用真诚发展企业，这就是浙江台华新材料股份有限公司。从一家小小的化纤企业，逐渐成长到行业龙头企业，2017 年 9 月 21 日，浙江台华新材料股份有限公司成功登陆 A 股主板市场，成为一家在上海证券交易所挂牌上市的秀洲企业，台华新材料开启的精品生产基地见证了其成长历程。由于其功能性锦纶丝织物面料优质，获得了“中国功能性锦纶丝织物精品生产基地”，这也是获得中国长丝织造协会精品生产基地的第一批基地企业。

自2012年企业成立精品生产基地后，企业通过更新设备、开拓新品、创新研发等多项措施，不断增强综合实力。而今，台华新材已经形成锦纶纺丝、织造、染色及后整理一条完整产业链，是国内为数不多的锦纶全产业链生产企业，已成为我国锦纶面料的龙头企业，是国家级高新技术企业。公司现已拥有日本丰田、津田驹平织机、法国史陶比尔喷水织机等100%无梭织机以及引进德国、日本、中国台湾等地区成套的染色、定型、压光、贴膜、涂层等后整理一体化作业设备，能够研发、生产环保健康、户外运动、特种防护三大系列、上千种高档功能性面料。

台华新材料以市场需求为导向、以客户满意为目标，不断加大新品研发投入，加强与科研院所的产学研合作，并逐步建立起完善的技术创新制度，持续强化公司产品技术创新能力。同时，本着“清洁生产、节能降耗、创建绿色企业、追求可持续发展”的环境方针，公司加强能源资源管理，配套建有热电厂、污水处理厂。其主营的产品通过OEKO-TEX standard 100、Bluesign、GRS生态纺织品认证，为企业可持续发展奠定坚实基础。

凭借在锦纶面料领域的开发实力，在行业中形成了较高的知名度。其自行研发设计的能力赢得了众多品牌客户的认可，新产品得到了广泛选用，不但加强了和客户之间的合作共赢关系，还避免了与同行在低端市场的低价竞争，为行业秩序保驾护航。

2. 中国差异化锦纶面料精品生产基地

厦门东纶股份有限公司长期致力于差异化锦纶面料的研发、生产和销售，公司主营“鷺寶”牌差别化锦纶长丝、“东纶”牌化纤机织坯布的研发、生产加工及销售，是目前处于行业前列的专业锦纶长丝及化纤坯布生产企业。我司产品市场覆盖全国，在福建、广东、江苏、浙江等地具有较高的市场占有率。“东纶”牌及“鷺寶”牌产品的产值、销售额、税收、市场占有率在全国化纤机织行业排序中位居前列。由于公司在技术创新方面的工作得到了协会的认可，于2016年8月18日，中国纺织工业联合会、中国长丝织造协会联合授予厦门东纶股份有限公司“中国差异化锦纶面料精品生产基地”称号。公司成功荣获“中国差异化锦纶面料精品生产基地”的称号，充分展示了东纶多年来在生产经营差异化锦纶面料方面的软、硬实力。

公司产业链完整，注重产品研发创新。突出纺丝与织造产业链的前后配合，研发细旦、超细旦、异型截面、原液着色、生物基、多元组合等超薄、高密、差异化锦纶面料，具有较强的市场竞争力和附加值。研发费用占销售收入的比重达4%，先后获得七项实用新型专利及一项发明专利，产品“图形+东纶+DongLun 牌化纤坯布”和“图形+鷺寶+LUBAO 牌锦纶长丝”连续三届荣获“福建名牌产品”，获中国长丝织造协会“中国化纤面料名优精品金奖、精品奖”等。

公司近年来又不断加大投资，完善生产设备，扩大差异化锦纶面料的产业规模。公司现拥有国际一流的纺丝与织造技术装备，公司锦纶差异化原丝与面料的产能位居全国同行业前列：可生产细旦、超细旦锦纶、功能性、原液着色、生物基、多组分差异化等仿天然纤维的 FDY 长丝、DTY 加弹丝、ATY 空变丝，年产量达 5 万多吨；可生产高档商务、商务休闲、运动休闲、户外运动、羽绒服等多种面料，年产约 2.5 亿米。

公司不断强化市场调研与捕捉市场需求的能力，在差异化锦纶面料产品的设计、生产、监视与测量过程等方面，实施精细化与精准化管理，在面料的花样及品质等方面，尽量做到产销对路，满足市场需求，确保产品在市场的口碑与地位，做到人无我有、人有我优，不断提升产品的附加值和市场占有率。

3. 中国化纤长丝塔夫绸面料精品生产基地

淄博邑山织造有限公司为邑山集团有限公司纺织产业的骨干企业。集团公司拥有意大利、德国进口涤纶长丝生产线 24 条，年产各类细旦、超细旦涤纶长丝 10 万吨；拥有瑞士进口的世界最先进的单线产量最高的第一条新型聚酯切片生产线，年产聚酯切片 23 万吨；拥有德国进口的世界最先进的短纤维生产线 3 条，年产短纤维 15 万吨。

淄博邑山织造有限公司拥有日本进口的世界第一品牌津田驹喷水织机 4000 台，年产塔夫绸等化纤长丝面料 6 亿米。作为全国第一家大规模引进喷水织机企业，已连续生产 10 年以上，塔夫绸系列合纤长丝织物市场销售率全国第一位。

公司一手抓管理，一手抓市场，坚持两手抓、两手硬。大力推行精细化管理模式，狠抓车间管理、成本分析，原材料、机物料消耗、各种能源消耗的算账控制，不断研发新产品，产品质量稳步提高，在纺织品市场上占有一席之地。在保持现有生产水平的基础上稳中求进，在新产品开发生产上下大力气，培育新的经济增长点，形成新的产业链。同时以强化营销创新和管理创新为动力，构建规范、高效的营销管理体系，打造科学的营销管理平台，进一步规范和提升营销队伍整体素质，在规范的基础上进行创新，以创新的内驱力推动企业稳定持续发展。

获得精品面料生产基地荣誉后，公司更加注重产品质量和品牌建设，以品牌和质量决胜市场。如新研发的20D锦纶织物具有时尚感、超轻薄、超柔软特性，织物高密轻薄，手感细腻，柔软舒适，色泽亮丽。具有防水性，透气性，防绒性好的特点，适用于无胆高档羽绒服，及其他户外运休闲产品。研发的30D高密超细涤丝纺，应用“环保型”染色之后再深加工，面料色泽油光、亮丽，手感细腻、柔软，有真丝般的滑爽，且防水防绒性好，具有很好的滑爽度和柔软度等特点，在欧洲国家享有“纳米”面料美称，是当前流行的时尚元素。75D再生绸是国家倡导扶持项目，符合国家环保循环再利用的要求，布料手感细腻，质地柔软，具有易洗快干，吸湿性好，透气性好，抗撕裂、保暖、耐老化、耐摩擦，色泽鲜艳光滑，不易褪色，不易发霉，也不会虫蛀，风格新颖等特点。

4. 中国超细纤维面料精品生产基地

江苏聚杰微纤科技集团股份有限公司是专业研发、生产、销售超细纤维系列面料及相关制成品的全产业链配套的小型集团企业。旗下拥有控股子公司吴江市聚杰微纤染整有限公司、吴江市聚杰微纤服装有限公司、吴江市无尘洁净纺织品有限公司、吴江市聚杰微纤进出口有限公司等四家子公司，拥有超细纤维专业的面料织造、染整、服装、洁净布、进出口贸易于一体的完整产业链。

聚杰集团自成立以来，在色彩缤纷的纺织海洋中，始终瞄准超细纤维系列面料的产品定位，潜心走专业化、特色化、品牌化的经营之路，经过多年来对超细纤维面料的生产、品种、材料及工艺等的潜心研究，形成了自成一体的超细纤维面料独特的生产工艺和技术标准，由于超细纤维面料属于高档的仿皮类面料，高档的品质出自科学的后整理生产工艺，集团配备了完整的专业生产线，使产品外观质量和内在品质均达到符合国际领先水准，得到国内外著名买家的认可和好评。年生产高档超细纤维面料成品产量3000万米的生产能力，由于公司注重的是产品品质，所有销售的产品均系承接成品面料定单，不销售经营坯布及半成品，不寻求产量扩张，因此质量创优，做精做专，品质提升是公司的唯一宗旨，达到业内在超细纤维面料领域的标志性生产企业和细分行业的龙头。

5. 中国化纤时尚女装面料精品生产基地

苏州楚星时尚纺织集团股份有限公司（简称楚星集团）创建于1996年，总部北京，是一家集流行趋势发布、产品研发、加工生产、销售服务为一体的高端里布及化纤面料专业供应商，旗下拥有“楚星里布”和“鼎帛面料”两大产品品牌。2013年被中国纺织工业联合会授予“国家里布产品开发基地”称号，是“苏州市总部企业”，中国纺织工业企业管理协会（中国纺织企业家联合会）、中国流行色协会及东华大学理事单位。鼎帛面料自2012年启动以来，经过五年的不断努力，正以强劲的态势蓬勃发展。鼎帛面料曾荣获2013~2014年中国色彩趋势研究大奖、2013~2015 年中国国际面料设计大赛入围企业、2016 年中国国际面料设计大赛最佳科技创新奖和优秀奖、2016 年全国长丝面料名优精品金奖、中国流行面料称号、中国化纤时尚女装面料精品生产基地称号。

鼎帛致力于研发精品时尚流行面料，主营梭织类涤纶仿真丝、功能性涤纶新材质。面料适用于中淑/少淑品牌的春夏-秋季的衬衫、TOP、连衣裙等品类。其中重点研制推出的新型材质“蔻绮”系列面料，以时尚的外观及优良的服用功能性能赢得客户好评。同时，鼎帛拥有独立的花型设计团队，为品牌客户提供印花企划、花型设计等服务。

目前，楚星集团已和国内外 1500 多家服装品牌和加工企业保持长期合作，是许多大型知名品牌公司的战略合作伙伴。在迅速发展的中国服装市场，赢得了客户广泛信赖和市场尊重。

6. **中国功能性整理面料精品生产基地**

吴江市汉塔纺织整理有限公司是一家以高端户外功能性面料后整理（光/温变涂层、蓄/反光涂层、微米级涂层、高透通性涂层、功能性涂层、轧光/轧花、水洗/空气洗、裱处、烫金等）的设计、研发、生产为主的高科技型企业，拥有韩国、中国台湾的涂层机，德国、日本、韩国、中国台湾的压光机 25 台，涂层机 13 台，意大利空洗机 1 台、德国发泡机 2 台，国内高标准辊涂机 1 台、水洗机 3 台、烫金机 4 台、多套色印花机 1 台。同时建有企业研发中心和检测中心，配备了阻燃、空透、防水、透湿、水压、强度、撕裂、防绒、甲醛、色牢度、水洗牢度等精密检测设备可以为纺织服装、家纺、产业用等行业提供独特、优质、一站式的纺织面料后整理服务。

公司领导非常重视产品研发创新，董事长亲自参与新产品研发，拥有包括名校教授、日本、韩国、中国台湾高级技术顾问在内的 20 多名技术专家组成的研发团队，技术研发实力雄厚。与山东齐鲁大学、东华大学建立了产学研合作关系。产品创新的动力，来源于国际、国内市场消费者的需求提升，来源于企业自身做大做强、成为行业冠军的强烈愿望，通过对战略决策机制的改革、战略管理层次的企划，战略模式的选择等，以创新让企业的战略决策制定变得更加高效和科学，适应企业的规模化扩张。

产品研发创新是企业应对市场机遇与挑战、内部资源优化整合所进行的全面的、前瞻性的思考和认识，也是对企业整体发展企划做出的深思熟虑的决定。产品研发创新企划能避免企业临时地、盲目地开发一些没有市场价值的产品，而忽视了那些真正能够提升市场竞争力产品的机会，指引产品开发的方向和路标。使企业新产品不断推陈出新，以满足市场的需求。公司坚持开放式创新，把技术引进与消化更好地结合起来。鼓励以重大项目为纽带，建立多种形式的产学研合作机制，着力优化人才结构，健全人才选拔、评价、考核和奖惩制度。每年投入的研发经费占销售收入的5%，年新产品销售收入占总销售收入的60%以上。

公司研发的高端功能性面料具有防水透湿、防风、防寒、防钻绒、抗静电、抗紫外线、抗菌防污、免烫、阻燃、耐磨等性能，虽经过涂层整理，但仍保留产品原有的柔软、舒适、透气等特性，是各类时装、户外、防寒、运动休闲等首选面料。通过汉塔整理的功能性面料，有效地提升了产品的附加值。

7. 中国仿真丝女装面料精品生产基地

嘉兴市荣祥喷织有限公司位于“丝绸之府”嘉兴市秀洲区王江泾镇富民开发区，是一家集织造、贸易于一体的民营企业，以专业生产化纤仿真丝面料、仿麻、仿毛面料为主，设有三个生产型分公司和两个贸易型分公司。公司在技术创新方面的工作，得到了中国纺织工业联合会和中国长丝织造协会的认可，于2016年联合授予了嘉兴市荣祥喷织有限公司“中国仿真丝女装面料精品生产基地”的荣誉称号。

公示拥有日本丰田宽幅喷气织机192台、国产宽幅喷水织机802台、整浆并设备20余台套、高速络筒和倍捻设备600余台套等先进设备，年产各类长丝织物8000万米。近几年获得当地工业龙头企业，并多次被评为中国长丝面料名优精品金奖/精品奖/入围奖，2013～2015年获得当地外贸自营出口先进企业，多次获得工业投入先进企业、引进设备先进企业、重合同守信用单位和信用企业等荣誉称号。

公司非常重视质量管理，建立了一整套生产技术管理体系，制定了各工序管理岗位职责，对管理干部进行了高层次系统培训。已通过了ISO－9001（2000）质量管理体系认证，所有产品均符合GB 18401—2010国家纺织产品基本安全技术规范并通过MTL、SGS、ITS等国际标准的检测，符合环保要求。

公司主动贴近市场流行趋势、紧跟服装品牌客户需求、把握面料差别化功能性变化方向，坚持“从市场到原料，从技术到工艺”的研发思路，将面料开发贯穿到采购、生产、销售的每个环节。研发人员专注于各种新材料、新技术的研发与运用、积极进行新产品的开发和设计，及时掌握各季流行趋势；同时，结合产业链优势，利用自身对市场需求的敏感性以及与客户面对面的沟通，将掌握的市场及客户需求信息及时整合。通过差别化涤纶、假捻丝、氨纶丝等新纤维材料的应用、产品设计和工艺技术提升研发新产品。设计开发了格子雪纺、色丁、双层四面弹、锦纶四面弹、雪绒、乱麻、假捻绒和仿记忆等系列面料，在国内以及国际市场上取得优异的销售成绩。

公司积极响应国家“节能减排”的号召，所有车间均安装了水帘负压风机空调系统，保证车间温湿度，提高产品质量和效率，改善了员工的工作环境。车间照明系统均安装了 LED 节能灯，同时改造倍捻机配套电机，年节约电费 260 多万元。

8. **中国高档仿真丝面料精品生产基地**

江苏聚润纺织科技有限公司于 2011 年 3 月工商注册成立，地址位于江苏省宿迁市泗阳县经济开发区北京东路 115 号，主营业务内容：棉纺织品研发、生产、加工、销售；差别化纤维、高档仿真丝面料（不含水洗、染整工序）生产、销售等。2015 年获宿迁市“511”工程优秀企业称号，2016 年公司被中国纺织工业联合会和中国长丝织造协会联合授予了“中国高档仿真丝面料精品生产基地”的荣誉称号。

作为一家新成立的纺织企业，聚润公司发展迅速，经过短短五年的快速发展，目前已经成长为一家占地 18 万平方米，拥有职工 800 多人，年销售收入超 2 亿元的中型纺织企业。

聚润纺织建成生产车间 6 栋，配套设备：喷水织机 1200 台、倍捻机 850 台、整浆并 3 套、假捻机 80 台、氨纶包覆机 6 台、分条整经机 21 台以及其他相关配套设备，年产各类长丝织物 1 亿米以上。公司从设备基础上具备了生产各类高档品种的条件，也在一定程度上实现产品的规模化生产。

我公司积极响应国家绿色环保、节能减排的政策号召，且充分考虑纺织企业主要生产设备能耗偏高，实施电机系统节能改造的潜力巨大，陆续投入 400 万元，对公司的污水处理设备进行改扩建，基本达到废水零排放，有效实现资源的充分利用，改造后年节水量约 200 万吨。并针对倍捻机、喷水织机的老旧电动机进行节能改造，改造后年节电量约 500 万千瓦·时，大大降低了公司能耗成本，增强产品的竞争力，公司于 2015 年已顺利通过江苏省清洁生产审核验收。

随着市场竞争的不断加剧，公司非常重视质量管理，建立了一整套生产技术管理体系，制定了各工序管理岗位职责，公司更意识到人才培养对公司发展的至关重要，2015 年和杭州五力企业管理咨询有限公司达成员工管理培训协议，针对公司车间管理以上人员，实施全覆盖式 3Q7S 管理体系的培训，不断提升公司员工的生产管理水平。

公司通过设备的不断更新，工艺流程的日益完善，在差别化涤纶、假捻丝、氨纶丝等新纤维材料的应用、产品设计和高强捻工艺技术配合下研发新产品。

设计开发了泡泡格、雪纺绉、树皮绉、仿竹节麻等系列强捻面料，产品质量高，在仿真丝领域具有领先优势。

公司注重技术创新，与嘉兴学院达成了产学研合作关系，组建了一支专业的研发技术团队，研发经费占销售收入的1.5%，新开发产品销售收入占总销售收入的40%以上，产品主要销往福建、广东、柯桥、绍兴等纺织市场，在业内知口碑良好，有稳定的客户群体。

9. 中国多纤维高弹时装面料精品生产基地

吴江广宇纺织有限公司位于中国最具影响力的“丝绸古镇、纺织名城、面料之都”的苏州·盛泽。公司成立于1998年，外商独资企业，注册资本1250万美元，员工600余人。年销售额：4.5亿元。外贸交易额为1200万美金，年产服装面料4500万米，外贸服装60万件。公司拥有世界上最先进的纺织前道设备和津田驹织机，史陶比尔大提花龙头设备等，公司集面料生产及研发、服装制作、国内国际贸易为一体的综合性纺织企业。企业通过ISO 9001-2000质量管理体系认证，清洁能源生产企业。

公司以订单定产能的生产模式，主要以生产多纤维高弹、高密，超细旦纤维的面料为主。人丝、天丝面料质量在同行业中处于领先水平，成为国际知名品牌如优衣库、ZARA、H&M、CK的主要面料供应商。公司自己生产的服装主要出口欧美及俄罗斯市场。

公司注重“产、学、研”三元化发展，积极与国内知名纺织学院展开密切合作，每季都有30多个新品面料推向市场。产品的创造性、品质性位于国内领先，连续多年获得“中国流行面料”优秀奖、金奖，中国长丝织造协会颁发的中国化纤面料精品金奖。2016年5月获得中国纺织工业联合会、中国长丝织造协会联合授予的“中国多纤维高弹时装面料”精品生产基地。

公司最近新成立了先进的面料检测中心、原料检测中心。公司先后获得国家专利局颁发的“国家新型发明专利”5项，“广宇纺织”经国家商标注册成为苏州市名牌。

10. 中国化纤长丝仿真丝面料精品生产基地

嘉兴市鸣业纺织有限公司是在嘉兴市鸣春纺织有限公司的基础上建立起来的一家拥有自营进出口权的新型民营企业，公司位于丝绸之府、国家历史文化名城嘉兴，办公地址嘉兴市秀洲区王江泾丝织工业园距杭州、上海约100千米，西接07省道，东临京杭大运河，地理位置优越，交通十分方便。

公司产品以假捻类和缎面类的仿真丝面料为主，主要有假捻四面弹系列、假捻花瑶绉系列、缎纹系列、常规雪纺系、假捻斜纹系列和绉花缎系列等几类。

生产的仿真丝女装面料具有轻、薄、柔顺等特点，深受广大客户喜爱，特别适合做春夏装主料及秋冬装的配料，在国内以及国际市场上取得优异销售成绩。2012 年嘉兴鸣业纺织被中国长丝织造协会授予“中国化纤长丝仿真丝面料精品生产基地”称号。

公司成立二十年来始终遵循“诚信之道、以质取胜”的原则，始终坚持脚踏实地、用心制造、科学管理的经营发展理念，本着“客户第一，服务至上”的宗旨不断强化服务意识和服务技能，追求服务专业化、标准化和多元化，以产品质量切实保障优质服务，从而塑造诚信扎实的“鸣业纺织”企业形象。

鸣业纺织以“再造竞争优势、科学发展上水平”为指导思想，进一步优化企业内部组织机构，组织架构的调整既考虑了企业运作成本，信息流管理等方面，也考虑了企业经营战略实施需要，进行了部门重组。在公司层面设立供销中心、生产中心、管理中心，突出专业化分工和资源整合，同时对各部门职能进行了详细的规划，使各部门的工作明确化，部门间的配合性、互动性与制约性流程化、具体化。根据部门职能，将各部门的工作分解至每个岗位上，形成岗位职责说明书，以达成“人人有事做，事事有人做”的局面。

创新为企业提供了新的机遇，提升了企业的核心竞争力与长远竞争力。鸣业纺织历来重视科技创新，坚持品质第一、产品安全、绿色发展的研发方向，精心打造具有自主知识产权的核心产品，公司被王江泾镇政府多次评为“科技创新先进企业”。鸣业纺织时刻关注市场动态，根据市场与客户需求不断优化产品结构与开发新型产品，始终确保公司产品处于同行业及市场前列，公司自主研发的多款新型产品近年来在国内面料设计比赛中获得赞赏与认可。

11. **中国长丝交织弹力织物精品生产基地**

浙江元丰纺织股份有限公司是一家专业从事纺织品、服装生产和销售的私营企业。公司位于中国织造名镇——王江泾镇，企业建厂伊始就坚持“技术领先，质量第一”的宗旨，一直注重新产品的开发研究。公司在技术创新方面的工作，得到了中国纺织工业联合会和中国长丝织造协会的认可，于 2016 年授予了“中国长丝交织弹力织物精品生产基地”的荣誉称号。

企业拥有日本丰田高档喷气织机 800 台（其中多臂喷气织机 108 台）、日本丰田整浆并 5 套、倍捻机 100 台、分条整经机 5 台、络筒机 12 台以及其他配套设备，具有年产 1.8 亿米各类混纺织物的生产能力。企业多次荣获中国纺织服装竞争力 500 强，中国长丝织造行业竞争力 10 强，中国长丝织造行业经济效益 50 强，浙江省 AAA 信誉企业称号，是浙江省重点立项发展企业。公司主要经营：锦棉弹力、棉锦弹力、天丝莫代尔交织坯布，以及超细四面弹、全棉四面弹、时尚休闲薄料等中高档类面料。由于产品新、质量优，目前企业产品销往全国各地，并出口到美国、德国、巴西等国外市场，外销金额逐年提升，去年出口创汇720万美元，产品供销势头良好，经济效益明显。

面料是最具有时尚性的，创新、不断推出新产品迎合市场需求，是企业生存的基石。公司一直重视这方面的工作。设立自己的产品开发部，并同浙江理工大学、嘉兴学院开展产学研合作。在面料款式设计、新材料运用方面提高自己定位和设计能力，创出自己的牌子。在市场中占有较强的竞争力，同时每年根据不同季节推出适时新品，每月基本在40款左右，全年开发新品种400多款，有效地迎合了客户的需求，提升了公司的利润空间，也提升了市场占有率。公司这两年每年都有几款品种被评为全国长丝面料名优精品金奖和精品奖，极大地提高了该类产品公司的知名度。在加强技术创新的同时，公司积极推进企业的节能降耗工作，加强工业用水的循环利用，通过加装喷气节能装置，收到了良好的经济效益。

12. 中国环保时装面料精品生产基地

吴江汉通纺织有限公司，创办于1999年，坐落在“日出万绸、衣被天下”的著名绸都盛泽镇，是无梭织物专业生产厂家之一。工厂拥有日本津田驹整、浆、并前道设备，智能分条整经设备，超喂罗拉倍捻设备，引进喷水织机及日本丰田喷气多臂织机。日产量达十多万米。专业生产各类高档时装、女装、衬衫面料和休闲、环保类面料等。

公司主导产品有：经向2.22/3.33tex（20旦/30旦）单孔锦纶/涤纶丝与天丝/亚麻/苎麻/莫代尔/竹纤维/全棉/人棉等各种环保原料交织面料系列，天丝系列、亚麻系列、人丝棉系列、金属丝面料系列、锦棉/棉锦布系列、锦粘/涤粘布系列、涤棉布系列、各类提花、弹力面料、加捻仿真丝系列、抗静电面料系列、麂皮绒系列、春亚纺系列、桃皮绒系列等。产品销往全国各省、市、自治区，并远销海外。

全球经济一体化是世界经济的主体格局，公司的目标不仅限于国内巨大的市场，更着眼于国际市场。从2005年公司参加美国纽约国际时装面料博览会开始，公司多次参加法国、越南、日本、俄罗斯等国外时装面料博览会。使公司产品走出国门面向国际市场，以合理的性价比及优良的品质，使产品迅速占领国际市场，让更多的外国客商都认识“汉通”，并主动与公司进行多次交流商讨。目前公司的产品已得到了诸多国外客商的认可及好评。

公司针对客户，每个季度都会进行抽样调查，并对部分客户采取上门访问的形式，做好客户满意度调查，了解客户需求，征求客户意见，完善服务制度。

对客户提出的要求不断进行改进，以达到提供最佳服务的目的公司一贯坚持以标准计量为基础，以产品质量为中心，坚持走质量效益型道路。注重质量管理，强化安全生产和特种设备安全运行。始终以先进的生产设备、完善的检测系统和严格的内控标准来保证产品的质量，配备多名专职检验管理人员。在满足产品性能的同时，提出更高的品质要求，质量达到国际先进水平。公司已获得"企业计量合格确认"证书，"企业计量保证确认"及 ISO 19001 质量管理体系正在运行，严格按照国际质量管理体系标准进行质量管理和控制。甄选合格供方、严格把住进料关和产品出厂关，使没有通过评价的供应商，不能进入供应系统；根据销售订单和市场预计，产生生产计划，生成"采购申请"，当供应商送货时通过品质部的检验合格方可通知"入库"，仓库生成"入库单"，供货商才能结算货款，把住原材料关；杜绝人为随意性，保证产品质量的稳定性。

13. **中国阻燃功能性窗帘面料精品生产基地**

如意屋家居有限公司从单一生产纺织面料到今天成长为集制造、染整、印花、缝制、进出口贸易于一体的纺织综合型企业，连续多年被评为中国纺织服装企业 500 强，公司致力于阻燃及功能性窗帘面料的开发与应用，年生产各类高档窗帘面料 4000 余万米，年可加工成品窗帘 350 万套，定制窗帘 75 万套，产品一半以上出口日本、欧美等多个国家和地区。面对 2015 年劳动力成本增长，整体外贸下行的不利形势，公司外贸销售总额还是达到了 2500 万美元。今年如意屋家居是知名的中国阻燃功能性家居产品开发基地，公司以独有的创新开发优势为基石，解除国内消费者对家居产品无处安心可购的烦恼，如意屋做的更是一种信誉，被社会团体广泛肯定，一种承诺，一种责任。

如意屋家居通过技术创新、开拓功能性产品、创新研发等多项措施，不断增强综合实力。而今，已经拥有完整的研发与织造、染整、印花、缝制、进出口贸易和品牌运为一体的产业链，是国内产业链完整的阻燃功能性窗帘面料制造企业。拥有中国台湾引春喷水织机、日本津田驹喷气织机（其中大提花织机 22 台）、津田驹整浆并及先进的染整和缝纫设备，自主研发生产了阻燃、隔热、保温、防紫外、防污、抗菌、抗静电和单向透视等新型功能性窗帘面料，产品多次获得中国长丝织造协会"名优精品金奖"、中国流行面料入围奖等荣誉称号，研究的"丝涤交织"技术课题，在 2015 年成功取得专利，对于每月的花型设计也成功注册了花型专利，并得到了江苏省名牌战略推进委员会的认可，荣获"江苏名牌产品"，公司成功将功能与外观完美结合的阻燃遮光大提花系列成功推出市场。

如意屋家居在内部建立正确工作行为和目标成果评价尺度，引导和激励员工承担工作职责，彻底消除等吃“大锅饭”心态，在企业中形成“良性竞争，激发潜力”的工作氛围，让公司经营目标和部门职责能够有效落实个人的日常行为，从而确保公司高效实现管理战略的规划。质量管理理念的更新和全新质量管理模式的推行和实施，有力地保证公司质量管理体系畅通运行和高效实施，使公司产品质量得到保证和升级。质量管理硬件投入方面：产品出厂检验是保证产品质量的关键控制环节，为此公司对化验室斥资进行了重新规划，从日本引进具有一定先进水平检验、检测设备仪器，有力保证了产品出厂检验质量合格率达到99%。公司将再接再厉，乘风破浪、不断创新、不断超越、捍卫“如意屋”品牌产品。

14. 中国超细锦纶面料精品生产基地

安徽省冠盛纺织科技有限公司是一家集整经、上浆、并轴、织造和销售为一体的超细尼龙面料生产企业。拥有日本津田驹和韩国产整浆并设备4套、智能分条整经机4台、倍捻机160台、日本津田驹和上海引春喷水织机1000台、配套多臂龙头150台等国内外先进纺织设备。年产各种化纤织物9000余万米，其中70%以上为超细尼龙面料，产品主要销往欧美、东南亚等地区，先后三次荣获“全市十佳外贸企业”荣誉称号。

企业重视科技队伍建设和产品研发创新。企业拥有一支高素质、高学历的研发团队。企业拥有纱线强力仪、织物强力仪等实验检测仪器。制定了《研发中心管理制度》等相关制度文件，完善了科技团队管理办法、科技创新管理办法等。2016年企业科技研发投入占企业销售收入3%以上。企业使用0.78tex（7旦）、1.11tex（10旦）等超细旦尼龙丝、异形截面丝为原料，生产超细尼龙类、运动休闲类、形态记忆类、仿真丝类、新型功能类等600余个品种。先后获得中国纺织工业联合会“中国流行面料入围企业”、安徽省“专精特新中小企业”等荣誉称号，获得两项“商标注册证”。

企业重视技术创新。企业与陕西工业职业技术学院等院校合作，攻克了织造过程中的抗静电、起毛等多项难题，织造效率达95%以上。先后进行了“喷水织机多臂龙头纹板的设置结构改进”“仿针织布外观的组织结构的织造方法创新”和“分条整经与浆丝机的衔接装置”等多项技术研发创新。获得15项国家专利，其中发明专利6项。主导起草了“化纤长丝形态记忆织物”行业标准的编制。

企业注重生产管理和节能减排。企业实施了“6S”现场管理体系，分别通过了ISO 9001质量管理体系认证和ISO 14001环境管理体系认证。企业建有污水处理装置，实现了减少污水排放、节约水资源和保护环境的目的。

15. 中国超细高密户外面料精品生产基地

吴江市晨龙新升纺织品有限公司，坐落于中国绸都盛泽，主要生产超细高密户外面料，在技术创新方面的工作得到了中国长丝织造协会的认可，2016 年被中国纺织工业联合会和中国长丝织造协会授予“中国超细高密户外面料精品生产基地”荣誉称号。

该公司于 1998 年创办，总投资 3.98 亿元，是一家集织造、贸易于一体的民营企业，以织造为核心、以贸易为龙头、以科技为依据，逐步实现从初加工到深加工生产的规模型企业。公司现占地面积 100 亩，并引进日本先进津田驹近 500 台，进口前道设备线 3 条。现有员工近 180 人，外贸和专业技术人员共 20 余人。

公司要长远发展，产品质量必须过硬。在质量管理与控制体系建设方面，晨龙新升纺织品有限公司已通过了 ISO-9001（2000）质量管理体系认证，所生产的各类产品均可通过 MTL、SGS、ITS 等国际标准的检测，产品全部符合环保要求。产品远销日本、欧美等发达国家，出口量占年销售总额的 70%左右，由于专业技术和周到的服务，该公司已经定点与国内外多家知名服装集团和进出口公司保持长期稳定的合作关系。

品牌建设对企业的成功和赢利有着决定性的影响，注重市场推广是一个企业成功发展的重要推手。因此，晨龙新升纺织品有限公司从 2012 年开始，先后取得了 14 项实用新型专利，4 项发明专利也正在申报当中，2013 年，苏州市科技局把该公司列入了 2013 年度科技发展计划，设立了“苏州市面料织造与后处理工程技术研究中心”，同年，向江苏省科技厅申报涤纶阻燃面料、降落伞面料、户外运动面料等多个高新技术产品，在 2014 年 7 月，凭借着公司近 3 年的良好销售业绩和完整的相关配套软硬件设施支撑，被评为“中国高新技术后备企业”。凭借着良好的商业信誉，该公司先后被有关单位授予了众多荣誉称号：中国高新技术企业、国家超细高密户外运动面料开发基地、中国流行面料吊牌会员单位、中华人民共和国商务部盛泽指数定点采集点、2008~2011 年度质量管理示范单位、全国质量稳定信誉保证企业、中国流行面料入围企业、中国流行面料供应商、重合同守信用企业、诚信经营文明服务“双优”先进企业、苏州市名牌产品。

16. 中国新型弹力时装面料精品生产基地

嘉兴市宏亮纺织有限公司该公司是一家专业生产化纤时装面料的规上工业龙头企业，占地面积 13000 多平方米，拥有国内先进的多臂双喷喷水织机 251 台、史陶比尔自动穿经机 1 台、倍捻机 200 余台、络丝机 18 台、分条整经机 6

台，加捻产品生产流水线完整。年产各类雪纺、乱麻、佐积麻等强捻和弹力产品 2100 多万米，产品远销欧美、东南亚等国家及地区。

公司重视技术创新，荣获中国长丝织造协会科技创新奖，是长丝织造协会经济效益 50 强企业。连续多年参加国内知名面料展览会以及法国巴黎国际面料展，提高了公司在国内和国际面料市场上的知名度。建有宏亮公司的官方网站，并获海外供应商“法国巴黎国际面料展”供应商大会优秀奖。

公司注重产品研发，与嘉兴学院建立了长期的产学研合作关系，设立了产品研发中心，自主研发生产了弹力系列、强捻系列和异面麻系列等新型时装面料，深受客户青睐。其中，“泡泡格”产品荣获 2016 年度中国化纤面料名优精品金奖，被嘉兴市消费者维护权益研究会评为承诺诚信消费示范单位等。

公司注重质量、成本和能源管理，形成了一套完整的生产操作、工艺管理和质量检验规范体系，具备生产新型弹力时装面料的实力。对倍捻机进行节能改造，成效显著；建有污水处理系统，实现中水回用。

17. 中国涤纶长丝家纺面料精品生产基地

四海伟业集团是一家集研发、设计、织造、染色、印花、整理于一体的大型家纺面料企业。公司产品覆盖国内大部分地区，并与罗莱、富安娜、水星、远梦等一批国内最具实力和知名度的品牌企业建立了良好的战略合作伙伴关系，近 50%产品出口到美国、东南亚、中东、南美和东欧等地。

四海伟业集团下辖江苏四海伟业纺织科技有限公司（江苏奥立比亚纺织有限公司）、广东四海伟业纺织科技有限公司。江苏四海伟业纺织科技有限公司（江苏奥立比亚纺织有限公司）成立于 2012 年，公司位于江苏泗阳经济开发区内，占地 505 亩。一期厂区已于 2014 年正式投产，现有 5 条特宽幅印花生产线，年生产能力 1.2 亿米家纺面料。公司主要供应化纤类高档家纺面料，包括功能性整理面料、被芯面料和件套面料三大品种系列共计 2000 多种花型，广泛应用于家纺行业。

江苏四海伟业纺织科技有限公司规划面积近 20 万平方米，累计总投资超过 5 亿元，年设计生产能力达 6.0 亿米家纺面料。公司致力于整合产业链上下游，实现优势互补、强强联合，目标是打造具有国际影响力的中国家纺产业园。

广东四海伟业纺织科技有限公司坐落于广州市白云区钟落潭镇马沥工业园，距广州新白云国际机场 30min 车程。公司成立于 2007 年，占地近 50 亩，现有 3 条宽幅印花生产线，年生产能力 0.5 亿米家纺面料，产品畅销世界各地。

四海伟业集团始终坚持以市场为导向，以客户为中心的经营原则，在全球范围内围绕有价值的客户群，建立并发展着互惠互利的良好合作关系。

18. **中国生态家纺面料精品生产基地**

浙江欧莱尔纺织科技股份有限公司是一家专业从事涤纶长丝加弹、织造、印染和家纺床品研发、生产、销售的国家级高新技术企业。拥有加弹机 3 组、喷水织机 270 台、分条整经机 6 套及先进的高温高压染色机 32 台、定型机 7 台、缝纫机 120 台、绗缝机 6 台等先进设备，形成了加弹、织造、印染、家纺一体化的完整产业链生产线，年生产加工家纺面料达 1.1 亿米以上。产品远销欧洲、美国、日本、韩国、南非及中东等十多个国家及地区。

公司重视技术创新，注重品牌培育。2016 年荣获国家级高新技术企业称号，“诚鑫”商标于 2012 年被评为湖州市著名商标，企业先后被评为浙江省科技型企业、湖州市重点骨干企业、湖州市诚信民营企业、湖州市劳动保障诚信星级企业、长兴县重点工业企业、长兴县科技型企业、长兴县诚信民营企业、长兴县节能降耗先进单位、长兴县引工留工示范企业。

公司注重产品研发，建有教授博士柔性工作站、中国科协创新驱动助力工程学会服务站、全国化纤织物染整技术研发中心及行业内领先的纺织面料物理检测实验室，与东华大学、常州大学等院校建立了长期产、学、研合作关系，拥有国家授权专利 25 件，自主研发生产了涤纶长丝仿棉、植物香薰型等家纺产品。

公司注重质量、成本和环境管理，企业生产建有一套完善的管理制度，通过了 GB/T 19001—2008/ISO 9001：2008 质量管理体系和 ISO 14001：2004 GB/T 24001—2004 环境管理体系认证，喷水织机生产废水经处理后中水回用实现零排放，产品通过 OEKO-TEXStandard100 认证。

19. **中国涤锦灯芯绒面料精品生产基地**

吴江市春业织造有限公司是一家专业的涤锦灯芯绒面料生产企业，拥有吴江市海华纺织有限公司和苏州市海梓纺织有限公司等多家子公司，形成完整的涤锦灯芯绒产品研发、加弹、织造、割绒等加工产业链。拥有进口日本津田驹三喷喷水织机 72 台（配套史陶比尔多臂）、国产双喷喷水织机 84 台、加弹机 2 组、分条整经机 1 台、割绒机 24 台及污水处理设备 1 套，年产面料 1500 万米，其中功能性高档面料 200 万米。

公司重视技术创新，注重品牌培育。企业连续 3 年获行业颁发的“灯芯绒实力供应商”称号、连续 5 年获地方政府颁发的“纳税百强企业”，并被中国人民银行南京分行确认的资信评估机构颁发“AAA 资信等级”证书。

公司注重产品研发，聘请中国台湾技术专家指导产品研发，自主研发生产的产品，品种数量位居行业同类产品前茅，品质具有绒感丰满柔软、光泽柔和均匀、布面厚实耐磨、绒条清晰圆润、花色立体感强等特点，产品通过外贸公司出口到欧美中东、澳大利亚等国家和地区，深受市场客户好评。

公司注重质量、成本管理和环境保护，企业建有ERP质量管理体系，实时监控产品生产过程；拥有从原料到坯布、成品各环节的质量检验检测手段，确保产品质量合格；建有污水处理系统，实现污水零排放。

20. **中国创新时尚服装面料精品生产基地**

吴江新腾巨织造有限公司是一家专业从事创新产品研发生产销售的企业。拥有倍捻机328台、假捻机110台、电子多臂喷水织机780台、电子多臂喷气织机58台、电子分条整经机8套、日本津田驹整浆并设备2套，年生产加工化纤时装面料1亿米。产品远销欧洲、美国、日本、韩国、南非及中东等国家和地区。

公司重视技术管理建设，先后获得“质量信誉先进单位”、信用等级AAA、重合同守信用企业、文明诚信经营户、2015年度苏州地区“示范企业”等荣誉称号。每年组织各类技术操作和管理培训、提升企业员工整体素质和创新能力。

公司注重产品创新研发，申请国家专利1件，自主研发生产了双层免缝防钻绒面料、双层假捻雪纺、假捻色丁、小提花顺纡绉、复合丝乱麻、多丽丝乱格、天丝竹节、仿兔毛等时装面料产品，产品创新能力强，引领市场面料新品潮流。

公司注重质量和环境管理，公司采用国内外先进技术、工艺和科学管理，技术力量雄厚，设备先进，对产品质量层层把关。公司喷水织机废水集中处理，符合环保要求。

21. **中国CEY功能面料精品生产基地**

江苏力帛纺织有限公司是一家专业的CEY功能面料生产企业，拥有国际先进的整套织造设备，包括日本津田驹和国产喷水织机共700台、配套史陶比尔多臂400台，倍捻机600台，假捻机300台、分条整经机14台，精密络丝机65台，倒筒机32台，定形机4台。

公司重视技术创新，拥有宿迁市（力帛）化纤面料工程技术研究中心和宿迁市企业技术中心，企业先后获得“江苏省优秀企业”“江苏省民营科技企业”“江苏省科技型企业”“江苏省高新技术（后备）企业”“宿迁市转型发展优秀企业”“宿迁市五一劳动奖”“宿迁市巾帼科技创新示范基地”“宿迁市纺织服装行业协会副会长单位”等荣誉和称号，并获授权国家实用新型专利9件。

该公司注重产品研发，与苏州大学、江南大学等高校建立了长期的产学研合作，形成了一支高学历、高素质、创新能力强、经验丰富的研发团体，每年根据国际市场面料流行趋势，开发了珠地纹、假捻丝单面麻、仿棉平布和消光高弹佳丽纱等 CEY 系列功能面料，每年开发近百个新产品，新品的利润率达30%、销售额占销售总额的40%左右。公司近两年组织省级新产品鉴定8项，其中获江苏省高新技术产品6项，产品在纺织行业享有较高知名度，在国内时装面料市场具有引领作用。

公司注重质量管理和节能减排，坚持走质量效益型道路，制定了企业质量管理八项原则，现场管理良好。先后通过了 ISO 9001 质量管理体系认证、ISO 14001 环境管理体系认证，企业产品的生产过程采用条形码识别，实现产品质量智能化管理，确保产品质量。公司自建污水处理站，经处理的废水达标排放进入管网，并通过倍捻机的永磁电机改造、假捻机的更新换代，达到节能、降耗、减污、增效目的。

22. **中国涤纶长丝牛津布精品生产基地**

吴江市坛丘白龙桥喷织厂是一家集涤纶长丝整经、上浆、并轴、织造和销售为一体的涤纶长丝牛津布生产加工企业。拥有日本丰田喷水织机100台、整浆并设备1套、呢毯后整理加工设备1套及涂层设备2套。企业生产牛津布等品种，主要用于箱包和家纺等，年产各种牛津布2100余万米。

企业重视产品研发和信息化建设。自主研发了古驰尼龙布、加强工业用布、提花牛津布、弹丝牛津布、空变丝等多个系列的牛津布产品，并通过 PU 涂层及印染等整理加工，增加了产品的品种花色。通过采用互联网+纺织模式，在阿里巴巴平台与外贸客户直接沟通采购信息，节省了信息传递成本，产品远销到越南、韩国、俄罗斯、欧洲等多个国家和地区，出口比例高达80%。

企业注重技术创新，产品质量高。主动与设备厂联合自主研发了喷水织机大卷装卷布装置，其容量相当于普通织机卷取量的10倍，既节省了人工成本，减少了布料浪费，又提升了产品质量。对部分坯布应用了呢毯整理，保证印花尺寸稳定性的同时，增强了产品平整度和手感丰满度，对产品质量有较大提升。

企业注重质量管理和环保。先后获得“牛津布实力供应商”“文明诚信经营户”“纳税大户”“3A 级信用等级”和“十大外贸出口大户”等荣誉称号。企业生产的废水严格按照规定排入管网，曾获得“节能减排先进企业”称号。

23. **中国超细纤维麂皮绒面料精品生产基地**

吴江市龙龙纺织有限公司是一家长期从事麂皮绒面料生产、销售的企业。拥有日本津田驹喷水织机24台、国产喷水织机376台及分条整经机等辅助设备，年产各类麂皮绒等面料4000多万米，产品主要用于服装、家纺、沙发、箱包等，并通过外贸公司出口东南亚和欧美等国家和地区。

公司重视技术创新，注重品牌培育。企业拥有谏邦注册商标，曾获苏州市人民政府授予的“AA级重合同守信用企业”“劳动关系和谐企业”“吴江百强企业”“中国流行面料入围企业”。

公司注重产品研发，自主研发生产了经向麂皮绒、纬向麂皮绒、双面麂皮绒、绣花麂皮绒、印花麂皮绒、轧花麂皮绒、烫金麂皮绒等系列面料，产品曾获得中国流行面料铜奖等荣誉称号。

公司注重质量、环保管理，通过ISO 9002质量体系认证，先后获得“质量管理体系认证证书”“企业产品执行标准证书”，生产污水严格按照规定排入管网，已通过地方政府清洁生产审核验收。

24. 中国化纤色织面料精品生产基地

吴江市盛泽明业丝织厂是一家专业生产化纤色织产品的企业。拥有进口津田驹喷水织机400台及配套史陶比尔多臂龙头42台、津田驹喷气织机50台、倍捻机200台、津田驹600型整浆并3套、分条整经机10套等先进设备，年产各类化纤色织面料3000余万米。产品供应国内诸多品牌并出口日本、韩国、欧美等国家和地区。

公司重视技术创新和品牌培育。拥有一支近20人的专业研发团队，配套色织小样机1台。织机设备大多为进口设备，先后通过多次设备技改，实现6喷、4喷等多色纬织造，形成规模生产，保证产品质量。新进口的全自动穿经机代替人工穿综穿筘，节省人工成本。曾获“中国东方丝绸市场文明诚信经营五星级单位”“2010年度提升企业整体竞争力先进单位”的称号。

公司注重产品研发。自主研发生产了色织记忆面料、色织棉感衬衫面料、色织条格面料、双面色织面料等系列产品，每年研发新产品300只以上，长期供应ZARA、优衣库、雅戈尔、报喜鸟等国际国内知名品牌。

公司注重质量和环保管理，建有一套完整产品质量检验管理体系，通过了ISO 9001：2008质量管理体系认证。产品质量长期稳定，客户满意度高。生产现场管理水平高，生产的废水严格按照规定并入管网，达到环保要求。

25. 中国化纤长丝大提花面料精品生产基地（布禄）

苏州布禄纺织科技有限公司（苏州辰鸣纺织科技有限公司），位于吴江盛泽镇南麻经济开发区，毗邻中国东方丝绸市场，是一家拥有自营进出口权的实体织造企业。公司旗下拥有多个生产加工基地。工厂总占地面积约达70000多平方米。逐步引进电子龙头大提花机、日本津田驹喷水机、法国斯道比尔多臂提花机、倍捻机和整浆并等先进设备。年产量约6000万米。公司已成为全国规模最大的大提花面料生产基地之一，是大提花面料行业的领头羊。

第八章　化纤仿毛技术

目前，棉、毛、麻、丝等天然纤维制成的织物其市场价值要远高于一般化纤织物，以化纤制成外观风格和内在使用效果接近于棉、毛、麻、丝等天然纤维织物，不仅可以提高化纤织物的附加值，而且还可以填补天然纤维因土地资源紧缺供应量逐年下降而市场需求却在不断增长而出现的空白，更体现了高新技术在纺织领域的应用。随着科学技术的不断进步，化纤仿真技术也在向着更贴近自然、超越自然，甚至具有生物体功能和智能方向发展。

天然纤维是自然界形成的，它们各自都有许多优良的品质：由棉纤维制成的纺织品具有优异的吸水、吸湿、保暖和拒污等性能，有“纤维之王”之称；由蚕丝制成的纺织品具有华丽的外观，光滑柔软的手感，良好的悬垂性、蓬松性和隔热保温性等性能，被誉为“纤维皇后”；羊毛则以其优良的吸湿、拒水、保暖和形变恢复等性能，成为高档服装和保暖围巾的首选。

根据天然纤维的优良特点，人们试图用人工的方法制备与天然纤维相似的纤维。早在 1743 年，法国化学家柳缪尔等人在观察桑蚕丝吐丝的秘密后，仿照蚕吐丝的进程用桑叶制出相似的纤维，但由于找不到溶解桑叶的溶剂而失败。直到 19 世纪 80 年代，法国科学家获得从硝酸纤维素抽取人造丝的专利，从此开始了再生纤维的发展史。随着工业技术的发展，尤其是有机合成化学和高分子合成化学工业的发展，以煤、石油、天然气为原料的合成纤维逐渐发展起来，为合成纤维模仿天然纤维成为现实的可能。在合成纤维的发展历程中，为模仿天然纤维，特别是对棉、毛、麻、丝的外观风格和内在功能的模仿做了大量的研究工作。如今，涤纶、锦纶和腈纶等合成纤维都可仿制天然纤维，从性价比来看，涤纶长丝的仿真更具优势，先后开发出来的仿真丝、仿毛、仿麻、仿棉以及仿皮革等仿真产品在市场广为流行，为美化人们的生活需要发挥着越来越重要的作用。本章重点介绍化纤仿毛技术，并突出涤纶长丝仿毛技术。

一、化纤仿毛发展概况

化纤仿毛是利用化学纤维模仿毛织物的风格特征生产化纤织物，从而达到以化纤替代羊毛的目的。

化纤仿毛的技术途径主要有两种，一种是模仿羊毛纤维的形态结构和性能，开发仿毛纤维；另一种是从织物的外观、风格和性能上模仿毛织物。目前单纯从纤维上模仿羊毛形态结构的手段难以获得满意的仿毛效果，也就是化学纤维在形态结构上完全模仿羊毛纤维的难度较大。目前主要是从织物风格特征和性能上模仿毛织物，不仅追求形似，更注重性能相似。

用化学纤维模仿毛织物的外观、风格、特征生产化纤织物是人们一直追求的目标。20世纪50年代，采用粘胶短纤维生产人造毛，到60年代开发了羊毛/涤纶短纤维混纺凡立丁、哔叽、花呢等产品，但织物手感与毛织物有较大差异，随后出现的腈纶短纤维被称为合成羊毛，在绒线方面代替羊毛，应用较为广泛。到70~80年代，通过物理改性和化学改性的方法，开发了一系列差别化纤维，促进了仿毛产品的发展。此后又不断开发出多种规格的细旦丝、超细旦丝、不同截面的异形丝、常压沸染CDP丝、异旦异收缩丝、变形丝等纤维，其仿毛织物在手感、外观方面达到了近乎以假乱真的程度。

随着人们对织物外观、手感、风格和服用性能等要求的不断提高，化纤仿毛织物不仅要求仿毛像毛，而且要求在综合性能上超过毛织物。随着现代科技的快速发展，化纤仿毛技术发展很快，先后开发出了高收缩纤维、立体卷曲纤维、异形纤维、阳离子染料可染涤纶、抗起毛起球纤维、抗静电纤维等高性能差别化纤维，通过混纤、复合假捻加工、空气变形加工等纺丝技术以及纺织、染整加工技术的协同作用，仿毛产品的外观、手感、风格得到了很大提高，不仅能够达到仿毛效果，而且在许多性能方面还超过了毛织物，达到了超仿真的水平。目前，国内外市场上的化纤仿毛产品在向多样化、功能化的方向发展。

二、化纤仿毛技术

（一）化纤仿毛织物的织造

羊毛纤维的结构特点和性能特点决定了毛织物独特的风格特征。采用化纤仿毛时，应以羊毛纤维的外观、性能以及毛织物的风格特征为出发点，通过纺丝、纺织、染整等技术的协同作用进行仿毛纤维和仿毛织物的开发和生产。

化学纤维按其长度的不同，可分为长丝和短纤维。短纤维根据纤维细度、长度和品质的不同，可分为棉型纤维（线密度0.17~0.22tex，长度30~40mm）、毛型纤维（线密度0.33~1.67tex，长度65~120mm）和中长纤维（线密度0.08~0.33tex，长度51~75mm）。化纤仿毛织物可采用短纤维或长丝进行织造，包括涤纶、腈纶、锦纶、粘胶纤维等，其中腈纶自工业化生产以来就有“人造羊毛”的称誉，而涤纶在20世纪70年代以后出现了许多新品种，如阻燃、高收缩、多维卷曲、易染、异形等纤维，使其成为化纤仿毛的主要原料。合成纤维在性能方面具有许多优点，如强度高、比重小、弹性大、耐磨、耐腐蚀，但也存在吸湿性差、易产生静电、织物手感较差、易起毛起球等问题。

化纤纤维不仅采用短纤维生产仿毛织物，也采用长丝生产仿毛织物，并为此开发出了多种用于仿毛的长丝，如高收缩丝、异形丝、复合丝、低弹丝、网络丝、空气变形丝、超细纤维、阻燃纤维等。

在织造时，仿毛织物的组织结构对仿毛效果有很大影响，需全面考虑纤维性能和织物风格特征，选择适当的织造工艺，以充分体现仿毛效果。

进行化纤仿毛织物组织结构设计时，应依据以下原则。

（1）根据织物的厚薄确定织物的重量。仿毛织物的重量应略轻于同类纯毛织物，如薄型仿毛织物厚度为 0.3mm 左右，重量低于 $150g/m^2$；中厚型仿毛织物厚度为 0.4~0.6mm，重量在 $200g/m^2$ 左右。

从织物的厚度出发，根据织物厚度、织物风格和结构特征，可以确定织物组织、经纬向紧度，从而计算出织物的经丝与纬丝的粗细与密度。

（2）根据仿毛产品的不同风格、特点及用途，合理选用原料配比、捻系数和织物紧度。纱线捻系数的大小直接影响织物的手感、弹性及抗起毛起球等性能。在一定范围内，纱线的捻系数大，纱线结构紧密，可压缩性小，从而使织物手感变硬，蓬松性变差，缺乏毛型感。相反，纱线的捻系数过小，纱线中纤维松弛，织物的身骨偏烂，而且纤维端易伸出织物表面，互相纠缠成球，织物起毛起球现象严重。因此，确定化纤仿毛织物纱线捻系数时，既要考虑织物的毛型感，也要考虑织物的抗起球性能。一般认为，化纤仿毛织物纱线的捻系数应比毛织物小些。

织物的经纬向紧度不仅关系到织物风格，而且与织物起毛起球性密切相关、织物紧度大，纤维抱合紧，有利于抗起毛起球性和抗钩丝性的提高，但会使织物手感发硬。一般来说，薄织物总紧度以偏小为宜，以利于透气；中厚织物总紧度宜为 74%~80%，使手感刚柔适中；厚织物为突出仿毛的风格，总紧度可适当大些，使织物手感厚实，挺括。一般仿毛织物的经、纬密度比宜采用 1∶0.7~1∶0.9。

（3）采用高收缩纤维时，应考虑染色、定形时所产生的收缩。

（4）有利于改善织物的抗起毛起球及抗钩丝性能。

采用化纤长丝生产仿毛织物的纱线时，最初主要采用假捻变形和混色变形技术，并在假捻变形基础上发展了网络加工技术（即低弹网络），但由于织物存在手感粗糙、发板、起毛起球、易钩丝等缺点，使其应用受到限制。

在20世纪70年代后期至90年代中期，通过空气变形技术，让涤纶长丝纱线中的纤维产生大量丝圈和丝弧，形成蓬松结构的纱线，具有短纤纱的特点，织物外观酷似羊毛粗纺织物。由于这种织物单纤纤维线密度较大，织物手感粗糙。

在20世纪90年代以后，仿短纤精纺毛纱的外观和风格成为合纤长丝的仿真目标，如利用内外层异线密度、异收缩、异截面形状混纤和变形加工技术，特别是随着多异多重复合变形加工技术的发展，使涤纶长丝仿毛织物具有蓬松、刚柔和滑糯等毛织物特点，而且抗起毛起球性和抗折皱性得到改善，成为目前仿毛长丝的基本原料。

多异多重复合变形长丝是采用异线密度、异收缩率、异截面形状、异刚性、异聚合物等多异丝，将牵伸、低弹、网络、加捻、空气变形等技术相结合，进行超喂、混捻、包芯等多种复合方式而生产出的多重加工变形丝。多异多重复合变形丝通过将不同性能纤维的复合纱形成双层或多层次的皮芯结构，使外观和触感好的纤维处在皮层，而将保持纱线身骨和强度但外观和触感不好的纤维包在芯层，使不同性能和特点的纤维互相弥补，使综合性能得到改善。

例如通过对涤纶长丝的多异性设计（异收缩率：0.9%~39.7%；异线密度：1.97~6.50dtex；异卷曲度：0.4~31个波/cm；异形截面：五叶形、圆形；异模量：12.8~250cN/dtex；异风度：10.2~71.5N·cm^{2}等）和多重加工（牵伸、松弛、假捻、定型、复合、网络、空气变形和多道热处理），纺制的纱线表面具有山羊绒的细软、膘光和密卷蓬松的绒面，而芯部为粗、硬、刚、强的起骨架作用的纤维，仿毛织物具有内紧外松、内粗外细、内直外曲、内圆形外五叶形、内挺外糯、内刚外柔的风格，发扬了毛织物的优点，克服了毛织物的缺点。

多异多重复合加工丝是开发新外观、新风格、以仿精纺毛织物为仿真目标的仿毛长丝产品，经适当的织造、染整工序加工后，多异多重复合长丝仿毛织物具有手感柔软、滑糯、悬垂性好、毛型感强的特点，适合作高档外衣面料。

化纤长丝也可通过假捻变形、空气变形、交络、混络、包芯、包缠和各种花色变形加工等手段，与短纤纱一起纺制纱线，用于仿毛织物的织造。

在织造时，化纤仿毛织物为了充分发挥纱线的卷曲、蓬松、弹性和热收缩性，并有利于染整加工时纱线的充分收缩和膨化，纱线之间应有一定的空间，并适当减少经纬丝的交织点，可采用浮长较长的组织。但是浮长过长，织物容易发生起毛起球和钩丝现象。

化纤仿毛织物的组织以枚数不大的斜纹为主及以此为基础的变化组织，也有采用紧度不大的平纹组织（如凡立丁、平纹呢）。在化纤仿毛织造时，通过改变穿综方式，可织出人字斜纹（如海力蒙、人字呢）、破斜纹（如条纹呢、纵条呢）、变化斜纹（如克罗丁、巧克丁）、斜纹与平纹复合（如嵌条呢、制服呢）等织物。化纤仿毛织物采用提花组织（如女式呢）及缎纹组织（如缎条呢）时，必须注意经纬浮长不宜超过3个组织点，以免织物手感过于松软，加重钩丝和起球现象。

仿毛织物也可采用复合组织进行织造。复合组织是以两种或两种以上原组织或原组织的变化组织为基础，用各种不同方法复合而成的新组织。这类织物的表面和背面可分别呈现两种组织效果，或者是两种组织复合的特殊效果，具有手感厚实、风格高档细腻的特点。

仿毛织物也常采用纬二重、纬三重组织，一般配以较大的经密，织成厚型织物，经纱可选用多重复合变形丝，纬纱可选用氨纶包覆丝。

化纤仿毛时，织物紧度一般要比纯毛织物紧度略小些，以免织物手感板硬。拉毛起绒织物的紧度应适当提高，以防止织物手感松烂、无身骨，产生绒布感。一般来说，光面织物的紧度比毛面织物小5%~10%，绒面织物的紧度比毛面织物小5%~8%。

织物紧度与经纬密度有关。对于结构疏松的仿毛织物，经纱紧度控制在45%左右，纬纱紧度控制在35%左右；对于较紧密的仿毛织物，经纱紧度应控制在60%左右，纬纱紧度控制在45%左右；对于高密的仿毛织物，经纱紧度控制在105%左右，纬纱紧度控制在60%左右。根据织物风格要求选择适当的经纬向紧度，是化纤织物仿毛效果好坏的关键工艺。

织物的覆盖率与织物手感风格的关系十分密切，是影响织物手感的重要因素。不同结构的织物具有不同的覆盖率，形成不同的外观风格。对化纤仿毛织物而言，如何合理地确定织物的覆盖率，使织物既保持良好的弹性和身骨，又有较强的毛型感，对做到仿毛似毛是非常重要的。适当降低化纤仿毛织物的覆盖率有利于扬长避短，减弱其化纤感，增强毛型感，使织物手感活络、丰满、蓬松柔软，避免化纤织物手感发涩、发硬的缺点。但长丝织物的覆盖率不能太小，以免产生排丝现象，影响织物的结构稳定。

（二）化纤仿毛织物的染整加工

染整加工是仿毛织物获得仿毛效果的关键，通过适当的染整加工。可突出织物外观风格，改善织物内在性能。仿毛织物染整加工通常经过碱减量、染色、热定形、风格整理及蒸呢等工艺处理。

1. **仿毛织物染整加工加工工序**

根据所用纤维、纱线性能和结构的不同以及织物用途和风格的不同，涤纶长丝仿毛织物染整加工工艺有所不同，举例如下：

（1）变形涤纶仿毛织物的染整工艺流程：

坯布检验→松弛→洗涤→脱水→烘燥→热定形→染色→脱水→烘燥→剪毛（必要时）→后整理→蒸呢（必要时）

或采用：坯布检验→松弛→洗涤→染色→脱水→烘燥→热定形→剪毛（必要时）→后整理→蒸呢（必要时）

（2）多异多重复合变形丝仿毛织物染整工艺流程：

坯布检验→配布→碱减量→染色→脱水、开幅→烘干→浸轧整理剂→烘干→热定形→蒸呢→成品检验→包装

为提高仿毛织物的毛型效果，使织物获得良好的蓬松性和弹性，仿毛织物的前处理、染色、后整理宜采用全松式染整工艺，以使织物在高温染整中完全处于松弛状态，纤维得到充分收缩，提高卷曲的稳定性。松式退浆煮练、高温高压喷射染色及超喂松弛的热定形是仿毛织物获得卷曲的重要工作。在从坯布到成品的染整加工过程中，经向缩率一般控制在13%~15%，纬向缩率一般控制在9%~11%。

2. 仿毛织物染整加工重要工序技术要点

（1）仿毛织物的前处理。仿毛织物前处理的目的是去除织物上的浆料、油污等杂质，并使织物充分收缩，获得蓬松性和良好的弹性。

仿毛织物前处理主要包括退浆或煮练、松弛和蓬松化，可采用平幅处理或绳状处理两种方式。仿毛织物的煮练与松弛一般同时进行，也可先松弛后煮练，或先煮练后松弛处理。

仿毛织物的松弛加工是为了使织物产生有效收缩，从而获得蓬松感。采用高收缩纤维与低收缩纤维的混纤纱织成的仿毛织物，由于纤维的收缩率不同，织物在松弛处理后具有良好的蓬松性。

仿毛织物的松弛加工可采用湿热松弛+热松弛和干湿热复合松弛的方法。采用干、湿热复合松弛时，两种加工的前后顺序不同，会导致加工织物的风格有所差异，细旦纤维织物更是如此。

仿毛织物采用湿热平幅松弛处理时，处理温度控制在95~100℃，同时通过击打作用，使织物的组织结构得到松弛，织物获得充分蓬松，而且可避免织物产生折痕及摩擦痕。

仿毛织物采用绳状浸渍的方法进行松弛蓬松处理和精练时，织物的收缩率较大，手感柔软，纱线的卷曲性和弹性好，但如果处理时间过长，织物折痕较严重。

为了防止织物产生折皱，松弛处理后不宜长久堆置，应尽快脱水、烘燥，烘燥温度控制在130～140℃，织物的烘燥应在低张力设备上进行，以使织物进一步收缩，达到柔软、蓬松、丰满、厚实的效果。

仿毛织物采用平洗机精练时，精练剂一般采用阴离子表面活性剂和纯碱，精练温度为85～95℃，时间3～10min。

（2）碱减量加工。涤纶织物采用碱处理时，纤维大分子中的酯键会发生水解而断裂，形成小分子的可溶物，使织物重量减少。由于涤纶分子取向度高，结构紧密，吸湿溶胀性差，在碱处理过程中，碱液难以进入纤维内部，涤纶分子的水解反应只发生在纤维表面，使纤维表面产生凹凸不平的剥蚀现象，纤维直径变细。

涤纶仿毛织物在碱减量处理时，可在碱减量机上进行，也可在溢流染色机或喷射染色机上进行。碱减量加工的浴比与所用设备有关，采用溢流染色机时浴比控制在1∶10～1∶12；采用喷射染色机时浴比控制在1∶6～1∶8；采用一般精练槽时浴比控制在1∶30～1∶50。

涤纶仿毛织物碱减量处理的效果与纤维性质、纱线捻度、织物规格、碱浓度、处理温度、时间、促进剂、浴比等因素有关。采用精练槽处理时，NaOH浓度为3～10g/L，促进剂用量为0.5～1.5g/L，工艺流程及处理条件如下：

坯布→精练→预热定形→S码或圈码→钉襻→碱减量处理（95～98℃，60min左右）→80℃热水洗→60℃热水洗→冷水洗→酸中和→水洗→脱水→烘干

涤纶织物经碱减量处理后，消除了原有的滑而僵硬的感觉，织物的蓬松性和柔软性提高，手感滑爽，富有弹性，增强了织物的毛型感，同时织物的吸湿性、抗静电性能得到改善。此外，由于碱减量后涤纶表面出现沟槽和凹坑，增加了对光线的漫反射，使织物光泽柔和。

经减量处理后，织物的强度会发生降低，而且减量率越大，强度降低越多；此外，减量率过低，织物难以获得所需的仿毛效果。因此，在进行减量处理时应合理确定减量处理的温度、时间、碱浓度、促进剂、浴比等工艺条件，严格控制减量率。减量处理后，还可同时获得松弛的效果，这也是仿毛织物在染整加工时先进行碱减量处理的原因之一。

（3）染色。化纤仿毛产品染色时，应根据纤维种类选择染料。抗起毛起球涤纶及常规异形截面涤纶等纤维采用分散染料进行染色；阳离子染料可染涤纶可采用分散染料或阳离子染料染色，由于阳离子染料染色方便、色泽鲜艳、牢度好等特点，因而使用广泛；腈纶及其改性纤维采用阳离子染料染色。

化纤仿毛产品染色方法主要有纤维原液染色、纱线染色和织物染色三种方

法，大部分化纤仿毛产品采用织物染色的方法。

染色时宜采用间歇式染色设备，如高温经轴染色机、高温高压喷射溢流染色机等。染色不仅能赋予织物颜色，还可使织物进一步收缩，增强织物的丰厚感和毛型感。

化纤仿毛织物与普通化纤织物的染色类似，但由于其纤维和纱线的特殊性，在染色性能上与常规化纤织物有所不同。对于涤纶变形丝仿毛织物，在纺丝、织造和染色等过程中，织物受热不匀会引起染色不匀；纤维的卷曲状态不利于织物获得高的染色深度，因此，染色时应选择匀染性、深染性良好的染料。

仿毛织物染色时，应根据染料性能、纤维的染色性能、织物的结构特点等因素确定适当的染色工艺和染色助剂。为提高仿毛效果，化纤仿毛织物通常含有外观、结构和性能不同的纤维，这些纤维的染色性能有所差异，在染色时应严格控制工艺，以免产生染色疵病。例如，异形纤维、细旦纤维有较大的比表面积，染色时上染速度较快，容易产生染色不匀现象，因此，制订这类织物的染色工艺时，一定要严格控制升温速度，并适当降低初染温度。

（4）热定形。涤纶仿毛织物经溢流或喷射染色后，经纬向收缩严重，织物上折痕较多，为了保持织物门幅，消除折痕，提高织物的形态稳定性，应进行热定形拉幅处理。

化纤织物的热定形温度应高于纤维的玻璃化温度。热定形温度高，有利于提高织物的形态稳定性；但如果温度过高，会使织物手感发硬。为改善手感，可适当降低热定形温度，延长热定形时间。热定形温度应根据织物的特点确定，一般涤纶仿毛织物的热定形温度控制在 160~180℃，时间在 30s 左右；空气变形丝织物的热定形温度应控制在 170℃左右。改性涤纶的玻璃化温度和耐热性比常规涤纶低，因此热定形温度要低一些，可控制在 130~150℃。

仿毛织物的热定形宜采用针板拉幅定形机。进行热定形处理时，应严格控制织物所受张力，尽量在松式状态下进行拉幅定形，使产品既达到尺寸稳定、手感柔软丰满、光泽柔和的要求，又使布面平整、富有弹性。因此，在热定形时应保证适当的超喂，如果超喂太多，织物会出现折皱；超喂太少，织物收缩不足，影响仿毛效果。

（5）整理加工。为了提高仿毛织物成品的综合效果，需采用物理或化学的整理加工方法，对仿毛织物进行各种必要的整理加工，如磨毛、拉毛、柔软整理、亲水整理、抗静电整理、抗起球整理、抗熔融整理、阻燃整理等，以改善织物的外观，提高织物的内在性能及仿毛效果。

仿毛织物的整理加工机理和方法与普通化纤织物相同，但根据仿毛织物的特点，整理加工时宜采用低张力加工设备。仿毛织物进行整理加工时，应根据织物的风格和特点，选择适当的整理工艺和整理剂，以提高织物的综合性能。为了缩短加工流程，织物整理时可将具有相容性的几种整理剂混合使用，在一步整理加工过程中获得多种整理效果。

①柔软整理：织物的柔软整理可采用物理方法或化学方法进行。

a. 物理方法是采用柔软整理机进行机械式柔软整理，织物以绳状形式喂入处理槽，并由强大的压缩空气气流驱动织物在文丘里管中高速运行，在管尾出口处因压力骤降，使织物的纱线得以膨化，同时高速甩打在机器后部的不锈钢栅格上，通过机械作用使织物获得柔软效果。

b. 化学方法则是采用柔软整理剂进行加工，常用的柔软整理剂有反应性有机硅柔软剂、氨基改性有机硅柔软剂、阳离子型柔软剂、非离子型柔软剂等品种。品种不同，效果有所差异。二甲基硅氧烷类柔软剂可增加织物的手感滑爽性；氨基改性有机硅类柔软剂可增加织物的柔软度和蓬松感，使粗糙感明显下降；高级脂肪酸酰胺类柔软剂可显著增加手感滑爽性，增加爽挺感。

仿毛织物经亲水性有机硅柔软剂 NTF 或反应性有机硅柔软剂 CGF 整理后，织物手感柔软、丰满、滑爽，但缺乏厚实性，如与咪唑啉型柔软剂拼用，这一缺点可得到弥补。有机硅柔软剂 CGF 用于涤纶仿毛织物的柔软整理时，浸轧液组成为：

柔软剂 CGF　2g/L、氨基硅酮弹性体 STU2　2g/L、氯化镁　5g/L、渗透剂 0. 5g/L。

工艺流程：

浸轧→预烘（100℃，2min）→焙烘（180~190℃，30s）

涤纶仿毛织物经上述柔软处理后，织物手感丰厚、滑糯，具有一定的抗静电性和易去污性，弹性提高。

②亲水和抗静电整理：涤纶、腈纶等纤维吸湿性差，使其仿毛织物易产生静电。织物抗静电加工所用的整理剂有多种类型，包括阳离子型、阴离子型、非离子型和两性型等类型，如涤纶抗静电整理剂 SN 属季铵盐类；耐久性抗静电整理剂是含有离子型或吸湿性基团的网状交联聚合物。

将耐久性抗静电整理剂与其他功能整理剂混合使用，可获得多功能的整理效果。

亲水整理是通过在织物上施加含有亲水性基团的整理剂，从而赋予织物亲水性，提高化纤织物的吸湿性和穿着舒适性，而且具有一定的抗静电性、防污和易去污性能。亲水整理剂包括弱阴离子型（如 E-7707 等）、非离子型（如

FZ、FS、JPTM-01、PermaloseTM 等）、环氧有机硅（NTF、JXL-06）等类型。

采用亲水性有机硅整理剂 JXL-06 进行整理时，整理液处方为：

JXL-06（固含量 20%）　30g/L、$MgCl_2 \cdot 6H_2O$　3g/L、HAc 调 pH 值至 5~5.5。

工艺流程：

浸轧→烘干（110~120℃）→焙烘（175~180℃，30s）

③阻燃整理：羊毛织物具有较好的阻燃性能。为提高化纤织物的阻燃性能，可采用阻燃纤维进行织造，也可采用阻燃整理剂进行阻燃整理加工。

涤纶织物的阻燃整理剂主要是含卤、磷的阻燃剂，如三（2,3-二溴丙基）磷酸酯（TDBPP）、十溴联苯醚/三氧化二锑混合阻燃剂等品种。

④抗熔融整理：羊毛纤维是蛋白质纤维，不会发生熔融现象。合成纤维为热塑性纤维，遇到火焰或高温时，纤维会发生熔融而产生破洞，还会造成人体皮肤的烫伤。

合成纤维织物通过抗熔融整理，可提高其抗熔融性能。涤纶仿毛织物采取氰醛树脂进行抗熔融整理后，380℃的火球接触织物表面（至少 5s）时不会产生熔融破洞，解决了涤纶织物因火星灼烫而熔融的问题，达到了与纯毛织物相同的防熔融度。

⑤抗起球整理：为提高化纤仿毛织物的抗起毛起球性和抗钩丝性能，尤其是对于紧度小、结构疏松、提花浮点长的织物，可进行抗起球整理。

抗起球整理可采用热固性树脂加工，如采用丙烯酸酯类乳液，以铵盐为催化剂，并添加少量的氰胺树脂及有机硅油配制整理液，对涤纶仿毛织物进行整理，可提高织物的抗起球性能。

化纤织物由于容易产生静电，会吸附环境中的灰尘，而这些颗粒性灰尘往往会成为纤维缠结小球的核心。此外，由于静电的作用，纱线中的纤维相互缠结较松，容易向外移动而造成织物起毛起球。用抗静电整理剂处理，有助于提高织物的抗起球性能。

⑥蒸呢：蒸呢原是毛织物染整加工的主要工序之一。对于涤纶仿毛织物，热定形后蒸呢的目的是改善仿毛织物的手感和外观。仿毛织物通过蒸呢松弛整理，织物布面平整、纹路清晰、光泽柔和、手感滑糯，而且可改善织物的弹性，提高织物的毛型感。多异多重复合变形丝由于其结构的特殊性，热定形后织物内部残余应力较大，芯层粗纤维遇到高温后会发生收缩，造成织物手感硬板、活络度差、极光较强。为了改善这种现象，多异多重复合变形丝仿毛织物一般应进行罐蒸处理。其工艺为：低张力，蒸汽压力 0.2~0.3MPa，汽蒸时间 8min，

空转7min，抽冷5min，空转3min。

蒸呢是仿毛织物加工的最后一道工序，可弥补和纠正织物在纺织、染整加工过程中产生和遗留的缺点，特别是外观和手感上的缺点。涤纶仿毛织物可采用连续蒸呢机或用一般蒸呢机进行加工。

三、涤纶仿毛产品

涤纶是化纤仿毛织物的主要原料。涤纶仿毛纤维的发展经历了四个阶段：

第一阶段是利用纤维粗细和长度的不同，生产中长、低弹仿毛织物。

第二阶段是利用物理和化学改性的方法，将不同的纺丝原料进行共混改性（如PBT/PET、PBT/PA6、PET/COPET共混等），或在聚酯的聚合过程中加入第三单体和第四单体（如间苯二甲酸、间苯二甲酸二乙二醇酯-5-磺酸钠、间苯二甲酸二甲酯-5-磺酸钠、聚乙二醇等），改善纤维的染色性能，提高仿毛织物的抗起毛起球性能。

第三阶段是在物理和化学改性的基础上，开发了细旦、中空、三维卷曲、复合纤维（并列复合、中空并列复合）等纤维品种，使仿毛织物具有良好的手感和保暖性。

第四阶段是开发多功能化的仿毛纤维，如具有抗静电、阻燃、防污、抗菌防臭、超轻保暖等功能的纤维，使仿毛织物不仅具有良好的仿毛效果，而且具有超越羊毛、羊绒织物的性能特点。

目前，涤纶仿毛纤维大多为差别化纤维，如高收缩纤维、复合纤维、阳离子染料可染纤维、抗静电纤维和抗起毛起球纤维等品种。从纤维的长度来分，涤纶仿毛产品包括短纤维（一般细密度为3.3~13.33dtex，长度为51~102mm）仿毛和长丝仿毛两种。在此，我们重点对涤纶长丝仿毛进行举例介绍。

涤纶长丝仿毛长丝主要有网络丝、异形丝、空气变形混纤丝、高收缩纤维、阳离子染料可染纤维、抗起毛起球纤维、抗静电纤维、新合纤等品种。

涤纶网络丝是我国20世纪80年代以来应用较多的一种仿毛纤维，是由涤纶牵伸丝经网络加工而成，单丝之间的抱合力较高，纱线又是间断性的无捻丝，蓬松性好，从而提高了仿毛效果。涤纶网络丝仿毛织物在生产过程中可省去加捻、上浆和退浆等工序。通过将网络丝和其他变形丝交并、交织，可弥补各自的缺点，开发出了许多不同组织结构的仿毛产品，如曼丽呢、摩威斯、摩力克等仿毛华达呢、仿毛隐条呢、仿牙签呢以及仿毛哔叽等产品。

从20世纪90年代初以来，仿短线精纺毛纱的外观和风格成为化纤长丝的仿真目标。利用内外层异线密度、异收缩率、异截面形状纤维的混纤和变形加工技术，特别是多异多重复合变形加工技术，涤纶长丝仿毛不仅具有蓬松、刚柔和滑糯等毛织物特点，而且克服了抗起毛起球性和抗折皱性差的缺点，成为化纤长丝仿毛的基本原料。

四、涤纶仿毛织物产品举例

（一）涤纶军港呢仿毛织物

1. 纱线准备

涤纶军港呢的纱线采用多异多重复合变形涤纶长丝，其皮层纤维为五叶形截面，截面填充比为0.78，单丝线密度为2.78dtex，卷曲度为15~20个波/cm；芯层纤维包括截面为圆形、椭圆形、多角形的纤维，纤维的单丝线密度不同，在2.15~6.73dtex呈一定的分布，而且具有一定的卷曲度，其中细纤维卷曲多，粗纤维卷曲少。此外，所有纤维具有不同的热收缩率，并符合一定的分布，其中粗纤维收缩率大，细纤维收缩率小，芯层纤维整体的热收缩率明显大于皮层纤维。多异多重复合变形丝的总线密度为389dtex，其中皮层纤维总线密度占复合丝总线密度的55%，皮层线密度与芯层线密度之比约为1∶1.25。

2. 坯布织造

（1）工艺流程：

经向：原料检验→倒筒→倍捻→自然定形→整经→穿综穿筘→织造

纬向：原料检验→倒筒→倍捻→自然定形→络筒→坯修→检验→织造

（2）生产工艺：

①倒筒工艺：卷曲速度为550~650m/min，经、纬线卷曲张力为35cN±2cN，经、纬向倒筒重量为560g/个，经、纬向筒管规格为ϕ42mm×270mm。

②倍捻工艺：经、纬向捻度为450捻/m，Z捻，锭速为8500~10000r/min，钢球规格为ϕ9.53mm，卷曲张力为30cN±5cN，滞后角为270°~750°。

③络筒工艺：络筒张力为20cN±2cN，卷绕方式采用平行卷绕。

④分条整经工艺：上筒数为680个，条数为5条，条幅34.6mm，轴幅173mm±1mm，进给量0.888mm/r，整经张力为22cN±2cN，定幅筘号为9.5羽/cm，整经速度为200~250m/min，倒轴速度为80m/min±10m/min，斜角板锥度为9°，捻向排列为一顺捻，颜色排列为全白，织轴硬度为邵氏硬度70~75，每条导电线排列为（68根经纱+1根导电纱）×49，定幅筘插入方法：2入/筘或2筘1入。

穿综穿筘工艺：综丝规格为304.8mm、330.2mm；综框数为4页，每列综丝为847根，地综和边综的穿综方式为1、2、3、4的顺序，地综和边综的插综方法分别为2根/筘和3根/筘。

织造工艺：筘号为 96.5 羽/cm，筘幅为 174.6cm，经、纬纱线密度均为 389dtex，机上布幅为 167.5cm，纬密牙为 56 捻×91 捻×25 捻，张力重锤为 1 挡 4kg，坯布密度为 200 根/10cm×188 根/10cm，后梁高于胸梁 2cm，布边为 0.8cm×2，毛边控制在 0.5~0.8cm。

3. 染整工艺

（1）工艺流程：

坯布检验→配布→碱减量→染色→脱水、开幅→烘干→热定形→风格整理→蒸呢→成品检验→包装

（2）生产工艺：

①碱减量工艺：采用高温高压喷射溢流染色机进行间歇式碱减量处理。

工艺流程：

进布→皂洗（85℃，10min）→水洗→40℃加碱→升温→碱减量（120℃，30min）→降温、水洗→排液→水洗 2 道（每道 5min）→热水洗（60℃，10min）

②染色工艺：采用分散染料高温高压染色。

工艺流程：

进布→染色→水洗→还原清洗（80℃，20min）→热水洗（1 道）→冷水洗（2 道）→出布。

染色过程：升温至 40℃（5min）→加软水剂（10min）→加 HAc（5min）→加匀染剂（5min）→加染料（10min）→升温（1.5~2℃/min）→80℃（1~1.5℃/min）→130℃（保温 30~60min）→降温（1.5~2℃/min）→80℃（1.5~3℃/min）→50℃排液、水洗。

③热定形工艺：定形温度 180~185℃，时间 45s，超喂进布，纬向拉伸率 6%~8%。

④风格整理：根据织物加工要求，可进行柔软整理、抗静电整理、易去污整理等加工。

常用风格整理加工的工艺流程为：

浸轧整理剂→烘干→焙烘

⑤蒸呢工艺：在 KD 罐蒸机上进行，汽蒸时间 8min，蒸汽压力 0.2~0.3MPa。

（二）涤纶/粘胶短纤维混纺仿毛织物

1. 纤维材料

阳离子染料可染涤纶、高收缩涤纶、粘胶纤维。纤维线密度一般为 0.17~

0.28tex，长度为38~65mm。

2. 纱线

纱线为11.7~14.6tex，经纱为股线，纬纱为单纱。纱线的芯层主要是粗而长（0.22~0.28tex，51~65mm）的高收缩涤纶，皮层主要是细而短（一般为0.11~0.22tex，38~51mm）的阳离子染料可染涤纶，粘胶纤维主要分布在纱线的中间层。

3. 染整加工

（1）工艺流程：

坯布缝头→预缩→烘干→预定形→碱减量→染色→烘干→中检熟修→柔软整理→罐蒸→成品检验

（2）生产工艺：

①预缩和预定形：因织物中含有高收缩涤纶，为避免织物在碱减量和染色时收缩变化过大，在碱减量处理前进行预缩和预定形。预缩处理在70℃条件下水洗30min。预定形温度为190℃，时间30s。

②碱减量工艺：减量率控制在5%~10%，NaOH浓度为5%~10%（owf），减量促进剂TF-118用量为1%，碱减量处理温度为100℃，时间为60min。

③染色工艺：采用分散染料、阳离子染料、直接染料一浴二步法染色，可染出双色或多色效应。染液处方如下：

分散染料	x
SD型阳离子染料	y
D型直接混纺染料	z
元明粉	5~10g/L
醋酸调pH值	4.5~5

染色过程如下：

升温至40℃（5min）→加助剂（5min）→加HAc（5min）→加分散染料（5min）→加直接染料（5min）→加元明粉（5min）→加阳离子染料（5min）→升温（1.5~2℃/min）→130℃（保温30~60min）→降温（2℃/min）→70℃排液、水洗

④柔软整理工艺：柔软剂FSF-804用量10~50g/L，醋酸用量0.5g/L。

⑤工艺流程：

浸轧整理液→烘干→焙烘（180℃，时间30s）

⑥罐蒸工艺：抽冷时间90s，罐蒸时间5min，压力0.6MPa，张力30~95N。

（三）涤纶网络丝仿毛华达呢

织物规格：经、纬纱均为涤纶网络丝（19.4tex×19.4tex），经、纬纱密度为384根/10cm×384根/10cm。

染整工艺：

坯布→平幅前处理→预定形（170℃，时间45s）→染色（125℃，时间30min）→烘燥→柔软整理、抗静电整理→拉幅定形（180～185℃，时间45s，超喂4%～5%）→蒸呢→预缩→成品检验

（四）涤纶仿毛时装呢

1. 织物规格

纱线：经、纬纱纤维均采用27.8tex涤纶多重复合异收缩长丝，十字型截面，Z捻，捻度为1000捻/m

成品密度：626根/10cm×276根/10cm

织物组织：斜纹变化组织

2. 织造工艺流程

经丝：原丝→络丝→倍捻→蒸纱定形→倒筒→分条整经→织造

纬丝：原丝→络丝→倍捻→蒸纱定形→倒筒→织造

蒸纱定形工艺条件：90℃±5℃，时间60min

3. 染整工艺流程

坯绸松弛、精练、预缩→预定形→碱减量→染色→柔软整理、定形→检验

化纤仿毛织物既有纯毛织物挺括、回弹性好、毛感好的特点，又有化纤织物坚牢耐用、色泽鲜艳、尺寸稳定、洗可穿、不虫蛀、易洗快干、价格低廉等特点，因此，化纤仿毛产品已被人们广泛接受。

随着纺丝技术的发展，差别化纤维的品种不断增加，化学纤维在结构、外观、手感和服用性能等方面得到不断改善，同时随着仿毛产品设计水平的提高和纺织、染整技术的发展，化纤仿毛织物的品种和质量不断完善，不仅能够模仿毛织物的外观、手感和风格，而且在许多性能方面超越了毛织物。目前，化纤仿毛产品在向多功能、超仿真和方向发展，具有广阔的应用前景。

第九章　市场运行分析及统计

一、2018 年长丝织造行业经济运行分析

2018 年，经济全球化遭遇波折，国际金融市场震荡，中美经贸摩擦给市场预期带来不利影响，经济运行稳中有变、变中有忧。尽管如此，2018 年全年，我国国内生产总值仍突破 90 万亿大关，同比增长 6.6%，实现了预期的发展目标。纺织行业在充满不确定性、不稳定性和不对称性的大变局之中，加快转入高质量发展轨道，成为保持经济平稳运行的中坚力量。中国长丝织造产业努力适应变局，在产业转移中变革发展，具体分析如下：

（一）生产稳步增长

据协会统计，截至 2018 年底，我国长丝织造行业织机规模达到 64 万台，其中喷水织机 58 万台，同比增长 16%。2018 年全年我国化纤长丝织物总产量达到 508 亿米，同比增长 5.39%。产量增速低于产能增速的主要原因是在产业转移过程中，部分新增设备在下半年投入生产，产能没有完全释放。

据各集群地区统计，2018 年全年盛泽、长兴、秀洲、龙湖、平望、柯桥六地化纤长丝织物产量累计达到 279.68 亿米，同比增长 2.46%，产业集群生产增速低于全国表明产业转移趋势已初步形成。2018 年全年，新兴产业集聚地——泗阳、小海的产量分别达到 11.31 亿米和 4.67 亿米，同比分别增长 16.97%和 18.23%，是成功实现产业承接的典范。新兴产业集聚地的陆续涌现，为全行业生产保持稳定增长提供了有力支撑（表 9-1）。2011~2018 年我国化纤长丝织物年产量图见图 9-1。

表 9-1　2018 年我国主要长丝织造产业集群化纤长丝织物产量表

集群名称	单位	产量	同比（%）
盛泽	亿米	96.54	1.47
长兴	亿米	63.00	14.55
王江泾	亿米	22.00	-12.00
龙湖	亿米	32.40	10.96
平望	亿米	47.00	-2.49
柯桥	亿米	18.74	1.00
合计	亿米	279.68	2.46

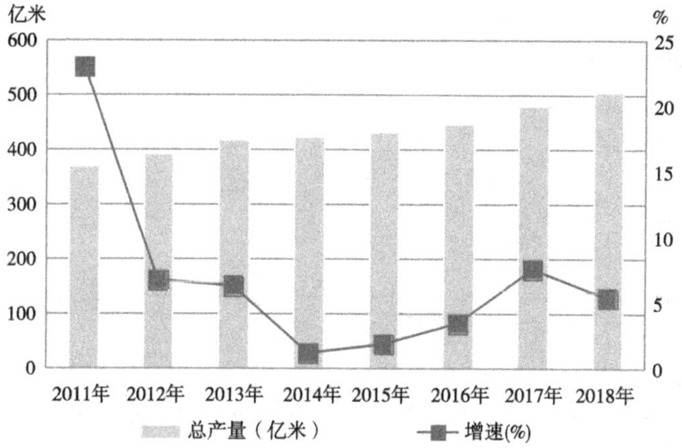

数据来源：中国长丝织造协会

图 9-1　我国化纤长丝织物年产量图

（二）内销拉动市场需求

1. 出口复杂多变

2018 年，汇率的波动为我国纺织品出口带来一定影响。据国家统计局统计，2018 年纺织行业出口交货值同比增长 1.67%，其中长丝织物出口交货值同比增长 16.17%，增速较 2017 年提高 4.65 个百分点，在纺织织物出口中表现较好，具体如表 9-2 所示。但据各产业集群收集到的数据来看，2018 年我国主要长丝织造产业集群出口交货值较去年同期减少 0.76%，表明出口环境并不友好。从图 9-3 可明显看出，5 月以后，市场景气指数直线下滑，外贸企业家对国际市场信心不足。

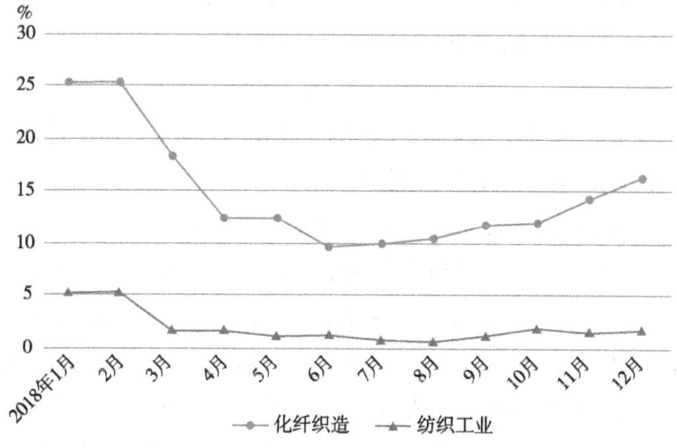

数据来源：国家统计局

图 9-2　2018 年我国纺织工业和化纤织造企业出口交货值增速走势图（规模以上）

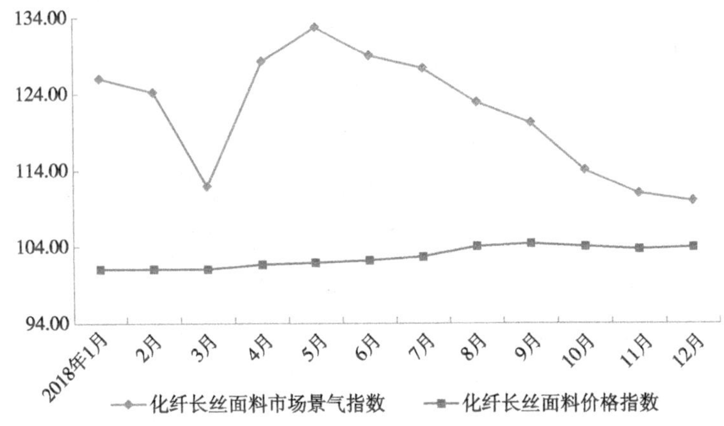

数据来源：中国绸都网

图 9-3 2018 年全年化纤长丝面料景气、价格指数走势图

据美国商务部纺织服装办公室数据显示，2018 年，美国从全球进口长丝织物总金额同比增长 2.71%，其中家用服饰类织物同比增长 3.68%；产业用类织物同比增长 2.45%。中国产品在美国家用服饰类织物的市场份额从 2017 年的 43.43%下降到 42.62%，主要竞争对手韩国的市场份额也有所下降，从 2017 年的 19.66%下降到 17.15%，加拿大所占市场份额有较为明显的提升。此外，中国产品在美国产业用类织物的市场份额从 2017 年的 22.94%增长到 2018 年的 27.36%，是美国从全球进口此类产品增长速度最快的国家之一。

以上分析表明：一方面美国市场对长丝织物的需求仍保持增长，另一方面我国在家用服饰类产品方面也将面临更多的竞争对手。此外，我国长丝织物在产业用领域发展迅猛，科技创新成果显著。

2. **内销提振市场信心**

虽然市场景气指数呈下滑态势，但我国化纤长丝面料市场价格并未受到影响，反而缓慢稳步增长，内销环境优于出口。

据国家统计局数据显示，2018 年，我国社会消费品零售总额同比增长 9%，其中，城镇同比增长 8.8%，乡村同比增长 10.1%。2018 年我国居民消费价格指数同比增长 2.1%，在衣着方面，我国居民衣着消费价格同比增长 1.2%，其中城市同比增长 1.1%，农村同比增长 1.5%，农村居民衣着消费价格指数增长较快。2018 年全年实物商品网上零售额 70198 亿元，同比增长 25.4%，占社会消费品零售总额的 18.4%，比上年提高 3.4 个百分点；其中，2018 年全国网上穿着类商品零售额同比增长 22%，增速高于上年 1.7 个百分点，领跑网上消费。

综上数据说明，我国纺织品内销市场需求旺盛，居民消费欲望不减，内销拉动明显。

从图 9-4 可以看出，全年羽绒服、商务装等高附加值面料的价格相稳定。5~9 月，原料价格上涨，推动仿真丝面料价格一路飙升。第四季度，原料价格迅速下跌，导致仿真丝面料出现价格大跳水，其他产品价格均受原料价格影响而调整。

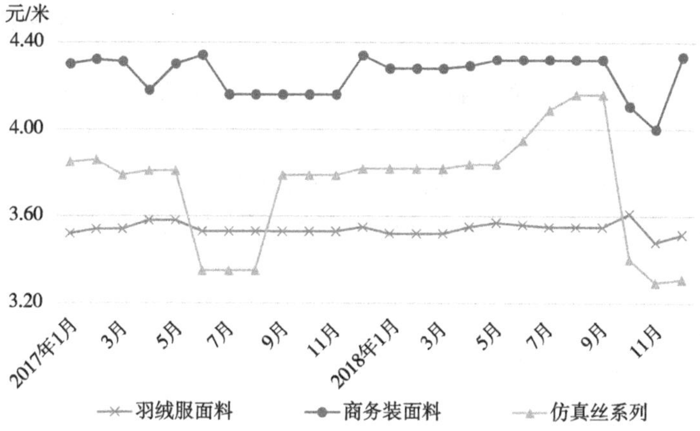

数据来源：中国长丝织造协会

图 9-4　2017~2018 年 12 月我国长丝面料价格走势图

据国家统计局统计，2018 年我国规模以上化纤织造加工业主营业务收入累计为 1103.31 亿元，同比增长 8.77%，增速较 2017 年下降 0.88 个百分点。利润总额累计为 44.65 亿元，同比增长 12.65%，增速较 2017 年下降 10.48 个百分点。数据显示，2018 年我国规模以上化纤织造加工业企业主营业务收入和利润总额同比均有较大增长，原因之一源于企业三费的下降。数据显示，企业财务费用同比下降 10.44%，压力得以缓解；另外，基于旺盛的市场需求，企业订单良好，销售费用较去年下降明显。企业在员工培训、人才队伍建设方面加大投入，管理费用同比增长 12.7%，重视程度凸显。2018 年，我国化纤织造加工业规上企业资产负债率为 62.29%，企业负债情况良好，与调研了解到的情况相符，调研走访的大中企业中绝大多数贷款额极低；利润率为 4.05%，企业盈利状况保持在正常区间，调研信息显示，行业中一些优秀企业的实际利润率在 10%左右。经过去年一轮洗牌，一些规模较小、运营能力较差的企业已从竞争的行列中消失（表 9-2）。

表 9-2 2018 年我国化纤长丝织造加工业主要经济指标汇总表（规模以上）

指标名称	单位	本月止累计	去年累计	同比（±%）
主营业务收入	亿元	1103.31	1014.36	8.77
主营业务成本	亿元	996.96	914.08	9.07
三费合计	亿元	61.7	58.57	5.34
利润总额	亿元	44.65	39.63	12.65

数据来源：国家统计局

从图 9-5 可以看出，通过各地方政府对生产企业的整治调整，以及协会鼓励企业设备升级、产业转移等操作，新一轮的行业洗牌已基本完成，各地供给侧改革成果显现，我国化纤织造加工业企业进入有序竞争环境，从 2018 年二季度开始，我国化纤织造加工业各项经济指标呈现平稳增长。

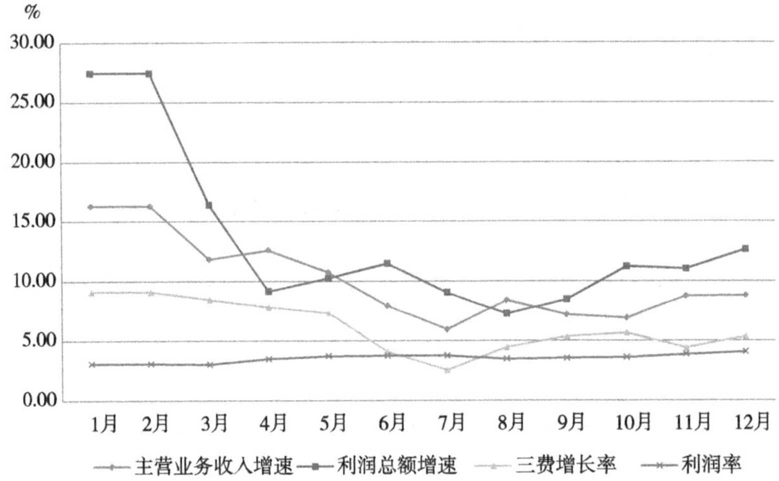

数据来源：国家统计局

图 9-5 2018 年 1~12 月我国化纤织造加工业主要经济指标增长情况（规模以上）

据国家统计局数据显示，我国规模以上化纤织物染整加工业主营业务收入 250.98 亿元，同比增长 13.59%；利润总额为 14.97 亿元，同比增长 36.89%。在与日俱增的环保压力下，染整加工企业通过多次整改，除个别不符合环保规定的企业已被关停外，绝大多数的染整企业面对不减的市场需求，经常出现坯布待染的排队盛况，染整企业在三费增长 12.72%的情况下仍然获取高额利润。

3. 原料波动上涨

图 9-6 中的六张图分别展示了 2017 年 1 月到 2018 年 12 月 PTA 期货、化纤长丝、棉花以及布伦特原油的价格走势图。

2018 年夏天，原油价格从 64.75 美元/桶增长到 82.95 美元/桶，伴随着原油、PTA 价格的一路飙升，化纤长丝的价格飞速上涨。一方面，让上半年接了长期订单、囤了原料的企业暗自窃喜；另一方面，也让企业不敢再接长期订单。在这一轮原料涨势的挤压下，长丝织造企业的利润空间不断被挤压，不得不开始上调产品价格。进入第四季度，原料价格急转直下，市场受此波动，销量下滑，企业转为观望态度，虽然造成一些库存的积压，但是在 2019 年初库存问题已基本得到解决。

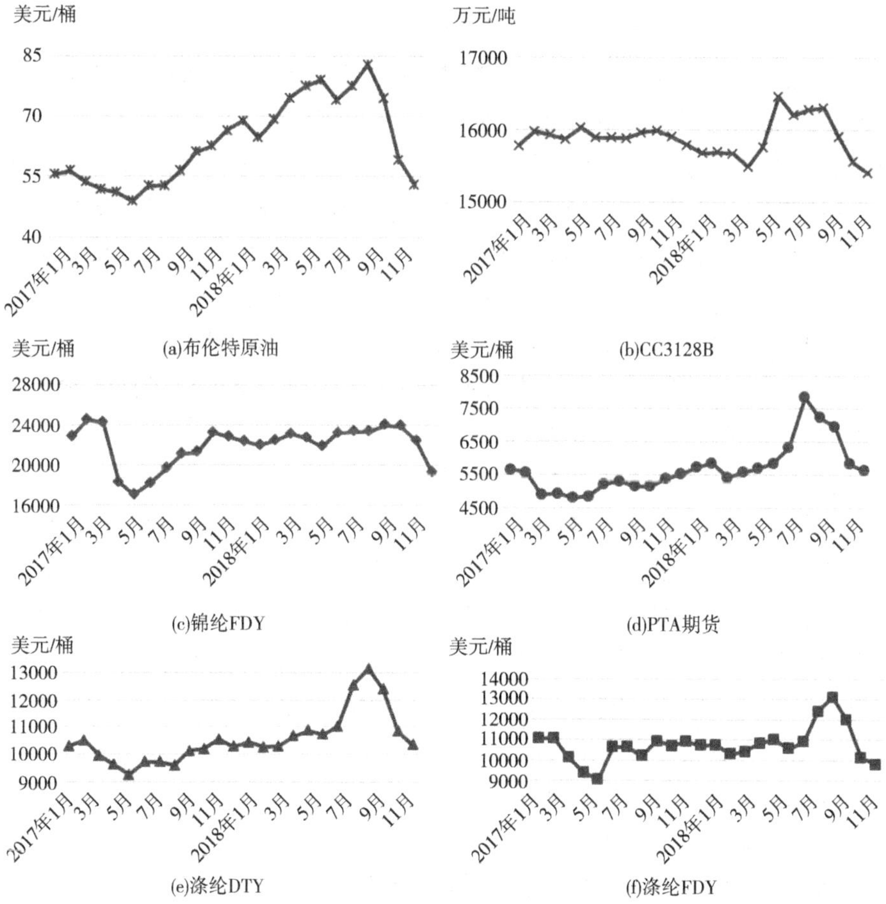

(a)布伦特原油　(b)CC3128B

(c)锦纶FDY　(d)PTA期货

(e)涤纶DTY　(f)涤纶FDY

数据来源：全球纺织网、中国棉花信息网、新浪财经

图 9-6　2017~2018 年 12 月我国化纤长丝及棉花价格走势图

二、行业发展高度关注的问题

1. 应高度重视技术装备提升

当前，我国长丝织造产业在国内国际两个市场十分活跃，使得中西部许多地区对引进和发展长丝织造产业表现出浓厚兴趣，并纷纷做好产业承接准备。但值得注意的是，无论新建项目还是老机改造，都应尽可能采用电子送经、电子卷取、凸轮开口或电子多臂开口装置以及全自动穿经机等运行成本低、加工质量好、品种适应能力强的先进技术。鼓励长丝织造企业与高校、机械企业等合作，积极推进行业内各项生产环节的自动化、智能化水平，加快全行业落后设备的淘汰改造步伐，积极借鉴、引进国内外最新的工艺、技术和装备，全面推进技术改造升级，助力行业高质量发展。

2. 应高度重视绿色清洁生产

江苏、浙江等地的化纤长丝织造集群多是随着市场发展而自发产生的，由于起初缺少统一规划，企业分布比较分散，规模大小不一，基础设施不健全，这就造成了废水管控困难，管控不到位的情况。随着国家环保政策的完善和趋紧，各级政府和部门普遍加大了对环境排污的治理整顿力度，绿色生产已成为各行各业的大势所趋。近年来我国长丝织造行业绝大多数企业的环保意识普遍得以提高，许多企业在污水处理上积极采取措施，得到了有效解决。总结江、浙等地集群的发展教训，今后化纤长丝织造工业新建项目建设之前，应制定系统的工业园区规划，鼓励企业自建污水处理和中水回用系统以及落实园区集中污水处理与中水回用设施的建设。

3. 应高度重视园区管理科学化

我国长丝织造产业是优势产业，其发展潜力高、增长速度快、产品应用广泛、市场需求量大、创新空间广阔。鼓励长丝织造企业转移的同时，新兴产业集聚区应先做好工业园区规划，统筹安排，通过规划要实现化纤长丝织造上下游产业链配套建设，协同发展的目标。应高度重视园区管理科学化、协作化，充分发挥产业集聚效果。新建园区应在原有园区管理成果基础上，创造更优质的条件，协助企业实现高质量发展。

4. 加大行业专业人才队伍建设

虽然，劳动力成本正在以每年 8%～10% 的速度增长，但招工难的问题依然存在。当前企业用工难的问题已不仅局限在操作工人“老龄化”（年龄普遍大于 30 岁），产品设计师、工程技术人才、专业管理人员等高级技术人才亦出现短缺。众所周知，纺织产业正面临着向智能化升级的关键时期，改革、创新都需要人与机器的充分合作，高级技术人才是推动行业持续发展的必要条件。应高度重视高级纺织人才的培养和队伍建设，为长丝织造产业发展提供真正的智慧原动力。

三、2019年长丝织造行业发展的新亮点

（一）产业转移成果初现

2017年下半年起，长丝织造企业面对环保的压力，着手考虑产业转移事宜。湖北、安徽、江西等地，以及东南亚，都是企业转移的主要目的地。合理的规划是承接产业转移的重中之重，科学配套上下游产业链，对中水回用和污水处理等问题做出长远的规划，引领产业可持续发展。前文中提到，新兴产业集聚区产量大幅提升，产业转移成果初现。

在《泗阳县纺织产业发展规划（2017—2020年）》的指导下，江苏省泗阳县抓住产业转移的机遇，大力发展化纤长丝织造产业，其喷水织机已由2016年的0.7万台，增加到2018年的1.8万台。根据签约情况，到2019年底，泗阳县的喷水织机将达到3.8万台，集群规模初显。

另外，河南省太康县、江苏省泗阳县八集乡、湖北省黄冈市等地区也都制定了以发展化纤长丝织造为主的纺织产业发展规划，迎合产业发展规律、主动承接产业转移，充分发挥中西部地区的比较优势、应对区域竞争、优化生产布局、加快工业化进程、提升地区的经济实力和综合竞争力。

面对产业转移的来临，广大的长丝织造企业应保持高度的敏感性，居安思危，善抓机遇。一方面应积极寻找成本洼地，创造更多收益；另一方面可借产业转移之机，提升技术装备、改造工艺流程，实现产品档次的提升和生产成本的降低。产业转移既是发展的机遇，又是严峻的挑战。

（二）智能制造

近年来，机器换人的热潮愈演愈烈，提升生产自动化，提高生产效率，替代传统人工，降低生产成本。与此同时，行业科技创新能力大幅提升，数字化、网络化在产业链各环节得到广泛应用。据了解，我国纺织企业生产设备数字化率达到36.06%，数字化生产设备的联网率达到27.74%，生产管理环节信息化普及率达到50.49%，实现管控集成的企业比例达到19.82%。业内专家预计，这一比例将会快速提升。

（三）跨界融合

随着新兴技术的快速发展和应用，产业边界日益模糊，跨界融合成为新一

轮产业升级趋势。长丝织造企业需把握趋势，抓紧机遇，加快产业融合，大力发展跨界产业，赢得先机。党的十九大强调，要坚定实施军民融合发展战略，形成军民融合深度发展格局，构建一体化的国家战略体和能力。军民融合作为一项国家战略，关乎国家安全和经济发展全局。长丝织造行业产品类别丰富，产品类型符合军用装备的需求，将会在坚持贯彻军民融合国家战略，突破军用纺织品核心技术，加快军民科技协同创新等方面做出更多贡献。

第十章 长丝织造产业“十三五”发展指导意见中期评估报告

一、“十三五”中期行业主要目标完成情况

伴随着我国国民经济增速的全面调整，我国化纤长丝织造产业在经历了近三十年的高速发展后，于“十二五”末期全面步入中低速增长的新常态。进入“十三五”以来，全球经济、政治形势多变，国内经济结构调整和各项改革推进的大背景下，长丝织造产业在“十三五”发展指导思想的引领下，坚持发展，不断创新，稳步发挥产业优势，持续深化供给侧结构性改革，在各方面都取得了较好的成就：产业规模稳步增长，技术装备进一步提升、自动化程度更加完善，产品结构得到继续优化、产品覆盖范围继续拓展、功能性不断增强，标准化建设与品牌培育同步推进，节能减排成效显著，产业在发展的同时着重了质的提升，长丝织造产业在我国纺织工业的地位得到进一步提升。

（一）规模发展

1. 产量和出口量持续增长，增速较“十二五”时期加大

在“十五”“十一五”期间的十年里，我国长丝机织物的产量年均递增20%以上，出口量年均递增17%以上，是纺织工业所有机织物中增幅最大、增长最快的产品之一。进入“十二五”期间，由于增长的惯性作用，在“十二五”头一年长丝织物仍保持了20%以上的增长速度，全行业出现了结构性产能过剩的现象，在协会及时引导和市场自我调节双重作用下，长丝织造产业在“十二五”期间进入了快速增长的换档期，2012~2015年的年平均增长率下降到了6%以下。进入“十三五”阶段，我国化纤长丝织物2016~2018年的产量分别为448亿米、482亿米和508亿米，2016年和2017年的出口量分别为128.36亿米和141.22亿米，产量和出口量均逐年递增。2017年，我国长丝织造行业经历了“环保风暴”的洗礼，生产企业得以重新洗牌，部分低小散企业关停，比较有规模的企业也在努力整改，提升设备档次，增加智能管理系统，提高产品档次的同时增强生产效率；2018年又经历了贸易摩擦，但没有对行业造成明显的影响，行业生产能力较“十二五”末期有较为明显的提升（表10-1）。

表 10-1 2010~2018 年我国化纤长丝机织布产量、出口量情况

年份	产量		出口量	
	数量（亿米）	同比（%）	数量（亿米）	同比（%）
2010 年	300	—	76.96	16.49
2011 年	370	23.00	95.08	23.55
2012 年	395	6.76	95.82	0.78
2013 年	420	6.30	106.54	11.18
2014 年	425	1.19	113.32	6.37
2015 年	433	1.88	115.92	2.29
2016 年	448	3.46	128.36	10.73
2017 年	482	7.59	141.22	10.02
2018 年	508	5.39	—	—

数据来源：中国长丝织造协会、中国海关

2. 国际市场竞争压力大

2017 年，尽管全球经济回暖拉动了全球贸易复苏，但由于贸易保护主义势力抬头与汇率波动的影响，我国纺织织物出口贸易经历了一轮新的挑战。据海关统计，2017 年，我国纺织织物累计出口 350.17 亿美元，同比下降 0.28%。其中，化纤长丝织物累计出口 124.05 亿美元，同比增长 5.77%，量增价跌明显，国际竞争十分激烈。据海关统计，2017 年，我国纺织织物累计进口 33.04 亿美元，同比下降 3.42%。其中，化纤长丝织物累计进口 14.95 亿美元，同比增长 0.17%（表 10-2）。

表 10-2 2000~2017 年我国化纤长丝织物进出口情况

项目 年份	进口		出口	
	数量（亿米）	同比（%）	数量（亿米）	同比（%）
2000 年	27.21	—	15.77	—
2001 年	25.62	-5.8	19.51	23.7
2002 年	25.59	-0.1	28.31	45.1
2003 年	24.49	-4.3	42.46	50.0
2004 年	23.29	-4.9	56.89	34.0
2005 年	20.98	-9.9	61.81	8.6
2006 年	20.05	-4.4	65.16	5.4
2007 年	18.86	-5.9	65.26	0.1

续表

项目 年份	进口		出口	
	数量（亿米）	同比（%）	数量（亿米）	同比（%）
2008 年	17.27	-8.42	67.02	2.71
2009 年	14.25	-17.5	66.06	-1.43
2010 年	14.32	0.48	76.96	16.49
2011 年	12.96	-9.48	95.08	23.55
2012 年	11.72	-9.56	95.82	0.78
2013 年	10.94	-6.65	106.54	11.18
2014 年	9.82	-10.22	113.32	6.35
2015 年	9.18	-6.51	115.92	2.29
2016 年	8.49	-7.53	128.36	10.73
2017 年	8.59	1.16	141.22	10.02

数据来源：中国海关

2018 年，由于全球经济弱势，国际市场需求不足、中国传统竞争优势进一步弱化、贸易摩擦有所加剧等因素导致国际贸易形势欠佳，但对“一带一路”市场的出口呈现良好态势。

随着我国化纤长丝织物产品质量的不断提升、档次的持续提高以及优异的性价比，使得我国化纤长丝织物的出口竞争力逐步提高，对全国纺织织物的对外贸易做出较大贡献。

3. 行业经济延续缓增长

据国家统计局统计，2018 年，我国规模以上化纤织造加工企业主营业务收入累计为 1103.31 亿元，同比增长 8.77%，增速较去年同期减少了 0.88 个百分点；利润总额累计为 44.65 亿元，同比增长 12.65%，增速较去年同期减少了 10.48 个百分点（图 10-1）。

据海关数据显示，2018 年 1~3 月，我国纺织品出口贸易额为 272.06 亿美元，同比增长 11.03%。其中纺织织物累计出口额 81.47 亿美元，同比增长 7.18%；实际出口数量 65.87 亿米，同比增长 2.67%；出口平均价格为 1.24 美元/米，同比增长 5.08%，呈现出量价齐增的状态，行业经济表现出巨大活力。我国化纤长丝织物累计出口 31.12 亿米，同比增长 7.82%，增速较去年同期增长了 13.08 个百分点，但受贸易局势影响，3 月单月出口量为 5.96 亿米，较 2 月下降明显（图 10-2）。

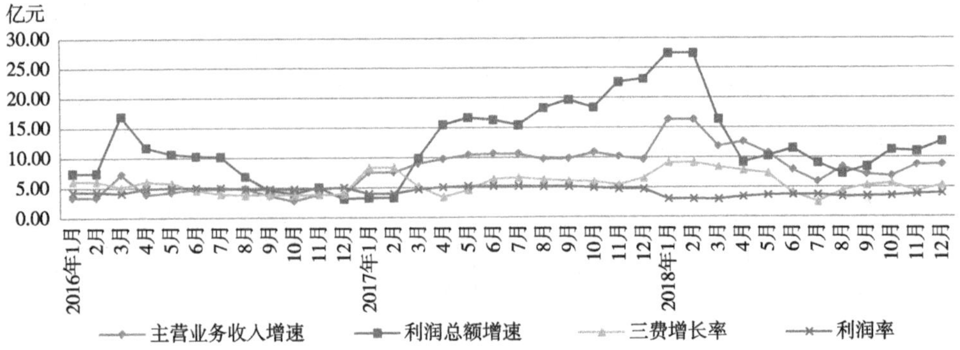

数据来源：国家统计局

图 10-1 2016~2018 年我国化纤织造加工业经济完成情况（规模以上）

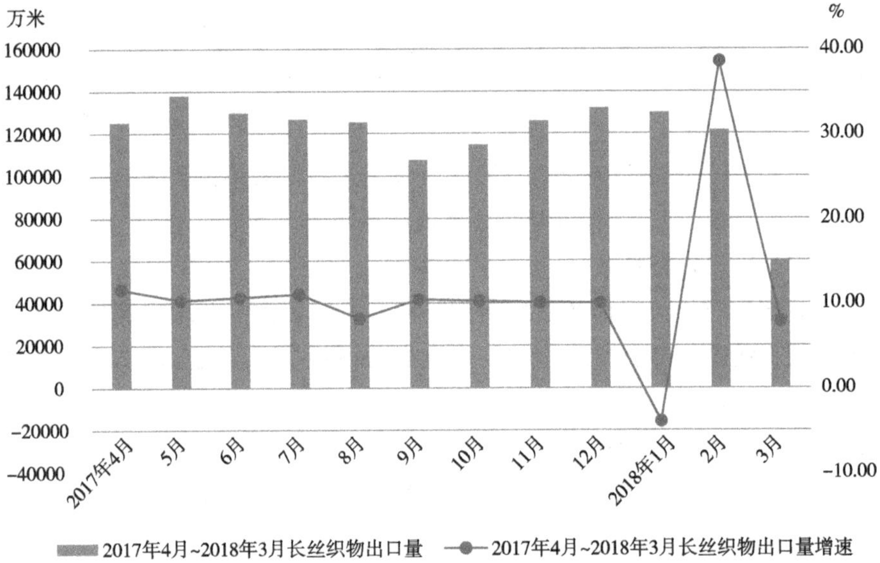

数据来源：中国海关

图 10-2 2017 年 4 月~2018 年 3 月我国化纤长丝织物出口量情况

（二）产品结构

1. 产品品质向中高端提升

随着生活水平的提高，化纤长丝面料从高速增长向高质量发展转变，产品质量逐步从中低端产品向中高端方向发展。高档羽绒服、功能性户外运动服、高档时装、高档窗帘和高档室内装饰等面料正日益成为行业的主流。

2. 产品种类更加丰富

化纤长丝纺织品除了应用于纺织服装外，在窗帘、床品等家纺领域应用越来越广阔，在医疗卫生、汽车、航空航天等领域的应用也更加成熟和深入，应用比重也越来越高。

（三）技术创新与装备

1. 科技创新硕果累累

“十三五”以来，我国长丝织造行业科技创新取得突破性进展，“差别化高密阻燃遮光面料生产关键技术”等一批前沿科技项目成功通过验收，并已在部分企业批量生产，为生产企业创造了较高的附加值。三年来，“涤纶仿麻高强沙发面料的研究与开发”等5个项目获得了“纺织之光”科技进步奖。

2. 一批新技术装备得到推广应用

2016年以来，我国长丝织造行业的结构调整加快，技术进步自主创新能力增强，多项高新技术取得实质性突破，一批自主研发的科技成果和先进装备在行业中得到广泛应用。先进的整浆并设备、全自动穿经设备、自动化程度更高，且具有数码功能的喷水织机、检测设备、ERP信息管理系统和中水回用系统等新技术新装备正逐步在行业中投入使用。

目前，以浙江引春机械有限公司、青岛海佳机械有限公司等企业为代表的国产新型喷水织机正在逐步推广和普及，全行业喷水织机总量已超过50万台。电子送经、电子卷取、电子多臂已成为了新投项目和老机改造的标配。喷水织机转速最高可达1200r/min（1900mm筘幅），筘幅最宽可达4200mm，双层、三层、细特、高密、重磅、多色选纬等技术日趋成熟。稳定性、可靠性和自动化程度都显著增强，喷水织机断经自停设备和技术日趋成熟，并逐步在行业中应用。

当前，最新的长丝织造自动穿经系统，具有高达10000根/h的穿经速度，精确处理2.22~66.67tex（20~600旦）范围的丝线，在节省人工成本的同时还可提高生产效率和产品质量，目前已在长丝织造行业大量推广使用，取得了较好的成效。

3. 创新能力得到提升

2016年以来，为突破行业一批关键技术，解决行业生产中的难点和瓶颈，长丝织造企业纷纷与高校、研究院所合作，建立研发或检测机构，校企、院企合作遍地开花，取得了丰硕的成果。以浙江盛发纺织印染有限公司等一批骨干企业为代表，建立了“院士工作站”，邀请院士给企业指导，拓宽发展思路，解决实际问题。以福华织造有限公司为代表的重点企业与东华大学、苏州大学等联合开展技术攻关，完成了“细旦超薄弹力面料的开发与应用”，“细旦超柔型面料的开发与应用”等一批行业领先项目。

（四）标准建设

“十三五”以来，协会将行业标准化建设列入重要的工作内容，迈出了坚实的步伐，取得了较好的成绩。根据我国化纤长丝织造行业的发展形势和要求，依据轻重缓急的原则，组织相关单位制修订了二十多项国家、行业标准，为提升行业的技术水平、产品质量及国际竞争力发挥了积极作用。

截至2018年底，长丝织造行业现有标准25项，其中：国家标准8项，行业标准17项。“十三五”期间完成了1项国家标准和10项行业标准的制定和发布，分别是《取水定额第20部分：化纤长丝织造产品》国家标准和《高密细旦锦纶丝织物》《超细涤锦纤维双面绒丝织物》《涤纶长丝床上用品丝织物》《化纤长丝箱包丝织物》《涤纶长丝仿真丝织物》《锦纶弹力丝织物》《化纤长丝免缝防钻绒织物》《铜氨丝织物》《合成纤维弹力丝织物》《合成纤维装饰织物》行业标准；完成了《里子绸》1项国家标准的修订工作；已通过立项正在起草研制的标准项目有15项。

（五）品牌培育

“十二五”期间，加快品牌建设已在长丝织造全行业内形成共识，品牌建设的内生动力明显加强，品牌发展环境不断改善。“十三五”以来，协会围绕织造技术提升、产品设计与开发，鼓励企业加强品牌建设，促使行业逐步形成以产品研发设计为主的企业品牌推广模式，企业将其产品与企业名称融合推广，在长丝织造行业内培育了一批行业内知名生产商。截至2018年，14家企业获得中国长丝织造行业“十大品牌”，共培育精品生产基地30个，在行业内形成了良好的示范效应。

（六）绿色可持续发展

绿色发展进程逐步推动。“十三五”期间，国家对于节能减排提出了更高的要求，长丝织造行业大多数企业位于环境敏感的环太湖地区，面对越来越严峻的环保形势，全行业都在努力化解发展与环保的矛盾，倡导绿色环保生产，着力推动行业节能减排工作，取得了一定的成效。由长丝织造协会牵头起草制定的《取水定额化纤长丝织造产品》国家标准发布，为规范企业用水行为提供了考核依据。2017~2018 年由长丝织造协会牵头起草的《节水型企业化纤长丝织造产品》国家标准已通过专家审定，正在上报审批。《绿色设计产品评价技术规范长丝织造产品》团体标准也已获得立项，开始着手起草。

“十三五”期间，行业内大多数骨干企业根据自身条件已建立了各具特色的生产废水处理与中水回用装置，实现了生产废水的零排放，以长兴县夹浦镇为代表的产业集群建立了比较完善的喷水织机污水处理和中水回用系统，通过对废水的集中收集、统一处理和回用，夹浦镇已实现了喷水织机废水的“零排放”。

二、存在的问题

（一）自主创新及产品研发方面

行业中普遍存在着企业对自主创新和产品研发不够重视，创新投入不足是行业的通病，尤其在中小型企业中普遍存在无技术人员、无产品研发人员及更无产品设计人员问题，专业型产品研发人才紧缺，急需大专院校多培养一些实用型技术人才。

（二）用工成本、原料等方面

截至“十三五”中期，纺织人工成本逐年递增，随着城市化进程加快以及就业人员结构的改变、劳动法与社会保障的完善，相对于织造环节用工较多、环境恶劣等特点，就业与招工的矛盾将持续存在。用工成本的快速上升压缩了企业利润空间，对企业国际市场竞争力也有很大影响。

（三）国内外形势

2018 年，全球多个主要经济体的经济增长率开始下滑，全球股票市场出现同步回调，欧元区经济疲软，美国制造业在税收、贸易等方面的政策变化较大，美国经济增长峰值已经过去，影响全球投资市场表现低迷。这也是我国“十三五”规划中期阶段遇到的较为严峻的国际经济环境。

2018 年，中共中央政治局会议指出，当前经济运行稳中有进的同时还存在诸多变化，经济下行压力有所加大，部分企业经营困难较多，风险有所凸显。人民币贬值、劳动力成本提高、环保压力的增大、生产要素成本上涨等都给纺织企业带来困扰。我国化纤长丝织造企业作为民营企业、国家支柱产业中的一份子，都应当将设备提档升级、产品高品质高附加值发展作为企业发展的突出任务，重视风险把控，增强对风险的预见性，及时采取对策，以提升企业在纷繁复杂的经济环境中的抵御能力。

（四）品牌建设

长丝织造产业在“十二五”期间的品牌建设虽然取得了一定的成绩，但仍有待加强。尤其是缺少国际上有较高知名度的品牌，国内知名品牌也属稀少，行业内推出的品牌还需要进一步提升。“十三五”以来，在协会的不断努力下，越来越多的长丝织造企业意识到品牌的重要性，积极申报品牌和推广，借势品牌影响力，打响企业知名度。但还有不少企业对品牌建设的意义认知不清，有意识但不知道怎样做的仍大有人在。

（五）装备技术方面

技术装备方面，我国长丝织造企业间出现了明显的不平衡。部分企业设备老旧，装备水平和研发能力较弱、专业人才匮乏等问题逐步显现；业内部分企业仍然处于家庭作坊式运营模式，产品开发能力较弱行业；新技术、新装备和新产品的研发人员略显不足，专业人才趋紧。

（六）节能减排方面

节能减排压力依然较大。长丝织造行业在污水处理和中水回用方面还存在着“全行业中水回用率依然偏低，清洁生产措施有待加强，参差不齐，差距较大”等问题，环保形势依然严峻。

另外，我国化纤长丝织物印染的污水处理及中水回用以及面料后整理废气回收等因处理成本高，回用难度大，目前存在的问题还比较严重，同样需要全行业制定措施，限期解决。

三、“十三五”后期展望

（一）国内市场需求增加

化纤长丝织造产业规模较大，产品种类丰富、功能性面料应用广泛，并逐步满足人们日益增长的消费需求。长丝织造产业发展将面对国内市场更广阔的需求，有利于带动下游纺织服装业、家用纺织品业以及产业用纺织品等市场贸易。

（二）市场资源整合优势

长丝织造产业发展迅速，包括纺丝、织造、染色后整理以及服装、家纺和产业用面料等环节已经形成成熟紧密的产业链，且产业聚集度高，产业资源优势整合紧密。加之，我国长丝面料交易市场建立较早，拥有完善的配套服务体系。随着产业优势资源的不断整合，市场资源将会发挥更大作用。

（三）装备制造业更加注重新型织造设备的研发

2015 年，国务院发布了我国实施制造强国战略的第一个十年行动纲领《中国制造 2025》，提出了创新驱动、质量为先、绿色发展、结构优化和人才为本的发展方针，为推进行业信息化与工业化深度融合，强化行业基础能力，加强质量品牌建设，全面推行绿色制造，促进行业向智能化、自动化和绿色化生产，提供了良好的外部环境。

（四）淘汰落后产能，提升技术装备

无论是新建项目还是老机改造，提倡尽可能采用电子送经、电子卷取、凸轮开口或电子多臂开口装置以及全自动穿经机等一些运行成本低、加工质量好、品种适应能力强的先进技术。要加快全行业落后设备的淘汰改造步伐，积极借鉴、引进国内外最新的工艺、技术和装备，开展大规模的技术改造升级。

（五）自主创新，突破关键技术和难关

要通过长丝织造企业与高校、机械企业等合作，积极推进行业内各项生产环节的自动化水平，开发满足市场需求的先进织造技术。要对国产化全自动穿综、自动上轴装置进行技术攻关，对自动落布装置、自动验布装置做好中试攻关和产业化，对数字化整浆并、数字化喷水织机、成品半成品自动仓储技术、ERP 管理系统和在线监控与管理系统等关键技术智能化进行完善和升级。如为喷水织机配备了断经自停装置，对减少断经疵布大有益处。

在今后几年，加大长丝织造企业科技创新投入力度，到 2020 年，规模以上企业的研发经费要超过销售收入的 1.5%，争取达到国际 3%的水平。

（六）清洁环保，绿色生产

开展“中国长丝织造产业规范条件”的研究实施工作，推广绿色清洁生产技术；全行业喷水织机污水处理必须要全覆盖，中水回用要 100%，真正做到喷水织机污水零排放，实现长丝织造的绿色健康发展。

（1）新建园区或新上项目：喷水织机在 200 台以上的企业必须自建污水处理厂，污水要自行处理自我回用；喷水织机在 200 台及以下的企业，厂房应标准化并集中建设，就近统一建设污水处理厂，污水经处理后返回原企业实行循

环使用。

(2) 现有老的工业园区和分散企业，应在当地政府的管理下，采取因地制宜、因企制宜的有效措施，无论是企业自行处理，还是园区统一处理，到2020年必须实现喷水织机污水处理和中水回用全覆盖。

(3) 上述两项皆要求中水回用率不低于90%。提倡采取收集储存雨水等措施，为喷水织机补充低盐分新水，争取中水回用率达到100%。

(4) 对喷水织造用水因含盐浓度不宜过高而更新淘汰的10%的污水，无论是企业自行处理还是进园区管网，都必须经处理后达到国家或地方排放标准才能排放。

(七) 国内环境

我国与金砖国家的贸易往来逐步增强，国内市场内生动力依然存在，我国经济在世界经济贸易舞台的地位也在逐步提升。恰逢我国“十三五”规划最后冲刺阶段，我国各行业市场需求及影响力正在逐步增强，我国正在逐步肩负起更多的大国责任。尤其是2019年中央经济工作会议，全面部署我国2019年经济工作，提出了“巩固、增强、提升、畅通”的八字方针，为我们坚定信心、深化认识，做好2019年经济工作指航定向。我国对内开展的各项改革，将直接促进我国经济向更优结构、更高质量、更快速度发展。

我国化纤长丝织造产业是纺织行业的前端产业，在未来两年将借助“十三五”规划发展东风，在创意融入、中高端产品生产、核心技术提升方面做出更多亮点；在建立机制、技术提升和产品创新及绿色循环经济发展方面做出更多成绩；同时，借助成熟的电子商务环境，普及全行业智能数字化生产，推广节能创新应用技术，扩大龙头企业带动作用，提升国内企业技术升级等方面有望形成新区域。逐步推进我国化纤长丝织造业的健康、有序、优质发展。全行业将会积极参与各产业联盟，把跨行业文化创意与本行业优势产品融合发展，促进文化创意在化纤长丝织造产业的萌发，培育引领消费方式及消费习惯的创新企业，为扭转全球经济发展趋势而做出努力。

(八) 国际环境

当前，世界经济格局正在悄然发生着转变。受世界经济复苏缓慢、国际市场需求增长趋缓、人民币贬值、贸易争端升级等因素的影响，出口环境复杂多变，诸多不确定性使得我国纺织品在出口方面压力不减。但是，“一带一路”建设已对促进我国纺织行业发展初见成效，越南、俄罗斯、孟加拉国和阿联酋等国是我国纺织品主要的出口国。目前，“一带一路”对我国纺织行业的贡献度已经达到60%。

“十三五”规划后期，我国要着力提升企业的综合竞争能力，在面对印度、巴基斯坦、越南等国家纺织产业低价格竞争中，创优质品牌、育高档产品，用产品附加值的提升来弥补劳动力成本上升带来的损失势在必行。将我国文化元素融入纺织品创意中，使中国特色纺织品覆盖全球，打响中国品牌影响力，逐步展现出超强的凝聚力和带动力，来迎战国际市场的竞争压力。

“十三五”规划末期同样伴随着国内外市场经济变化的众多风险，这对习惯了高速发展的中国经济而言是综合能力的挑战，也是全面发展的机遇，就长丝织造产业而言，深度调整后的产业将更加适应市场经济发展，重新整合的企业生产模式将直接促进消费市场的升级换代。长丝织造企业一定要借助“十三五”规划契机，全面提升企业综合实力，挖掘纺织文化，培育国际品牌，优化企业信誉形象，分类产品多档次经营，为长丝织造企业注入活力。全行业将努力营造健康、优质、信誉度良好的经营环境。

第十一章　产业政策

一、鼓励进口技术和产品目录（2017 年版）（节选）

为积极扩大先进技术、关键零部件、国内短缺资源和节能环保产品进口，更好地发挥进口贴息政策对促进自主创新和结构调整的积极作用，国家发展改革委、财政部、商务部对《鼓励进口技术和产品目录（2016 年版）》进行了修订，发布了《鼓励进口技术和产品目录（2017 年版）》。

根据《鼓励进口技术和产品目录（2017 年版）》给出的目录信息，纺织行业有不少的先进技术和装备位列其中，本书进行了梳理，具体如表 11-1~表 11-3 所示。

表 11-1　鼓励引进先进技术

序号	技术名称
A125	多维纺织成型技术及关键设备制造技术
A126	高性能吸油纤维工程化关键技术和装备制造技术
A127	喷气涡流纺纱机设计制造技术
A128	高性能苎麻纺织机械设计制造技术
A149	聚乳酸纤维材料（简称 PLA）产业链成套装备的设计制造技术
A150	环保型新溶剂法纤维素纤维（即 LYOCELL、离子液等）成套装备的设计制造技术
A151	新型聚酯 PEN 成套装备的设计制造技术
A152	高强高模芳纶 1414（学名聚对苯二甲酰对苯二胺，简称 PPTA）成套装备的设计制造技术
A153	聚酰亚胺纤维及材料成套装备的设计制造技术
A172	化学纤维的清洁生产和环境污染控制技术
A173	废旧纺织品再利用制造技术

表 11-2　鼓励进口的重要装备

序号	商品编码	商品名称
B53		年产 20 万吨以上溶解浆粕制备及半纤维素综合利用设备
B69	8444	GQ3522 以上碳纤维及其制品（简称 CF）关键装备

续表

序号	商品编码	商品名称
B79		纺织用数码印花机喷头
B80		转杯纺纱机：纺杯最高速度>170000r/min，可自动生头、接头、清洁提升
B81		喷气纺纱机：纺纱速度>300m/min
B82		松式筒子自动络筒机：卷绕速度≥1000m/min；细络联型及全自动托盘型自动络筒机：卷绕速度≥2200m/min

表 11-3　鼓励发展的重点行业

序号	行业名称
C39	高效、低能耗污水处理与再生技术开发
C42	节能、节水、节材环保及资源综合利用等技术开发、应用及设备制造
C53	废旧纺织品回收再利用技术与产品生产，聚酯回收材料生产涤纶工业丝、差别化和功能性涤纶长丝等高附加价值产品
C65	有机和无机高性能纤维及制品的开发与生产［碳纤维（CF）（拉伸强度≥4200MPa，弹性模量≥240GPa）、芳纶（AF）、芳砜纶（PSA）、高强高模聚乙烯（超高分子量聚乙烯）纤维（UHMWPE）（纺丝生产装置单线能力≥300 吨/年）、聚苯硫醚纤维（PPS）、聚酰亚胺纤维（PI）、聚四氟乙烯纤维（PTFE）、聚苯并双噁唑纤维（PBO）、聚芳噁二唑纤维（POD）、玄武岩纤维（BF）、碳化硅纤维（SiCF）、高强型玻璃纤维（HT-AR）等］

二、国家支持发展的重大技术装备目录（2018 年修订）（节选）

根据近年来国内装备制造业及其配套产业的发展情况，在广泛听取产业主管部门、行业协会及企业代表等方面意见的基础上，财政部、国家发展改革委、工业和信息化部、海关总署、国家税务总局、国家能源局发布了《国家支持发展的重大技术装备和产品目录（2018 年修订）》。其中，国家支持发展的纺织产业重大技术装备和产品目录见表 11-4 和表 11-5。

表 11-4　国家支持发展的重大技术装备（2018 年修订）

编号	名称	技术规格要求	销售业绩要求	执行年限
十三	新型纺织机械			
（一）	自动络筒机	卷绕规格≥1800m/min	年销售≥50 台	

续表

编号	名称	技术规格要求	销售业绩要求	执行年限
（二）	高效现代化成套棉纺设备			
1	清梳联合机（梳棉机）	最高产量≥120kg/h	持有合同订单	2021 年
2	精梳机	纺棉钳次≥480 纺化纤钳次≥300	年销售量≥50 台	2021 年
（三）	非织造布成套设备			
	纺熔复合非织造布成套设备	幅宽≥1.6m	持有合同订单	
（四）	染色机			
1	高温高压溢流染色机	浴比≤1∶4.5，设计温度≥140℃，设计压力≥3.0×10^5Pa（3.0bar）	持有合同订单	
2	气流染色机	浴比≤1∶2.5，设计温度≥140℃，设计压力≥3.0×10^5Pa（3.0bar）	持有合同订单	
3	纱线染色机	浴比≤1∶1.4，设计温度≥140℃，设计压力≥5.2×10^5Pa（5.2bar）	持有合同订单	

表 11-5 进口不予免税的重大技术装备（2018 年修订）

编号	税则号列	设备名称	技术规格
十三、新型纺织机械			
1	84451111	棉纺清梳联合机	单机产量≤120kg/h
2	84451112	往复式抓棉机	所有规格
3	84451310	棉纺并条机	所有规格
4	84451310	棉纺精梳机	生产速度≤500 钳次
5	84451321	棉纺粗纱机	所有规格
6	84451900	开棉机	所有规格
7	84451900	混棉机	所有规格
8	84451900	清棉机	所有规格
9	84451900	清梳联棉箱	单机产量≤100kg/h
10	84452041	棉纺环锭细纱机	所有规格

续表

编号	税则号列	设备名称	技术规格
11	84454010	自动络筒机	所有规格
12	84463050	喷气织机	所有规格
13	84440090	氨纶卷绕机	所有规格
14	84400900	纺熔复合非织造布纺丝、牵伸机	所有规格

三、产业发展与转移指导目录（2018版）（纺织部分）

（一）全国区域工业发展总体导向

牢固树立新发展理念，以供给侧结构性改革为主线，发挥市场在资源配置中的决定性作用，更好地发挥政府作用，走中国特色新型工业化道路。贯彻国家区域协调发展战略，深入实施主体功能区战略，统筹协调西部、东北、中部、东部四大板块，发挥区域比较优势，推进差异化协同发展，综合考虑能源资源、环境容量、市场空间等因素，促进生产要素有序流动和高效集聚，推动产业有序转移，构建和完善区域良性互动、优势互补、分工合理、特色鲜明的现代化产业发展格局。

1. 西部地区

西部地区包括内蒙古、广西、重庆、四川、贵州、云南、西藏、陕西、甘肃、青海、宁夏、新疆六省五区一市及新疆生产建设兵团。西部地区具有广阔的发展空间、巨大的市场潜力和突出的资源优势，是我国重要的战略资源接续地和产业转移承接地。

西部地区是产业转移的重要承载区，也是重点生态保护地区，要大力实施优势资源转化战略，加快沿边开发开放，建设国家重要的能源化工、资源精深加工、新材料和绿色食品基地以及区域性的高技术产业和先进制造业基地。

重点承接发展的产业方向：

消费品工业：在具有地域独特性的杂粮、果蔬、茶叶、油料、特色经济林、草食畜牧业和特色渔业等产业产区培育一批有机产品生产加工基地，形成一批国内知名的农林产品加工品牌。依托特色资源优势和边境区位优势，西北地区提升毛纺产业链制造水平，支持新疆纺织服装产业发展，重点发展服装服饰、家纺、针织等劳动密集型产业，建设国家重要棉纺产业基地、西北地区和丝绸之路经济带核心区服装服饰生产基地与向西出口集散中心；西南地区大力发展少数民族纺织传统工艺和旅游纺织品。积极发展现代中药、中药饮片、民族药、生物药和医疗器械，建设重庆、成都、兰州、西安、贵阳、昆明、南宁等生物医药产业基地。

2. **东北地区**

东北地区包括辽宁、吉林、黑龙江三省。东北地区是新中国工业的摇篮，拥有一批关系国民经济命脉和国家安全的战略性产业，区位条件优越，沿边沿海优势明显。

东北地区要加快传统优势产业升级，完善现代产业体系，建成向北开放的重要窗口和东北亚地区合作的中心枢纽，打造具有国际竞争力的装备制造业基地、国家新型原材料基地、重要的技术研发与创新基地。

重点承接发展的产业方向：

消费品工业：依托松嫩平原、两江平原、大小兴安岭及长白山林区等特色种植养殖业，建设特色食品、林下产品精深加工、木材储运和加工基地。利用汉（亚）麻纤维、化纤等原料资源，开发纺织服装精深加工产品，适度发展产业用纺织品。依托大连、绥芬河等口岸和沈阳、哈尔滨等区域消费中心，适度发展家具、地板等产业。充分利用哈尔滨、沈阳、长春、通化、牡丹江等地医药产业基础，提升医药产业质量和水平，推动专业园区或基地集聚发展。

3. **中部地区**

中部地区包括山西、安徽、江西、河南、湖北、湖南六省。中部地区承东启西、连接南北，生产要素富集、产业门类齐全、工业基础坚实、市场潜力广阔，具备较强的承接产业转移能力。

中部地区要加快承接国际和东部发达地区的产业转移，建设全国重要能源原材料基地、现代装备制造和高技术产业基地，打造全国重要先进制造业中心。

重点承接发展的产业方向：

消费品工业：打造武汉纺织服装时尚创意中心，建设大同、郑州、襄阳、荆州、株洲、安庆、赣州、九江、南昌等一批现代纺织产业基地。以武汉、合肥、滁州、九江为重点，打造中部地区家电产业基地。依托武汉、宜昌、荆州、合肥、郑州、漯河、南昌、宜春、长沙、赣州，大力发展农产品深加工产业，建设优质食品加工产业基地。以赣州、黄冈、开封为重点，打造中部地区木材加工及木制家具产业基地。壮大医药产业规模，提升创新能力，培育支柱企业，建设武汉、郑州、南昌、长沙、宜昌、合肥等生物医药产业基地。

4. **东部地区**

东部地区包括北京、天津、河北、上海、江苏、浙江、福建、山东、广东、海南七省三市。东部地区区位条件优越，面向国际、辐射中西部，是全国工业经济发展的重要引擎。

东部地区要率先实现产业转型升级，积极承接国际高端产业转移，推动传统产业向中西部地区转移。要依托雄厚的产业基础和相对完善的市场机制，建设有全球影响力的先进制造业基地和全国科技创新与技术研发基地，成为我国先进制造业的先行区、参与经济全球化的主体区。

重点承接发展的产业方向：

消费品工业：重点发展智能节能型家电、环保多功能家具、绿色食品，建设行业共性技术开发平台，培育世界级轻工业产业集群，构建智能化、绿色化、服务化和国际化的新型轻工业制造体系。以提升科技含量和打造品牌为重点，推动上海、江苏、浙江、山东、广东、福建，建设具备国际先进水平的纺织服装技术研发中心、时尚创意中心、高端制造中心和生产性服务体系，率先建设纺织、食品智能制造示范基地，培育世界级纺织服装产业集群。壮大北京、天津、石家庄、上海、泰州、连云港、杭州、济南、广州、深圳、珠海、厦门、海口等一批医药产业集群，大力发展生物药、化学药新品种、优质中药和高性能医疗器械。

（二）西部地区优先承接发展的产业

1. 新疆维吾尔自治区

（1）优质棉纱、棉布及棉纺织品（阿克苏地区、巴音郭楞州、喀什地区、和田地区、克孜勒苏州、吐鲁番市、昌吉州、伊犁州直）。

（2）驼绒、山羊绒、亚麻、罗布麻等特色纺织品（伊犁州直、阿克苏地区、巴音郭楞州）。

（3）服装服饰（昌吉州、喀什地区、伊犁州直、阿克苏地区、和田地区、巴音郭楞州）。

（4）家用纺织品（喀什地区、阿克苏地区、巴音郭楞州、和田地区、克孜勒苏州）。

（5）产业用纺织品（喀什地区、阿克苏地区、巴音郭楞州、和田地区、克孜勒苏州）。

（6）功能性、差别化纤维（巴音郭楞州、昌吉州、阿克苏地区、塔城地区）节能环保智能染纱等印染（阿克苏地区、库尔勒市、巴音郭楞州）。

（7）针织产品（伊犁州直、巴音郭楞州、阿克苏地区、喀什地区）。

2. 云南省

纺织服装（昆明市、保山市、红河州、文山州、德宏州）。

3. 陕西省

（1）高品质纱线及纺织品（西安市、宝鸡市、咸阳市、渭南市）。

（2）高档丝绸面料及制品（安康市、汉中市）。

（3）中高档精品服装（西安市、宝鸡市、咸阳市、渭南市）。

（4）运动休闲服装、功能性服装（西安市、宝鸡市、咸阳市、渭南市）。

（5）高品质家用纺织品（西安市、咸阳市、汉中市、安康市）。

（6）产业用纺织品（西安市、咸阳市）。

（三）中部地区优先承接发展的产业

1. 安徽省

（1）高品质纱线（安庆市、芜湖市、阜阳市、蚌埠市、淮北市）。

（2）中高档服装和家用纺织品（安庆市、合肥市、芜湖市、阜阳市、六安市）。

（3）高品质纺织面料及功能性纺织面料（安庆市、宣城市、芜湖市、阜阳市、蚌埠市）。

（4）产业用纺织品（合肥市、芜湖市、安庆市、宣城市、阜阳市）。

（5）节能环保智能染纱（淮北市）。

2. 江西省

（1）高品质纱线、混纺纱线、特种纱线（九江市、新余市、宜春市、上饶市）。

（2）高品质纺织面料（抚州市、南昌市）。

（3）中高档服装、服饰、苎麻等特色家用纺织品（南昌市、九江市、赣州市、宜春市、新余市）。

（4）功能性过滤材料、土工合成材料、篷盖材料等产业用纺织品（南昌市、吉安市、上饶市、九江市）。

（5）废旧纺织品回收利用（宜春市）。

（6）特种动物纤维、麻纤维、竹原纤维、桑蚕丝、彩色棉花等天然纤维纺织产品（新余市、宜春市、上饶市、九江市）。

（7）节能环保智能染纱（南昌市）。

3. 河南省

（1）非棉天然纤维和差别化纤维等新型纤维、高品质纱线和织物等特色产品（鹤壁市、新乡市、南阳市、商丘市、信阳市）。

（2）高品质纺织面料（南阳市、商丘市、信阳市、周口市、驻马店市）。

（3）品牌服装，中高档休闲、时尚、运动服装（郑州市、商丘市、信阳市、新乡市、鹤壁市）。

（4）老粗布、地毯及特色家用纺织品（商丘市、鹤壁市、驻马店市、信阳市、南阳市）。

（5）土工与建筑用纺织品、高端医用防护纺织品、交通工具用纺织品、安全防护用纺织品等产业用纺织品（郑州市、新乡市、南阳市、平顶山市）。

（6）功能性合成纤维、高性能纺织纤维（新乡市、平顶山市）。

（7）节能环保智能染纱（安阳市）。

4. 湖北省

（1）棉及化纤纺织（武汉市、襄阳市、黄石市、荆州市、孝感市）。

（2）特色丝绸纺织（黄冈市）。

（3）家用纺织品（襄阳市、荆州市、荆门市、黄冈市、天门市）。

（4）产业用纺织品（襄阳市、荆州市、荆门市、孝感市、仙桃市）。

（5）品牌服装、中高档服装（武汉市、襄阳市、黄石市、荆州市、十堰市）。

（6）生物基纤维及制品（襄阳市、十堰市、荆门市）。

（7）纤维素纤维原料及纤维（襄阳市、十堰市、荆门市）。

（8）合成纤维（襄阳市、宜昌市、荆门市）。

5. 湖南省

（1）高品质麻纤维纱线及制品（衡阳市、益阳市）。

（2）服装、服饰（株洲市、长沙市、衡阳市、益阳市、常德市）。

（3）床上用品（长沙市、张家界市）。

（4）毛巾类制品（益阳市、常德市、长沙市、岳阳市）。

（5）窗帘、布艺类产品（永州市、衡阳市）。

（6）产业用纺织品（永州市、益阳市、长沙市）。

（7）功能性合成纤维（永州市、衡阳市、郴州市）。

（四）东部地区

1. 天津市

（1）品牌服装设计加工、功能性特种服装（武清区、滨海新区）。

（2）高性能防护服装材料、功能性篷盖材料、汽车用纺织品、卫生用纺织品等产业用纺织品（滨海新区、武清区）。

（3）生物质纤维、新型聚酯及纤维（滨海新区、武清区）。

（4）高品质针织制品（津南区）。

2. 河北省

（1）特种纤维、功能性纤维的纱线和面料（石家庄市、邯郸市、唐山市、邢台市、保定市)。

(2)功能性、优质服装和家用纺织品(石家庄市、邯郸市、保定市、邢台市、沧州市)。

(3)产业用纺织品(石家庄市、邯郸市、邢台市、衡水市)。

(4)毛皮服装加工(石家庄市、衡水市、邢台市、沧州市、辛集市)。

3. 上海市

(1)品牌服装、特种防护服装、智能服装(宝山区、松江区)。

(2)高附加值产业用纺织品(奉贤区、松江区)。

(3)高仿真纤维(浦东新区)。

4. 江苏省

(1)品牌服装和家用纺织品(苏州市、南通市、无锡市、常州市、宿迁市)。

(2)毛纺织及服装(苏州市、南通市、无锡市、常州市、宿迁市)。

(3)产业用纺织品(苏州市、南通市、无锡市、常州市、宿迁市)。

(4)节能环保智能染纱(盐城市、南通市、宿迁市)。

5. 浙江省

(1)非棉天然纤维、功能性和差别化纤维、特种纤维的纱线及面料(绍兴市、嘉兴市、金华市、温州市)。

(2)针织或钩针编织物织造(绍兴市、嘉兴市)。

(3)高品质纺织面料及制成品(绍兴市、金华市、温州市、杭州市、嘉兴市)。

(4)高档丝绸面料、高品质服装服饰(杭州市、绍兴市、嘉兴市、湖州市)。

(5)品牌高品质家用纺织品(杭州市、宁波市、温州市、嘉兴市、绍兴市)。

(6)节能环保智能染纱(绍兴市、嘉兴市)。

6. 福建省

(1)高品质纺织面料(福州市、厦门市、泉州市、莆田市、三明市)。

(2)品牌服装、家用纺织品(泉州市、福州市、三明市、南平市、龙岩市)。

(3)产业用纺织品(三明市、南平市、厦门市、泉州市、漳州市)。

(4)生物质纤维(泉州市、福州市)。

(5)智能染纱等印染节能减排新技术及设备(福州市、泉州市、三明市)。

7. 山东省

（1）高品质毛、麻纺纱线及制品（泰安市、淄博市、威海市、德州市、潍坊市）。

（2）高品质纺织面料（淄博市、济宁市、滨州市、潍坊市）。

（3）高品质家用纺织品（淄博市、烟台市、威海市、滨州市、潍坊市）。

（4）运动服装、休闲服装（青岛市、淄博市、潍坊市）。

（5）服饰（青岛市、烟台市、威海市）。

（6）节能环保智能染纱（泰安市、淄博市、枣庄市、潍坊市、滨州市、聊城）。

8. 广东省

（1）混纺纱线及制品（江门市、汕头市、揭阳市、韶关市、清远市）。

（2）功能性和差别化化纤面料、新型丝绸面料等高品质纺织面料（佛山市、中山市、东莞市、江门市、汕头市）。

（3）品牌家用纺织品（清远市、江门市、汕头市、揭阳市、潮州市）。

（4）高品质产业用纺织品（佛山市、中山市、东莞市、江门市、汕头市）。

（5）品牌服装（中山市、东莞市、汕头市、揭阳市、潮州市）。

（6）节能环保智能染纱（东莞市、佛山市）。

四、关于开展消费品工业“三品”专项行动营造良好市场环境的若干意见

消费品工业是我国重要民生产业和传统优势产业。改革开放以来，我国消费品工业总体上保持平稳健康发展，形成了覆盖面广、结构相对完整的消费品工业体系，基本保障和满足了人民群众不断增长的消费需求，对稳增长、促改革、调结构、惠民生发挥了重要作用。但也要看到，我国消费品工业核心竞争力和创新能力仍然较弱，品种、品质、品牌与国际先进水平相比尚有较大差距，有效供给能力和水平难以适应消费升级的需要。为贯彻落实党中央、国务院关于推进供给侧结构性改革、促进工业稳增长调结构增效益和建设制造强国的决策部署，更好满足和创造消费需求，不断增强消费拉动经济的基础作用，促进消费品工业迈向中高端，国务院办公厅发布了《关于开展消费品工业“三品”专项行动营造良好市场环境的若干意见》（国办发〔2016〕40 号）。

意见指出，要全面贯彻党的十八大和十八届三中、四中、五中全会以及中央经济工作会议精神，按照“五位一体”总体布局和“四个全面”战略布局，牢固树立和贯彻落实创新、协调、绿色、开放、共享的发展理念，以市场为导

向，以创新为动力，以企业为主体，以实施增品种、提品质、创品牌的“三品”战略为抓手，改善营商环境，从供给侧和需求侧两端发力，着力提高消费品有效供给能力和水平，更好满足人民群众消费升级的需要，实现消费品工业更加稳定、更有效益、更可持续的发展。

意见指出，要“坚持市场主导，政府推动”“坚持改善供给，两侧发力”和“坚持创新引领，协调发展”的基本原则。

意见还提出了专项行动的主要目标：到2020年，消费品工业传统优势得到巩固提升，新兴产业不断壮大，市场环境进一步优化，“三品”专项行动取得积极进展，品种丰富度、品质满意度、品牌认可度明显提升，产品和服务对消费升级的适应能力显著增强。

市场环境明显优化。简政放权、放管结合、优化服务改革深入推进，相关法规、标准、政策措施进一步健全，市场监管力度不断加大，政府公共服务能力显著提高，市场竞争秩序和消费环境明显改善。

供给水平明显提高。消费品品质明显提升，中高端消费品比重增加，品牌附加值、市场影响力和消费者认可度不断提高。消费品质量标准、计量、检验检测、认证认可体系逐步与国际接轨。食品药品质量安全水平稳步提升。重点行业前10位品牌企业销售收入占同行业销售收入比重进一步提高，培育一批具有国际影响力的品牌。

创新能力明显增强。重点消费品行业智能制造、绿色制造、服务型制造、“互联网+”协同制造取得积极进展。大中型企业研发强度年均增长10%以上。轻工、纺织产品国际标准的采标率分别提高10个百分点。关键设备研发和产业化水平进一步提高。

质量效益明显改善。规模以上消费品企业增加值增速高于全国工业平均增速，降本增效取得积极进展，消费品出口占国际市场份额保持基本稳定。单位增加值能耗、二氧化碳排放量、用水量达到国家约束性指标要求，绿色发展能力显著增强。

意见还提出了“完善市场准入”“营造良好营商环境”“加强市场监管”“完善产业政策”“加大政策支持”“发挥协会作用”“加强舆论引导”等保障措施。

五、关于开展质量提升行动的指导意见

提高供给质量是供给侧结构性改革的主攻方向，全面提高产品和服务质量是提升供给体系的中心任务。经过长期不懈努力，我国质量总体水平稳步提升，

质量安全形势稳定向好，有力支撑了经济社会发展。但也要看到，我国经济发展的传统优势正在减弱，实体经济结构性供需失衡矛盾和问题突出，特别是中高端产品和服务有效供给不足，迫切需要下最大气力抓全面提高质量，推动我国经济发展进入质量时代。国务院办公厅发布了《中共中央国务院关于开展质量提升行动的指导意见》（中发〔2017〕24号）。

指导意见从“全面提升产品、工程和服务质量”“破除质量提升瓶颈”“夯实国家质量基础设施”“改革完善质量发展政策和制度”和“切实加强组织领导”五个方面，分别阐述了国家开展质量提升行动的具体方向和措施。

指导意见提出，要全面贯彻党的十八大和十八届三中、四中、五中、六中全会精神，牢固树立和贯彻落实新发展理念，紧紧围绕统筹推进“五位一体”总体布局和协调推进“四个全面”战略布局，认真落实党中央、国务院决策部署，以提高发展质量和效益为中心，将质量强国战略放在更加突出的位置，开展质量提升行动，加强全面质量监管，全面提升质量水平，加快培育国际竞争新优势，为实现“两个一百年”奋斗目标奠定质量基础。

在提升质量行动中，要坚持“以质量第一位价值导向”“坚持以满足人民群众需求和增强国家综合实力为根本目的”“坚持以企业为质量提升主体”“坚持以改革创新为根本途径”为基本原则。

指导意见指出，到2020年，供给质量要明显改善，供给体系更有效率，建设质量强国取得明显成效，质量总体水平显著提升，质量对提高全要素生产率和促进经济发展的贡献进一步增强，更好满足人民群众不断升级的消费需求。

——产品、工程和服务质量明显提升。质量突出问题得到有效治理，智能化、消费友好的中高端产品供给大幅增加，高附加值和优质服务供给比重进一步提升，中国制造、中国建造、中国服务、中国品牌国际竞争力显著增强。

——产业发展质量稳步提高。企业质量管理水平大幅提升，传统优势产业实现价值链升级，战略性新兴产业的质量效益特征更加明显，服务业提质增效进一步加快，以技术、技能、知识等为要素的质量竞争型产业规模显著扩大，形成一批质量效益一流的世界级产业集群。

——区域质量水平整体跃升。区域主体功能定位和产业布局更加合理，区域特色资源、环境容量和产业基础等资源优势充分利用，产业梯度转移和质量升级同步推进，区域经济呈现互联互通和差异化发展格局，涌现出一批特色小镇和区域质量品牌。

——国家质量基础设施效能充分释放。计量、标准、检验检测、认证认可等国家质量基础设施系统完整、高效运行，技术水平和服务能力进一步增强，国际竞争力明显提升，对科技进步、产业升级、社会治理、对外交往的支撑更加有力。

六、关于进一步促进产业集群发展的指导意见

产业集群是中小企业发展的重要组织形式和载体，对推动企业专业化分工协作、有效配置生产要素、降低创新创业成本、节约社会资源、促进区域经济社会发展都具有重要意义。经过多年的发展，我国产业集群已逐步发展壮大，一些地区产业集群销售收入已达到本地企业销售收入一半以上，产业集群对区域经济的支撑作用日益明显。但目前产业集群发展总体水平还不高，部分产业集群集聚度较低，创新能力弱、信息化水平低、品牌建设不够、公共服务滞后、基础设施不配套，亟待转型升级，提升发展能力。按照国务院促进中小企业发展和《中国制造 2025》的要求，工业和信息化部发布了《关于进一步促进产业集群发展的指导意见》（工信部企业〔2015〕236 号）。

为推动产业集群转型升级，进一步促进产业集群发展，指导意见从“加强规划引导，促进产业集群科学发展”“提升龙头骨干企业带动作用，强化专业化协作和配套能力”“加强区域品牌建设，推动要素聚集和价值提升”“提高产业集群信息化水平，建设智慧集群”“提升创新能力，增强集群竞争优势”“提升公共服务能力，支撑产业集群转型升级”“提升公共服务能力，支撑产业集群转型升级”七个方面，提出了具体的要求和措施。

指导意见指出，要按照布局合理、产业协同、资源节约、生态环保的原则，对产业集群进行规划布局和功能定位。鼓励支持在产业集群中建设中小企业产业（工业）园区、小型微型企业创业创新基地、创客空间等中小企业创业创新集聚区，鼓励有条件的产业集群建设多层标准厂房，高效开发利用土地。加强产业集群基础设施保障，推进产业集群生态文明建设。完善产业集群能源供应、给排水、排污综合治理等基础设施，推广节能减排共性技术，鼓励企业参与节能减排投融资、合同能源管理、开展清洁生产审核，推动建立集群内废旧物回收处理、再制造工程咨询等第三方环境治理方式，加强节能管理和“三废”有效治理，推动绿色低碳循环发展。

指导意见提出，各级企业技术改造或转型升级专项资金、中小企业发展专项资金、基金及服务体系建设资金，对产业集群龙头骨干企业转型升级、公共服务平台建设、智慧集群建设、集群企业或机构在产业链各环节的合作创新、产业集群发展规划制定等优先给予资金支持。符合条件的国家中小企业公共服务示范平台中的技术类服务平台，对其在合理数量范围内进口国内不能生产或

者国内产品性能尚不能满足需要的科技开发用品，免征进口关税和进口环节增值税、消费税。

落实支持中小企业发展的金融政策，重点加强和改善产业集群中小企业金融服务。积极引导银行业金融机构创新金融产品和金融服务，以及知识产权质押、股权质押、仓单质押、商业信用保险保单等多种融资方式。建立和完善集群企业信用体系，推动信用信息共享。鼓励金融机构、投资机构、中小企业信用担保机构与产业集群建立项目对接，搭建合作平台。

七、促进大中小企业融通发展三年行动计划

为贯彻落实《国务院关于推动创新创业高质量发展打造“双创”升级版的意见》（国发〔2018〕32号）提出的实施大中小企业融通发展专项行动计划，工业和信息化部、国家发展和改革委员会、财政部、国资委联合制定了《促进大中小企业融通发展三年行动计划》。

计划指出，大中小企业融通发展是落实党中央、国务院为中小企业发展创造更好条件、推动中小企业创新发展的决策部署，贯彻创新驱动发展战略、建设制造强国和网络强国、推动经济高质量发展、促进大企业创新转型、提升中小企业专业化能力的重要手段。为营造大中小企业融通发展产业生态，鼓励大中小企业创新组织模式、重构创新模式、变革生产模式、优化商业模式，进一步推动大中小企业融通发展，制定该行动计划。

计划提出，全面贯彻党的十九大精神，统筹推进“五位一体”总体布局和协调推进“四个全面”战略布局，以构建大企业与中小企业协同创新、共享资源、融合发展的产业生态为目标，着力挖掘和推广融通发展模式。通过夯实融通载体、完善融通环境，发挥大企业引领支撑作用，提高中小企业专业化水平，培育经济增长新动能，支撑制造业创新，助力实体经济发展。

用三年时间，总结推广一批融通发展模式，引领制造业融通发展迈上新台阶；支持不少于50个实体园区打造大中小企业融通发展特色载体；围绕要素汇聚、能力开放、模式创新、区域合作等领域培育一批制造业“双创”平台试点示范项目；构建工业互联网网络、平台、安全三大功能体系；培育600家专精特新“小巨人”和一批制造业单项冠军企业。到2021年，形成大企业带动中小企业发展，中小企业为大企业注入活力的融通发展新格局。

计划还提出了“挖掘和推广融通发展模式”“发挥大企业引领支撑作用”“提升中小企业专业化能力”“建设融通发展平台载体”“优化融通发展环境”五大主要行动。进一步提出了“强化组织保障”“营造公平市场环境”“加大财

政支持”“加大融资支持”“加强宣传推广”等保障措施。

八、关于推进金融支持县域工业绿色发展工作的通知

为全面贯彻落实党的十九大精神，增强金融服务实体经济能力，促进工业绿色低碳循环发展，推进县域工业绿色转型升级，工业和信息化部发布了《关于推进金融支持县域工业绿色发展工作的通知》（工信部联节〔2018〕247号）。

通知指出，要充分认识金融支持县域工业绿色发展的重要意义。推进县域工业绿色发展，是贯彻落实绿色发展理念的重要着力点，是深入推进供给侧结构性改革的重要内容，是全面建设现代化经济体系、提升经济发展质量的重要举措。近年来，随着制造强国建设、生态文明建设的不断深化，县域工业绿色转型取得积极进展，经济效益和环境效益显著提升，但同时当前县域工业绿色发展短板依然存在，还面临许多发展不平衡、不充分的问题。充分发挥金融支持在推动县域工业绿色发展中的作用，进一步推进金融服务实体经济，既是各级工业和信息化主管部门转变政府职能、创新服务理念的具体体现，也是金融机构贯彻中央战略部署、实现业务转型升级的必然选择，对推动工业高质量发展具有重要意义。各级工业和信息化主管部门与农业银行要进一步增强工作的责任感和使命感，凝聚共识、深化合作，发挥与县域经济联系紧密的优势，增加工业绿色发展的资金供给，补齐绿色发展短板，培育县域工业发展新动能，扎实推进县域工业绿色发展，加快构建科技含量高、覆盖范围广、可持续的县域工业绿色发展产业体系和金融服务体系。

通知指出了“加快制造业绿色改造升级”“强化绿色制造技术创新”“积极构建绿色制造体系”“培育壮大绿色环保产业”等支持县域工业绿色发展的重点领域。

通知还指出，各级工业和信息化主管部门与农业银行要根据本地区经济特点、产业特色和金融需求，积极开拓创新，加强沟通协作，共同推进金融服务县域工业绿色发展。从“创新绿色金融产品”“完善信贷支持政策”“建立多方合作金融服务模式”“提高金融服务效率”等方面加强金融创新支持。

九、关于开展专精特新“小巨人”企业培育工作的通知

为进一步推动民营经济和中小企业高质量发展，提高企业专业化能力和水平，按照《工业强基工程实施指南（2016—2020年）》《促进中小企业发展规划（2016—2020年）》（工信部规〔2016〕223号）和《关于促进中小企业“专精特新”发展的指导意见》（工信部企业〔2013〕264号）要求，工业和信

息化部发布了《关于开展专精特新“小巨人”企业培养工作的通知》（工信厅企业函〔2018〕381号），决定在各省级中小企业主管部门认定的“专精特新”中小企业及产品基础上，培育一批专精特新“小巨人”企业。

通知指出，专精特新“小巨人”企业是“专精特新”中小企业中的佼佼者，是专注于细分市场、创新能力强、市场占有率高、掌握关键核心技术、质量效益优的排头兵企业。工业和信息化部计划利用三年时间（2018~2020年），培育600家左右专精特新“小巨人”企业。其中，2018年培育100家左右专精特新“小巨人”企业，促进其在创新能力、国际市场开拓、经营管理水平、智能转型等方面得到提升发展。

通知指出，2018年被推荐的专精特新“小巨人”企业应符合以下条件：

1. **基本条件**

（1）在中华人民共和国境内工商注册登记、连续经营3年以上并具有独立法人资格的中小企业，符合《中小企业划型标准规定》（工信部联企业〔2011〕300号）规定，属于各省级中小企业主管部门认定的（或重点培育）的“专精特新”中小企业或拥有被认定为“专精特新”产品的中小企业，以及创新能力强、市场竞争优势突出的中小企业。

（2）坚持专业化发展战略，长期专注并深耕于产业链中某个环节或某个产品，能为大企业、大项目提供关键零部件、元器件和配套产品，以及专业生产的成套产品。企业主导产品在国内细分行业中拥有较高的市场份额。

（3）具有持续创新能力，在研发设计、生产制造、市场营销、内部管理等方面不断创新并取得比较显著的效益，具有一定的示范推广价值。

（4）管理规范、信誉良好、社会责任感强，生产技术、工艺及产品质量性能国内领先。企业重视并实施长期发展战略，重视人才队伍建设，核心团队具有较好的专业背景和较强的生产经营能力，有发展成为相关领域国际领先企业的潜力。

有下列情况之一的企业，不得被推荐：在申请过程中提供虚假信息；近三年发生过安全、质量、环境污染事故；有偷漏税和其他违法违规、失信行为的。

2. **重点领域**

专精特新“小巨人”企业的主导产品应符合《工业“四基”发展目录》所列重点领域，从事细分产品市场属于制造业核心基础零部件、先进基础工艺和关键基础材料；或符合制造强国战略明确的十大重点产业领域，属于重点领域技术路线图中有关产品；或属于国家和省份重点鼓励发展的支柱和优势产业。结合产业发展实际，后续将逐步扩大行业领域范围。

3. 专项指标

(1) 经济效益。上年度企业营业收入在 1 亿元至 4 亿元之间，近 2 年主营业务收入或净利润的平均增长率达到 10%以上，企业资产负债率不高于 70%。

(2) 专业化程度。企业从事特定细分市场时间达到 3 年及以上，其主营业务收入占本企业营业收入的 70%以上，主导产品享有较高知名度，且细分市场占有率在全国名列前茅或全省前 3 位（如有多个主要产品的，产品之间应有直接关联性）。

(3) 创新能力。近 2 年企业研发经费支出占营业收入比重在同行业中名列前茅，从事研发和相关技术创新活动的科技人员占企业职工总数的比例不低于 15%，至少获得 5 项与主要产品相关的发明专利，或 15 项及以上实用新型专利、外观设计专利。近 2 年企业主持或者参与制（修）订至少 1 项相关业务领域国际标准、国家标准或行业标准。企业具有自主知识产权的核心技术和科技成果，具备良好的科技成果转化能力。企业设立研发机构，具备完成技术创新任务所必备的技术开发仪器设备条件或环境（设立技术研究院、企业技术中心、企业工程中心、院士专家工作站、博士后工作站等）。

(4) 经营管理。企业有完整的精细化管理方案，取得相关质量管理体系认证，采用先进的企业管理方式，如 5S 管理、卓越绩效管理、ERP、CRM、SCM 等。企业实施系统化品牌培育战略并取得良好绩效，拥有自主品牌，获得省级及以上名牌产品或驰名商标 1 项以上。企业产品生产执行标准达到国际或国内先进水平，或是产品通过发达国家和地区的产品认证（国际标准协会行业认证）。企业已建立规范化的顾客满意度评测机制或产品追溯体系。

通知还提出了“加强组织领导”“完善支撑服务”“注重示范引导”等相关工作要求。

附录一　中国长丝织造协会

一、简介

中国长丝织造协会是由从事化纤长丝织造生产、研究的相关企事业单位和社会团体自愿组成的全国性、行业性、非营利性社会组织，经国家民政部核准登记，具有社会团体法人资格，合法权益和正当活动，受法律保护。

协会的业务主管单位为国务院国有资产监督管理委员会，代管协会为中国纺织工业联合会，是中国纺织工业联合会下设十二个纺织专业协会之一。协会成立于2011年8月，2014年被民政部评为“4A”社会组织。

协会设综合部、市场部、技术部、产业部四个办事机构和科学技术委员会、仿真丝专业委员会两个分支机构。

截止到2018年12月，中国长丝织造协会共有会员320家。主要从事化纤长丝面料（不含）针织的织造及印染的生产与经营，产品设计化纤仿真丝类面料、功能性面料、休闲服装面料、防寒服面料、户外运动服面料、窗帘面料、床品面料、以及箱包、雨伞、坐垫、篷盖布等产业用系列面料等，几乎涉及纺织产业的各个门类。

中国长丝织造产业经过二十余年的发展与壮大，在纺织工业中发挥着越来越重要的作用，也是纺织工业中发展后劲最强的产业之一。随着协会服务工作的开展深入，会员对协会的依赖和信任程度与日俱增，很多会员主动反映产品、市场以及金融等方面的问题，协会在帮助会员企业了解信息、分析形势、理清思路、明确发展方向及任务，促进行业健康有序发展，反映企业诉求等方面发挥着重要作用。

协会的组织机构如附图1所示。

二、宗旨

从维护行业的整体利益和企业的合法权益出发，以“服务、创新、求实、协作”之精神为企业服务。促进国内外技术、学术、经济交流合作，加速行业的技术进步，当好政府有关部门的参谋和助手，提高行业的管理水平，推动行业的协调发展。

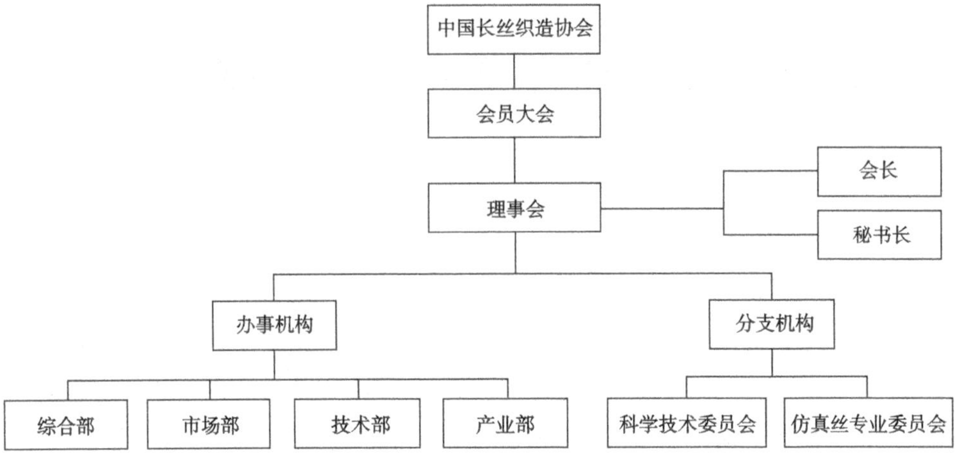

附图 1　中国长丝织造协会组织机构图

三、业务

（1）在政府主管部门和企业之间起桥梁和纽带作用，及时反映企业的愿望和传达贯彻政府的意图，为企业服务。

（2）协助政府部门开展国内外行业情况调查和研究工作，向政府业务主管部门提出制定行业发展规划、技术经济政策及质量标准和经济法规等方面的建议。

（3）围绕质量、工艺、设备、操作等基础工作，开展相应的专业活动，提高全行业素质。

（4）代表本行业与政府有关部门和相关行业协调解决本行业在生产、经营、管理、科研等方面的实际问题，维护会员合法权益。

（5）积极开展同国内外相关的行业组织多方面的交流合作，推动企业之间的横向经济联系和技术合作。

（6）搜集、整理、分析、研究国内外有关技术、经济情报及市场信息并及时组织传递和咨询服务。开发、推广新材料、新技术、新产品，新设备，促进行业技术进步和产品升级。

（7）预测国内外市场色织产品、化纤长丝织物的流行趋势，组织产品设计、产品开发和新产品的交流展评活动。

（8）开展国内外市场拓展工作，受政府委托承办或根据市场和行业发展需求，举办推介会、交易会、展览会，为企业开拓市场搭建平台。

（9）开展技术咨询、技术论证等技术服务工作。采取多种形式为企业培训人员，帮助企业改善经营管理、开发品种、提高素质。

（10）组织发展本行业的公益事业，制定行规、行约、搞好行业自律。

（11）接受并完成政府有关部门委托的其他任务，开展有益于本行业健康发展的其他活动。

四、秘书处

会长：王加毅
副会长：廖梦虎
秘书长：黄潇瑾
副秘书长：张呈、赵红枝
综合部主任：朱海晖
技术部主任：吕思晨
产业部主任：张巍峰
市场部主任：常梦佳

联系电话：010-85229537
传真：010-85229580
邮箱：cszz2011@ 126. com

附录二　产业相关数据（附表 1～附表 8）

附表 1　2011～2018 年中国纺织行业主要大类产品产量情况（规模以上）

名　　称	单位	2011 年	2012 年	2013 年	2014 年	2015 年	2016 年	2017 年	2018 年
纱	万吨	2894	3333		3379	3538	3733	4050	2976
布	万米	6198242	6597085	6834487	7036842	7031200	7144621	6955940	4989350
化学纤维布	万米	1503549	1663398	1780470	1879624		1813283	1655279	1156492
印染布	万米	5930260	5660197	5423572	5367357	5095290	5336963	5245912	4906868
毛机织物（呢绒）	万米	51836	60303	58443	60003	63326	59079	48096	41559
亚麻布（含亚麻≥55%）	万米	25514	43351	37311	46081	30536	28112	20849	16458
苎麻布（含苎麻≥55%）	万米	44217	52764	53612	50367	57857	54613	23397	37673
蚕丝	吨	108032	125973	137090	167284	172114	158382	141827	86512
无纺布（非织造布）	吨	1850423	2364724	2573333	3614000	4429375	5783502	4155565	3663489
帘子布	吨	567691	751390	874466	836572	784884	851958	803825	630869
服装	万件	2542035	2672834	2710070	2992060	3082723	3145223	2878078	2227421
化学纤维	万吨	3362	3811	4122	4390	4832	4944	4920	5011

注　自 2011 年起，规模以上企业划分标准调整为年主营业务收入 2000 万元及以上工业法人企业。

数据来源：国家统计局

附表2 2018年12月中国纺织工业主要指标完成情况（规模以上）

序号	指标名称	单位	本月止累计	去年累计	同比（%）
1	企业单位数	户	36828	36828	
2	亏损企业数	户	5402	4835	11.73
3	亏损面	%	14.67	13.13	
4	主营业务收入	万元	537034598	521924890	2.90
5	主营业务成本	万元	471704736	459973843	2.55
6	主营业务税金及附加	万元			
7	销售费用	万元	1260803	12054882	4.59
8	管理费用	万元	20910433	19275684	8.48
9	财务费用	万元	6224672	6439278	-3.33
10	其中：利息支出	万元	5551966	5326905	4.22
11	利润总额	万元	27661378	25608413	8.02
12	亏损企业亏损额	万元	2152624	1938356	11.05
13	应交增值税	万元			
14	资产总计	万元	434496010	420359454	3.36
15	其中：流动资产合计	万元	234155590	226828227	3.23
16	其中：应收账款	万元	52994373	51652883	2.60
17	存货	万元	65231041	61831613	5.50
18	其中：产成品	万元	30337382	27579974	10.00
19	负债合计	万元	237712803	228841790	3.88
20	出口交货值	万元	75810112	74568516	1.67
21	资产负债率	%	54.71	54.44	0.27
22	利润率	%	5.15	4.91	0.24
23	税率	%	0.00	0.00	0.00

数据来源：国家统计局

附表 3　2018 年 12 月中国长丝织造行业主要指标完成情况（规模以上）

序号	指标名称	单位	本月止累计	去年累计	同比±（%）
1	企业户数	户	1234		
2	亏损户数	户	119		
3	亏损面	%	9.64		
4	主营业务收入	万元	11033108	10143616	8.77
5	主营业务成本	万元	9969597	9140846	9.07
6	主营业务税金及附加	万元			
7	销售费用	万元	135318	127825	5.86
8	管理费用	万元	348614	309321	12.70
9	财务费用	万元	133038	148550	-10.44
10	其中：利息支出	万元	116818	109213	6.96
11	利润总额	万元	446460	396312	12.65
12	亏损企业亏损额	万元	36961	35461	4.23
13	应交增值税	万元			
14	资产总计	万元	9792161	8989287	8.93
15	其中：流动资产合计	万元	5702777	5237647	8.88
16	其中：应收账款	万元	1548456	1435486	7.87
17	存货	万元	1728949	1515097	14.11
18	其中：产成品	万元	913333	776410	17.64
19	负债合计	万元	6099299	5494110	11.02
20	出口交货值	万元	1448131	1246520	16.17
21	资产负债率	%	62.29	61.12	1.17
22	利润率	%	4.05	3.91	0.14
23	税率	%	0.00	0.00	0.00

数据来源：国家统计局

附表 4 2007~2018 年中国国民经济主要统计数据

年份	GDP 增长率（%）	第一产业增加值增长率（%）	第二产业增加值增长率（%）	第三产业增加值增长率（%）	交通运输仓储邮政业增加值增长率（%）	批发和零售业增加值增长率	全社会固定资产投资规模（亿元）	全社会固定资产投资名义增长率（%）	全社会固定资产投资实际增长率（%）	工业出厂品价格指数上涨率（%）	固定资产投资价格指数上涨率（%）
2007 年	14.2	3.7	15.1	16.0	11.8	20.2	137324	24.8	20.2	3.1	3.9
2008 年	9.6	5.4	9.9	10.4	7.3	15.9	172828	25.9	15.6	6.9	8.9
2009 年	9.2	4.2	9.9	9.6	4.2	12.1	224599	30.0	33.2	-5.4	-2.4
2010 年	10.4	4.3	12.3	9.8	9.8	14.3	278122	23.8	19.5	5.5	3.6
2011 年	9.3	4.3	10.3	9.4	9.9	12.6	311485	23.9	15.6	6.0	6.5
2012 年	7.7	4.3	7.9	8.1	6.8	9.8	374676	20.3	19.0	-1.7	1.1
2013 年	7.7	3.8	7.8	8.3	7.2	10.1	447074	19.3	18.9	-1.9	0.3
2014 年	7.3	4.1	7.3	7.8	6.9	9.1	512763	15.3	14.7	-1.9	0.5
2015 年	6.9	3.9	6.0	8.3	6.8	9.2	563014	9.8	11.8	-5.2	-1.8
2016 年	6.7	3.3	6.1	7.8	6.7	8.9	616106	8.1	6.3	-1.3	0.6
2017 年	6.9	3.9	6.1	8.0	—	—	641238	—	—	6.3	5.8
2018 年	6.6	3.5	5.8	7.6	—	—	645675	—	—	3.5	5.4

续表

年份	居民消费价格指数上涨率（%）	城镇居民实际人均可支配收入增长率（%）	农村居民实际人均纯收入增长率（%）	新增货币发行（亿元）	社会消费品零售总额（亿元）	社会消费品零售总额名义增长率（%）	社会消费品零售总额实际增长率（%）	贷款余额（亿元）	新增贷款（亿元）	财政收入（亿元）	财政收入增长率（%）	财政支出（亿元）
2007 年	4.8	12.2	9.5	3303	93572	18.2	13.9	261691	36344	51322	32.4	49781
2008 年	5.9	8.4	8.0	3844	114830	22.7	15.9	303395	41704	61330	19.5	62593
2009 年	−0.7	9.8	8.5	4028	132678	15.5	16.9	399685	96290	68518	11.7	76300
2010 年	3.3	7.8	10.9	6381	156998	18.3	14.8	473247	79511	83101	21.3	89874
2011 年	5.4	8.4	11.4	6120	183919	17.1	11.7	547947	74700	103874	25.0	109248
2012 年	2.6	9.7	10.7	3911	210307	14.3	12.1	629910	81963	117210	12.8	125712
2013 年	2.6	7.0	9.3	3915	237810	13.1	11.5	719000	89090	129210	10.1	140212
2014 年	2.0	6.8	9.2	1726	262394	12.0	10.9	816800	97800	140350	8.6	151662
2015 年	1.4	6.6	7.5	2975	300931	10.7	10.6	939513	122713	152217	8.4	175768
2016 年	2.0	5.6	6.4	4045	332316	10.4	9.6	1066040	126500	159552	4.8	187841
2017 年	1.6	6.5	7.3	—	366262	—	—	1256074	136000	—	—	—
2018 年	2.1	5.6	6.6	—	380987	—	—	1417516	162000	—	—	—

续表

年份	财政支出增长率（%）	财政收支差额（亿元）	城乡储蓄存款余额（亿元）	城乡储蓄存款余额增长率（%）	货币和准货币（M_2）（亿元）	货币和准货币（M_2）增长率（%）	社会融资总额（亿元）	进口总额（亿美元）	进口总额增长率（%）	出口总额（亿美元）	出口总额增长率（%）	货物贸易顺差（亿美元）
2007年	23.2	1540.4	172534	6.8	403442	16.7	59664	9561.2	20.8	12205	26.0	2643
2008年	25.7	−1262.3	217885	26.3	475167	17.8	69804	11325.7	18.5	14307	17.2	2981
2009年	21.9	−7781.6	260772	19.7	606225	27.6	139105	10059.2	−11.2	12016	−16.0	1957
2010年	17.8	−6772.7	303302	16.3	725852	19.7	140191	13962.4	38.8	15778	31.3	1815
2011年	21.6	−5373.4	343636	13.3	851591	17.3	128286	17435	24.9	18939	20.3	1549
2012年	15.1	−8000.0	391970	14.1	974149	14.4	157605	18178	4.3	20489	7.9	2303
2013年	10.9	−11002	447602	12.0	1106525	13.6	172900	19504	7.3	22096	7.9	2592
2014年	8.2	−11312	497742	11.2	1228400	12.2	165000	19582	0.4	23443	6.1	3861
2015年	15.8	−23551	546078	9.7	1392269	13.3	154162	16842	−14.0	22787	−2.8	5945
2016年	6.9	−28288	597751	9.5	1550067	11.3	178023	15882	−5.5	20976	−7.7	5094
2017年	—	—	—	—	1677000	8.2	194000	18438	10.8	22634	18.7	4196
2018年	—	—	—	—	1827000	8.1	193000	24874	8.8	21356	15.8	3517

资料来源：《2018年中国经济形势分析与预测》、国家统计局

附表5 世界经济增长简况回顾及展望（2011~2020年）

类别	估计值						预测	
	2013年	2014年	2015年	2016年	2017年	2018年	2019年	2020年
世界实际GDP增长率	3.3	3.4	3.2	3.1	3.8	3.7	3.5	3.6
发达经济体	1.2	1.9	2.1	1.6	2.4	2.3	2	1.7
美国	1.7	2.4	2.6	1.6	2.2	2.9	2.5	1.8
欧元区	-0.3	1.1	2	1.7	2.4	1.8	1.6	1.7
日本	1.4	0	0.5	0.5	1.9	0.9	1.1	0.5
其他发达经济体[1]	2.2	2.8	1.9	1.9	2.8	2.8	2.5	2.5
新兴市场和发展中国家	5	4.6	4	4.2	4.7	4.6	4.5	4.9
独联体[2]	2.1	1.1	-2.8	-0.3	2.1	2.4	2.2	2.3
亚洲新兴市场和发展中国家	7	6.8	6.6	6.5	6.5	6.5	6.3	6.4
欧洲新兴市场和发展中国家	2.8	2.8	3.6	3.3	6	3.8	0.7	2.4
拉美与加勒比地区	2.9	1	0	-0.6	1.3	1.1	2	2.5
中东与北非	2.2	2.6	2.1	3.2	2.2	2.4	2.4	3
撒哈拉以南	5.2	5.1	3.4	1.4	2.9	2.9	3.5	3.6
全球贸易量（货物和服务）	—	—	—	—	5.3	4	4	4
发达经济体	—	—	—	—	4.3	3.2	3.5	3.3
新兴市场和发展中国家和地区	—	—	—	—	7.1	5.4	4.8	5.2

[1] 这里的“其他发达经济体”指除去美国、欧元区国家和日本以外的先进经济体。

[2] 包括格鲁吉亚和蒙古。虽然二者不是独联体成员，由于同独联体国家在地里和经济结构上类似，故在地区分组上将二者归入独联体。

数据来源：IMF，世界经济展望，2019年1月

附表 6 1995~2016 年世界主要品种纤维需求量 单位：千吨

年份	纤维合计	化学纤维						天然纤维			
		合计	合成纤维			粘胶/醋酸纤维[3]		棉花	羊毛	亚麻	丝
			合计	合纤[1]	烯烃[2]						
1995 年	46033	25217	22781	18376	4404	2436		18504	1489	731	92
1996 年	48312	27199	24345	19765	4580	2854		19016	1440	586	71
1997 年	51298	30274	27352	22395	4957	2922		19178	1361	410	75
1998 年	51692	31199	28415	23257	5158	2784		18707	1293	416	77
1999 年	53716	32580	29962	24484	5478	2618		19163	1393	497	83
2000 年	56551	34732	31973	26218	5755	2759		19837	1380	506	96
2001 年	57143	34831	32046	26242	5803	2785		20288	1317	613	95
2002 年	60037	36718	33987	28023	5963	2732		21187	1268	767	97
2003 年	61772	38020	35760	29466	6294	2260		21672	1227	751	102
2004 年	65196	40357	37885	31452	6432	2472		22714	1221	789	115
2005 年	69153	42634	40151	33679	6472	2483		24375	1218	792	133
2006 年	72115	44310	41676	35260	6416	2634		25768	1234	642	160
2007 年	75930	47923	44802	38381	6421	3121		26073	1221	542	171
2008 年	71521	44203	41425	36693	4733	2777		25448	1221	528	121
2009 年	72537	46545	43568	39113	4456	2976		24441	1104	321	127
2010 年	78226	51667	48392	43817	4575	3275		25050	1126	244	140
2011 年	79948	55690	52061	47343	4717	3630		22784	1117	227	130
2012 年	85901	60777	56505	51394	5111	4272		23563	1166	243	153
2013 年	90093	64644	59848	54605	5243	4796		23880	1163	246	160
2014 年	91993	66093	61124	55883	5241	4969		24338	1144	241	178
2015 年	93691	68480	63339	58008	5331	5141		23600	1157	252	202
2016 年	95302	70440	65185	59693	5492	5255		23234	1170	248	210

[1] 合纤不包含烯烃。

[2] 烯烃不包含纺粘非织造布、熔喷非织造布、粘带、吊带。

[3] 粘胶/醋酸纤维不含醋酸纤维丝束。

资料来源：日本化纤手册 2018

附表 7 2000~2016 年世界化学纤维分品种产量

单位：千吨

年份	合成纤维							人造纤维				合计		
	锦纶		涤纶		腈纶	其他合纤		人造丝		醋酸人造丝		长丝	短纤	合计
	长丝	短纤	长丝	短纤	短纤	长丝	短纤	长丝	短纤	长丝	短纤			
2000 年	3604	513	10953	8201	2629	214	105	347	1712	156	—	15274	13160	28433
2001 年	3358	425	11375	8187	2557	234	106	354	1588	140	—	15461	12864	28325
2002 年	3454	451	12258	8790	2708	244	110	366	1661	98		16421	13719	30140
2003 年	3495	450	13087	9312	2693	291	139	393	1768	93	—	17359	14362	31721
2004 年	3554	439	14086	10060	2815	344	153	394	1987	91		18469	15456	33925
2005 年	3497	397	15441	10969	2693	355	159	390	2006	86	—	19769	16224	35994
2006 年	3585	367	16704	11496	2520	423	165	377	2177	81		21170	16725	37895
2007 年	3618	352	18957	12449	2402	415	188	378	2674	69	—	23437	18065	41502
2008 年	3404	273	18658	11925	1872	389	193	339	2380	60		22849	16642	39491
2009 年	3362	225	20258	12640	1960	469	198	317	2615	44	—	24450	17639	42089
2010 年	3639	187	23732	13473	1958	596	240	350	2877	49	—	28357	18735	47092
2011 年	3705	169	26375	14220	1990	629	255	373	3218	50	—	31133	19852	50985
2012 年	3901	164	29126	15038	1937	645	269	374	3860	49	—	34095	21267	55660
2013 年	4190	167	31900	15464	1899	710	275	365	4381	50	—	37215	22601	59401
2014 年	4359	168	33021	15497	1781	768	289	312	4611	45	—	38506	22703	60852
2015 年	4423	182	34663	15937	1716	809	276	309	4786	46		40251	22253	63149
2016 年	4530	203	35802	16238	1691	908	320	299	4917	40	—	41579	23708	64948

资料来源：日本化纤手册 2018

附表 8 2010~2018 年中国化纤工业主要产品产量

品种	单位	2012 年	2013 年	2014 年	2015 年	2016 年	2017 年	2018 年
化学纤维	万吨	3792.16	4160.91	4389.75	4831.71	4943.74	4919.55	5011.09
其中：粘胶纤维	万吨	273.27	334.52	333.76	336.03	358.05	381.79	397.18
其中：粘胶纤维长丝	万吨					16.73	17.99	20.09
合成纤维	万吨	344.12	3782.92	4017.46	4446.37	4536.33	4480.75	4562.66
其中：锦纶	万吨	181.46	235.16	259.16	287.28	333.16	332.92	330.37
— 涤纶	万吨	3057.03	3348.79	3565.8	3917.98	3959	3934.26	4014.87
其中：涤纶长丝	万吨					2837.74	3009	3125.6
腈纶	万吨	69.35	69.44	67.57	72	71.99	71.91	61.45
维纶	万吨	8.71	10.09	11.07	10	10.89	8.4	10.08
丙纶	万吨	36.86	26.93	26.7	25.94	25.85	29.41	34.78
氨纶	万吨	30.75	45.02	49.3	51.21	53.29	55.11	68.32

数据来源：国家统计局

参考文献

[1] 中国长丝织造协会. 2017/2018 中国长丝织造产业发展研究 [M]. 北京：中国纺织出版社，2018.

[2] 中国长丝织造协会. 2016 中国长丝织造产业发展研究 [M]. 北京：中国纺织出版社，2017.

[3] 吴立. 染整工艺设备 [M]. 北京：中国纺织出版社，2009.

[4] 陈革. 织造机械 [M]. 北京：中国纺织出版社，2009.

[5] 朱苏康. 机织学 [M]. 北京：中国纺织出版社，2015.

[6] 裘愉发，吕波. 喷水织机原理与使用 [M]. 北京：中国纺织出版社，2007.

[7] 郭兴峰. 现代准备与织造工艺 [M]. 北京：中国纺织出版社，2007.

[8] 高卫东，王鸿博，牛建设. 机织工程（上册）[M]. 北京：中国纺织出版社，2014.

[9] 中国化学纤维工业协会. 2018 年中国化纤经济形势分析与预测 [M]. 北京：中国纺织出版社，2018.

[10] 中国纺织工业联合会. 2017/2018 中国纺织工业发展报告 [M]. 北京：中国纺织出版社，2018.

[11] 范雪荣. 纺织品染整工艺学 [M]. 北京：中国纺织出版社，2017.

[12] 顾振亚，田俊莹，牛家嵘，等. 仿真与仿生纺织品 [M]. 北京：中国纺织出版社，2007.